Ali Mahir Başarır

Mersin'in Tarsus İlçesi'nde 1975 yılında doğdu.

İlköğretimini Eskişehir, orta ve lise öğrenimini ise Tarsus'ta tamamladı. 1995 yılında kazandığı Marmara Üniversitesi Hukuk Fakültesi'nden 2000 yılında mezun oldu.

Marmara Üniversitesi Sosyal Bilimler Enstitüsü'nde Kamu Hukuku alanında yüksek lisans eğitimi aldı.

2001 yılından itibaren Başarır Hukuk Bürosu'nun kurucusu olarak avukatlık mesleğini icra etti. Ceza Hukuku alanında çalışmaları oldu.

1992 yılında CHP Gençlik Kolları Kurucu Üyesi oldu ve değişik kademelerde parti içinde görev aldı.

Evli ve 2 çocuk babasıdır.

GW00696623

KIRMIZIKEDİ

Kırmızı Kedi Yayınevi: 1547
İnceleme: 151

Beşli Çete
Ali Mahir Başarır

© Ali Mahir Başarır, 2022
© Kırmızı Kedi Yayınevi, 2022

Yayın Yönetmeni: Enis Batur

Editör: Mehmet Ali Güller
Son Okuma: Mustafa Çolak
Kapak Tasarımı: Umut Tezerer
Sayfa Tasarımı: Serap Bertay

Birinci Basım: Şubat 2022, İstanbul
Üçüncü Basım: Şubat 2022, İstanbul
ISBN: 978-625-418-051-4
Kırmızı Kedi Sertifika No: 40620

Baskı: Pasifik Ofset
Cihangir Mah. Güvercin Cad. No: 3/1 Baha İş Merkezi A Blok Kat: 2
34310 Haramidere/İSTANBUL
T: 0212 412 17 77 Sertifika No: 44451

Kırmızı Kedi Yayınevi
kirmizikedi@kirmizikedi.com / www.kirmizikedi.com
facebook.com: kirmizikediyayinevi / twitter.com: krmzkedikitap
instagram: kirmizikediyayinevi
Ömer Avni Mah. Emektar Sok. No: 18 Gümüşsuyu 34427 İSTANBUL
T: 0212 244 89 82 F: 0212 244 09 48

Ali Mahir Başarır

BEŞLİ ÇETE

KIRMIZIKEDİ

İÇİNDEKİLER

KISALTMALAR LİSTESİ

IMF	International Monetary Fund (Uluslararası Para Fonu)
AB	Avrupa Birliği
OECD	Organisation for Economic Cooperation and Development (Ekonomik Kalkınma ve İşbirliği Örgütü)
EKAP	Elektronik Kamu Alımları Platformu
ANAP	Anavatan Partisi
EDAŞ	Elektrik Dağıtım Anonim Şirketi
HES	Hidroelektrik Enerji Santrali
ÇED	Çevresel Etki Değerlendirmesi
A.Ş.	Anonim Şirket
TPG	Texas Pacific Group
TMSF	Tasarruf Mevduatı Sigorta Fonu
YHT	Yüksek Hızlı Tren
KKTC	Kuzey Kıbrıs Türk Cumhuriyeti
TANAP	Trans Anadolu Doğal Gaz Boru Hattı
THY	Türk Hava Yolları
DSİ	Devlet Su İşleri
İSKİ	İstanbul Su ve Kanalizasyon İdaresi
DHMİ	Devlet Hava Meydanları İşletmesi
ENR	Engineering News Record
KÖİ	Kamu Özel İşbirliği
HSK	Hâkimler ve Savcılar Kurulu
IPCO	The Industrial Process Solutions Company
LTD. ŞTİ	Limited Şirket
BOTAŞ	Boru Hatları İle Petrol Taşıma Anonim Şirketi
MÜSİAD	Müstakil Sanayici ve İşadamları Derneği
BDDK	Bankacılık Düzenleme ve Denetleme Kurumu
AKP	Adalet ve Kalkınma Partisi
TOKİ	Toplu Konut ve Kamu Ortaklığı İdaresi
İGA	İstanbul Grand Airport (İstanbul Havalimanı)

ÖNSÖZ

Tarihçi Gaius Cornelius Tacitus, "Devlet ne kadar yolsuz ise kanun sayısı o kadar fazladır" der. Tacitus'un sözünü, "Devlet ne kadar yolsuz ise yolsuzluğu kadar kanun yapar, kanun değiştirir" şeklinde de yorumlamak mümkün.

Bu yorum bizi, AK Parti iktidarının kayırma ekonomisine dayalı siyasi pratiğine götürüyor. Pratiğin somutlaştığı yerlerin başında da kamunun mal ve hizmet alımı ile yapım işlerinin yürütülmesini sağlayan kamu ihaleleri geliyor.

AK Parti döneminde Kamu İhale Kanunu yaklaşık 200 kez değişti, bazı ihaleler de kanunun kapsamı dışına çıkartıldı; "hal-i pür melalimiz" ortada. Tek bir örnek bile durumu anlamamız açısından yeterlidir: Uluslararası Şeffaflık Örgütü'nün 2021 Yolsuzluk Algı Endeksi'nde Türkiye yolsuzlukla mücadelede 180 ülke arasında 96'ncı sırada bulunuyor.

AK Parti Genel Başkanı Recep Tayyip Erdoğan ve ekibi, "Beşli Çete" aracılığıyla ülkemiz birikimlerinin büyük bir bölümüne yolsuzluk yoluyla el koymuş durumda. Örnek olması açısından kitapta detaylarıyla yer bulan temel bir veriyi sizlerle paylaşmak istiyorum: "Beşli Çete'nin 2021 yılı sonuna kadar kamudan aldıkları kamu ihale bedellerinin toplamı yaklaşık 150 milyar dolar civarında…"

CHP Mersin Milletvekili Ali Mahir Başarır, "Beşli Çete" kitabıyla, bu el koyma pratiğinin tarihsel bir dökümünü yapıyor. Türkiye ekonomi tarihi açısından da referans olacak içerikteki bu çalışma, CHP'nin Millet İttifakı'yla birlikte kuracağı yeni iktidar döneminin rehberi olacak nitelikte.

Bu bağlamda, kanun yaparak, kanunları değiştirerek ortaya çıkartılan ihale rantının, başta "Beşli Çete" olarak nitelendirdiğimiz firmalar olmak üzere, AK Parti iktidarıyla doğrudan ilişkili firmalara dağıtılmasına dayalı bu düzeni değiştireceğiz. İkinci Yüzyıla Çağrı Beyannamemizde de vurguladığım gibi

Kamu İhale Kanunu'nu, rekabet ve şeffaflığı sağlayacak şekilde, yeniden düzenleyecek; tüm kamu ihalelerinin kayırmacılıktan uzak bir anlayışla yapılmasını sağlayacağız. Ülkemizi "tiksindirici borç" ve tiksindirici borç yaratan bu "kayırmacılıktan" kurtaracağız.

Kimsenin şüphesi olmasın!

Üstelik defalarca vurguladığım gibi Millet İttifakı'nın iktidarında, tüyü bitmemiş yetim hakkına ve beytülmala el uzatmış tüm kişi ve kurumlar da bağımsız yargı önünde hesap verecekler.

Önsözümü, Romalı tarihçi Gaius Cornelius Tacitus'un girişte kullandığım tespitinden mülhem, Millet İttifakı'nın ülkemizi nasıl yöneteceğini kayda geçirecek şekilde tamamlayayım: "Devlet ne kadar yolsuzluktan uzak ise kanun sayısı o kadar azdır; devlet ne kadar şeffaf ve denetlenebilir ise o kadar az kanun yapar, az kanun değiştirir."

Saygılarımla,

Kemal Kılıçdaroğlu
CHP Genel Başkanı

GİRİŞ

AKP'nin 2002'den bu yana yıllardır süren iktidarı, ne yazık ki kamu kaynaklarındaki talanı gözler önüne seriyor. Zira gelinen noktada son derece pervasız hale gelmiş bu iktidarın, yaptığı talanı gizlemek gibi bir niyeti de bulunmamakta. AKP iktidarı sadece kendi hanedanının cebini değil, bu yolda kendisini destekleyen yandaş firmaların da cebini dolduruyor. Üstelik tüm bu rant siyasetine kamu kaynakları kurban ediliyor. Hükümet, bu kirli siyasetinin önünü Kamu İhale Kanunu'nda yapılan "sipariş" düzenlemelerle açıyor. AKP'nin 2002 yılında iktidara gelmesiyle devasa oranlarda büyüyen, astronomik kazançlar elde eden bu şirketlerin tek ortak özelliği, AKP hükümeti ve Recep Tayyip Erdoğan'a yakınlıkları.

Çevre katliamı olarak tanımlanan pek çok projenin arkasında, sayısız iş cinayetinin arkasında, türlü yolsuzlukların ardında hep aynı beş şirketin ismi bulunmasına rağmen bu şirketlere hiçbir hukuki yaptırım uygulanmıyor, her konuda önleri açılıyor.

Kamu kaynakları pervasızca sayılı üç-beş şirkete peşkeş çekilirken bütçede meydana gelen açık, her geçen gün yeni zam ve vergilendirmelerle vatandaşın üzerine yıkılmakta. Ancak bu beş inşaat firmasına kaynak transferi hiçbir dönemde hız kesmiyor; bu şirketlerin vergileri tek kalemde siliniyor, bu şirketlere ihale yoluyla dağıtılan paylar yükseltiliyor; vatandaştan esirgenen kamu kaynakları, yandaş firmaların kasalarını dolduruyor.

2002 yılından bugüne baktığımızda, süreç içinde Kamu İhale Kanunu'nda sayısız değişiklik yapıldığını görmekteyiz. Daha da acısı, bir kamu ihalesinin hazırlık aşamasından uygulanmasına kadar her aşamasında şeffaflığın yok edildiğini, bir başka anlatımla sipariş üzerine değiştirilen Kamu İhale Kanunu'nun dahi uygulanmasından çekinildiğini, denetim mekanizmasının tamamen yok edildiğini görmekteyiz.

Denetim mekanizmasının bu denli yok edilmesinin en büyük sebebi şüphesiz "Türk tipi başkanlık sistemi" denilen garabet sistemdir. AKP iktidarının ilk yıllarından bu yana dile getirdiği, kamuoyunu ikna için "Türk tipi" ifadeleriyle pazarladığı ve medyada pompaladığı başkanlık rejimi, bir başka anlatımla "tek adam" sistemi ne yazık ki hayata geçirilmiş ve gazi Meclisimiz, bakanlıklarımız işlevsiz hale gelmiştir. Bu garabet sistem ile devletin her kurumu, her bürokratı başta bulunan tek bir kişinin iki dudağından çıkacak lafa mahkûm edilmiştir.

Bu sistemle Kamu İhale Kanunu'nda yandaş şirketlere özel değişiklikler yapılması daha da kolaylaşmış, denetim mekanizması tamamen yok edilmiştir. Dahası her alanda önü açılan ve korunan yandaşların varlığıyla Türkiye'de hukuk güvenliğine gölge düşürülmüştür.

Devlet, şüphesiz bünyesinde oluşturduğu siyasi ve idari organları kullanarak kamusal ihtiyaçları karşılar. Toplumsal ihtiyaçlar ya devletin doğrudan üretimde bulunmasıyla ya da ilgili mal ve hizmetlerin piyasadan tedarik edilmesi yoluyla karşılanır. Her durumda da kamusal ihtiyaçların karşılanması için gerekli olan finansman vatandaşlardan toplanan vergiler sayesinde karşılanır. Esas olan, vatandaştan alınan vergilerin toplum ihtiyaçları için harcanmasıdır. Vergi, vatandaşın sırtında yük olmamalıdır, topluma hizmet etmelidir.

12 Eylül ile başlayan süreç bir yandan üretimde kamuya ait varlıkların özelleştirilmesinin önünü açarken, diğer yandan, yerel yönetimlerin sorumluluğundaki hizmetlerin piyasaya devredilmesini sağlayacak önlemleri hayata geçirmeye başlamıştır. Böylece ulaşım, temizlik gibi birçok altyapı hizmeti ihaleler yoluyla sermayeye devredilerek ticarileştirilmiştir. 1980'li yıllarda özellikle Özal döneminde yıldızı parlatılmaya başlanan inşaat sektörü, AKP iktidarıyla birlikte ekonominin lokomotifi olarak tercih edilmiştir. Bir yandan belediye hizmetlerinin piyasalaşmasına, diğer yandan kentsel arazilerin, taşınmazların, doğal varlıkların ranta dayalı talanı eşlik etmiştir. Burada en önemli aktörlerden biri olan yerel yönetimler, mal ve hizmetlerin piyasa tarafından sınırsız bir biçimde dolaşımını düzenleyen ulusal ve uluslararası sermayeyle bütünleşmiş yapılar haline gelmeye başlamıştır. AKP iktidarı döneminde bu çarktan beslenen,

iktidarın eşlikçisi parlak inşaat firmaları –tasfiye edilmiş olanların dışında– Limak, Cengiz, Makyol, Kolin, Kalyon gibi şirketlerin kendi çarklarını çevirmek için kasalarını nasıl zenginleştirdiği / zenginleştirildiği bu kitapta incelenecektir.

İktidara yakın bu şirketler incelenirken, yolsuzlukla mücadele eden Uluslararası Şeffaflık Örgütü'nün açıkladığı Yolsuzluk Algı Endeksi'nde Türkiye'nin 2013 yılından beri sürekli olarak gerilediğini de belirtmek gerekmektedir. 180 ülkenin değerlendirildiği 2018 yılı endeksinde 78. sırada bulunan Türkiye, son açıklanan 2020 yılı endeksinde 8 sıra daha gerileyerek 86. sırada yer aldı.

AKP, iktidara geldiği 2002 yılında, Kamu İhale Kanunu'nda defalarca değişikliğe giderek ihale düzenini uluslararası standartlardan uzaklaştırmıştır. 2020 yılına geldiğimizde ise kamu ihalelerinin neredeyse tamamını kendisine yakın olan şirketlere verdiği ortaya çıkmıştır. AKP iktidarları döneminde servetine servet katan, hükümetin "gözbebeği" konumundaki Makyol İnşaat, Cengiz İnşaat, Kalyon İnşaat, Limak ve Kolin İnşaat'ın sadece 2017 yılında kamudan aldıkları inşaat işlerinin toplam bedeli 40 milyar liraya yakındır. Bu şirketlere sadece kamu ihaleleri dağıtılmamış, ayrıca vergi borçları da tek kalemde silinmiştir. Yani kamu kaynakları peşkeş çekilen bu şirketler, devletten kazandığı astronomik meblağların vergisini ödemekten de kurtarılmıştır.

Hükümete yakın şirketlerin AKP döneminde artan etkinlikleri Elektronik Kamu Alımları Platformu'nun (EKAP) istatistiklerine de yansımıştır. 2017 yılında toplam mali büyüklüğü 97 milyar 800 milyon liraya ulaşan inşaat işlerinin dörtte biri hükümete yakın şirketler arasında paylaşılmıştır.

Kamu İhale Kanunu'nun 2002 yılından bu yana 195 kere değiştirilmiş olması, ülkemizdeki kamu ihale mevzuatının yamalı bohçaya döndüğünün açık bir göstergesidir. Basitçe izah etmek gerekirse Kamu İhale Kanunu'nun amacı kamu kurum ve kuruluşlarının yapacakları ihalelerdeki usul ve esasları belirlemek, denetim mekanizmalarını göstermektir. Bu kanun ile kamu kaynaklarının kullanılmasında hukuki güvence sağlanır ve idarenin yapacağı işlemlerdeki yöntemin hukuka uygunluğu denetlenir. 4734 sayılı Kanun'a göre yapılan alımlar bilindiği gibi mal alımı, hizmet alımı, yapım işi ve danışmanlık hizmet alımı olarak sınıflandırılabilmektedir.

Yukarıda kısaca izah edilen garabet başkanlık sistemi ile kamu idarelerinin mali faaliyet, karar ve işlemlerini hesap verme sorumluluğu çerçevesinde denetleyen, tarihsel anlamda kökleri Divan-ı Muhasebat'a dayanan Sayıştay'ın önemi giderek zayıflatılmıştır. Sayıştay, kamu idarelerinin gelir, gider ve mallarına ilişkin hesap ve işlemlerinin kanunlara ve diğer hukuki düzenlemelere uygun olup olmadığını denetlemekle yükümlüdür. Kamu maliyesinin düzenli ve istikrarlı bir şekilde devamının sağlanmasının teminatı ve güvencesi olan Sayıştay'ın etkinliğinin azaltılması, kamunun kaynaklarını kullanan kamu idarelerinin hesap verme sorumluluğunu zayıflatmıştır.

Sayıştay aynı zamanda da bu denetleme sonucunda bulunan hukuka aykırılıkları ve kamu zararlarını kamuoyuna her sene sunduğu raporlarla bildirir. Sayıştay'ın aynı zamanda tespit ettiği usulsüzlüklere ilişkin olarak suç duyurusunda bulunma yetkisi ve bu yetkisini kullanırken izlenmesi gereken süreç ilgili kanun ile düzenlenmiştir. Kanun Sayıştay'a delil toplama ve suç duyurusunda bulunma yetkisi vermişken Sayıştay'ın bu görevini yerine getirmediğine, bir başka anlatımla yeni sistemle Sayıştay'ın temel işlevinin fiilen ortadan kaldırıldığına şahit olmaktayız.

Sayıştay Başsavcılığı Çalışma Yönetmeliği'nin 10. maddesi de "suç teşkil eden fiiller" başlığıyla düzenlenmiştir. Buna göre, Başsavcılığa intikal ettirilen dosyanın gereği yerine getirilmek üzere sorumluların bağlı olduğu kamu idaresine veya suçun niteliğine göre doğrudan soruşturma yapılmak üzere Cumhuriyet Başsavcılığına gönderilmesi gerekmektedir; ancak fiili durumda, Sayıştay'dan Cumhuriyet Başsavcılığına dosyaların gönderilmemesi söz konusudur.

Örneğin Yargıtay binasının yapımındaki kontrollük hizmetine ilişkin ihalede lüks araçların temin edilmesi ve bu lüks araçların Yargıtay binasını kontrol amacıyla değil de tatil yerlerinde bulunuyor olması, kamu görevlilerinin hediye alma ve menfaat yasağının ihlalini doğurmaktadır. Kamu hizmetlerinin özel kişilerce yürütülmesi durumunda devletin denetleme yükümlülüğü devam etmektedir. Bu durumda özel kişiler, şirketler kendilerinin denetlenmesi hususunda kontrol mühendislerine hediyeler sağlamakta ve lüks araçlar tahsis etmektedir. Hal böyleyken gerekli kontrolleri yapmakla mükellef olan kontrol mühendislerinin özel şirketler eliyle görülen kamu hizmetlerinin eksikliğini, kendilerine sağlanan menfaat ile kapatması olası bir durum olarak karşımıza çıkmaktadır. Kamu kaynakları kullanılırken, daha da tehlikelisi kamuya ilişkin bir denetim yapılırken böyle durumlarla karşılaşılması durumunda tarafsızlık ilkesi altüst olmaktadır.

Kamu görevlisinin tarafsızlığını etkileyen bu süreç vatandaş tarafından görülen "kamu görevlisi" imgesinin de bozulmasına yol açmaktadır. Bir kamu görevlisinin bu şekilde menfaat sağlama yasağını ihlal etmesi alacağı kararları ve görevini etkileyecektir. Peki bu durumda yalnızca etik tartışma mı yapılacaktır? Elbette hayır. İlgili mevzuata göre kamu zararının tanımı "kamu görevlilerinin kasıt, kusur veya ihmallerinden kaynaklanan mevzuata aykırı karar, işlem veya eylemleri sonucunda kamu kaynağında artışa engel veya eksilmeye neden olunması" şeklinde yapılmaktadır. Sayıştay Kanunu'na göre "Her türlü kamu kaynağının elde edilmesi ve kullanılmasında görevli ve yetkili olanlar; kaynakların etkili, ekonomik, verimli ve hukuka uygun olarak elde edilmesinden, kullanılmasından, muhasebeleştirilmesinden, raporlanmasından ve kötüye kullanılmaması için gerekli önlemlerin alınmasından sorumludur. Bu sorumluluğun yerine getirilip getirilmediği Türkiye Büyük Millet Meclisi'ne sunulacak Sayıştay raporlarında belirtilir. Kamu zararına sebep olunan durumlar ise bu zararın tazminine ilişkin hükme bağlama işlemi ile sonuçlandırılır". Kitabın onuncu bölümünde Sayıştay raporlarındaki Kamu İhale Kanunu'na ilişkin yapılan usulsüzlükler ve kamu zararları gösterilmektedir, ancak bu paylaşılan raporlara istinaden herhangi bir işlem yapılıp yapılmadığı bilinmemektedir.

Sayıştay'ın sadece çeşitli tespitlerde bulunarak rapor yazmasıyla denetim faaliyeti yerine getirilmemekte, bunun sonucunun da kamuoyuyla paylaşılması gerekmektedir. Kaldı ki Sayıştay'ın denetim mekanizmasının en önemli ayağı, tespit edilen usulsüzlüklerle ilgili olarak suç duyurusunda bulunma yetkisini kullanmasıdır. Sayıştay denetçisi tarafından düzenlenen sorguda veya dairece alınan kararlarda Türk Ceza Kanunu kapsamında bulunan suçlarla ilgili herhangi bir tespit yapılmamakta ve bu yönde bir karar alınmamaktadır; hukuki bir işlem yapmaktan kaçınılmaktadır. Hal böyleyken kanunda var olan denetim mekanizması fiilen yok hükmündedir.

Sayıştay'ın rüşvet, irtikap gibi TCK'da geçen suçları farklı bir yapılaşma içerisinde ele alınıp incelenmelidir, çünkü bunlar doğrudan kamuyu zarara uğratmakta ve devletin hukuki güvenilirliğini sarsmaktadır. Aynı zamanda raporlardan belirli kısımların hükümetin zarar görmemesi için çıkarılması ne yazık ki Sayıştay gibi devletin en önemli kurumlarından birinin itibarının sarsılmasına ve kamuoyu nezdinde güvenilirliğinin sarsılmasına sebebiyet vermektedir.

İlgili Kanun'da kamu hesaplarının tutulma amacı açıklanmış, "Kamu hesapları, kamu idarelerinin gelir, gider ve varlıkları ile mali sonuç doğuran ve öz kaynağın artmasına veya azalmasına neden olan her türlü işlemlerle garantilerin ve yükümlülüklerin belirlenmiş bir düzen içinde hesaplara kaydedilerek, yönetim ve denetim yetkilileriyle kamuoyuna gerekli bilgilerin sağlanması amacıyla tutulur" denilmiştir. Kanun böyleyken iktidar, Hazine garantili onlarca projeye imza atmakta, kamu kaynakları açıkça zarara uğratılmakta, kamuoyunun bu projelere ilişkin sorgulamalarını ise "ticari sır" bahanesiyle geçiştirmektedir. Kaldı ki çoktandır vazgeçilen şeffaflık ilkesi, denetim mekanizmalarının da yok edilmesiyle kamu kaynaklarının harcanması dev bir muammaya dönüşmüştür. İktidar, buna ilişkin araştırmalarda, sorgulamalarda bulunan gazetecileri de baskı politikasıyla yıldırmayı amaçlamakta, gazeteciliği suç olarak göstermeye çalışmaktadır. Ne yazık ki bu uğurda pek çok gazeteci tutuklanmış, hüküm giymiştir.

Mevzuat hükümleri bu kadar açıkken bile yandaş şirketlerin lehine girişimlerin yapılması, vatandaşların üzerindeki mali yükün yanında bir de güvensizlik ortamı oluşturmaktadır. Yıllardır devam eden AKP iktidarında, ne yazık ki günümüzde hukuk güvenliğinden bahsetme şansımız kalmamıştır.

İlgili Kanun'da Sayıştay Başkanının görevleri de sayılmıştır. Kanuna göre Sayıştay raporlarının TBMM'de görüşülmesi sırasında Sayıştay Başkanı veya görevlendireceği başkan yardımcısının hazır bulunması gerekmektedir. Buna göre buradan çıkartacağımız önemli sonuçlardan bir tanesi, Sayıştay Başkanının veya görevlendireceği başkan yardımcısının TBMM'ye kamu idarelerinin hesap sorumluluğu çerçevesinde detaylı bir sunum yapması, kamuoyu nezdinde halkın seçilmişlerinden oluşan TBMM'yi bilgilendirmesidir. İdeal hukuk devletinin gereği de budur. Ancak Sayıştay, suç duyurusunda bulunma yetkisini kullanmadığı gibi TBMM'yi bilgilendirme görevini de tam anlamıyla yerine getirmekten kaçınmaktadır. Sayıştay, salt raporların teslimiyle yetinmekte, birtakım sorularla karşılaştığında raportörler tarafından cevap verilmemektedir. Bu aksaklık, fiili denetimin sonuca götürülmesi açısından son derece olumsuzdur. Zira, kamu mali yönetiminin hukuka uygun olarak yürütülmesi ve kamu kaynaklarının korunması, vatandaşların Anayasa madde 73 çerçevesinde vergilerinin ne anlamda kullanıldığını öğrenmesi açısından Sayıştay'ın önemi çok fazladır. Sayıştay'ın fiilen görevini tam anlamıyla yapmaktan kaçınan, yetkilerini kullanmaktan geri duran tavrı neticesinde kanunen yapılan bütün düzenlemeler boşa çıkmakta, denetim mekanizması yerle yeksan olmaktadır.

Sayıştay'ın kanunda sayılan görev ve yetkilerinden, bu görevlerini yerine getirirken yetkilerini kullanmadaki aksaklıklardan bahsederken şüphesiz ki AKP'nin iktidara geldiği 2002 yılından bu yana Sayıştay üyelerinin seçilmesini, kurumda meydana gelen değişiklikleri de göz önünde bulundurmak gerekir.

Tüm bunların yanı sıra milli iktisadımıza zarar veren, kur garantisiyle halkın üstünde büyük bir yük oluşturan yatırımların faturasını da irdelemek gerekir. Madem halkımız bu yatırımların faturasını cebinden ödüyor, o halde bu yatırımların devlet mülkiyetine geçirilmesi halkın menfaatinedir.

Ancak devletleştirmenin sosyalizmin bir aracı olarak görülmesi ve algı politikasına kurban gitmesi nedeniyle kamuoyunda yanlış bir algı vardır. Birleşik Krallık'ta birbirine zıt olan Muhafazakâr Parti ve İşçi Partisi'nin ortaklaşa aldıkları devletleştirme kararları vardır. O halde muhafazakârlar da sosyalist midir? Elbette hayır. Bu nedenle üzerinde durulması gereken husus, devletleştirmenin ana noktası ve devletleştirmenin neden gerektiğidir. Devletleştirmenin ana noktası, partiler üstü olması ve milli ekonominin, milli iktisadın gerekliliğidir. Devletleştirmenin neden gerektiği ise kamu kaynaklarının bölüşüm sorunuyla yakından ilgilidir.

Devletin sırtından geçinmeye alışık olan yandaş şirketlerin dayanağını AKP iktidarı oluşturmaktadır. 90 sonrası devletin hakem rolüne bürünmesi ve piyasa mantığı çerçevesinde hareket etmesi sonrası esnekleşme politikalarıyla birlikte hem kamu görevliliğinin içi hem de devletin bürokratik aklının içi boşaltılmıştır. Bu politikaların devletin gündemine alınmasıyla beraber devletin vatandaşa bakış açısı da değişmiş oldu. Vatandaş, devletin karşısında hakkını talep eden bir bireyken, bir statüyle varlığını ortaya koyarken artık AKP iktidarının değiştirip dönüştürdüğü algıyla vatandaşın devlet ile olan ilişkisi satıcı - müşteri ilişkisine dönmüş oldu. Bu müşteri ilişkisinin varlığını her alanda, her bölgede görebilmekteyiz. Örneğin AKP'nin 2002 yılındaki parti programına ve bugün internet sitesindeki parti programına bakıldığında kamu personelinin vatandaşa yönelik olarak "müşteri" anlayışıyla hizmet etmesinin uygun olacağı savunulmaktadır. Kabineye bakıldığında bakanların özel şirket sahiplerinden seçildikleri görülmektedir.

Müşteri kavramı, bilindiği gibi özel hukuk ilişkilerinde ve ticaret alanında kendine yer bulmaktayken AKP iktidarıyla birlikte bu anlayış devletin tam ortasına oturtturulmuştur. Bu çerçevede, AKP'nin kamu kaynaklarının birçoğunu "Beşli Çete" gibi şirketlere tahsis etmesi ve onların bu yaptığı yatırımlardan vatandaşı yararlandırması devlet - vatandaş ilişkileri çerçevesinde değil, devlet - müşteri anlayışı çerçevesinde yürümüştür. Bu durumda vatandaşlar hem hak talep eden bir birey olma özelliklerini hem de statülerini kaybetmişlerdir. Bu devletin değişen rolü halka ağır faturalar olarak yansımıştır. Anayasa madde 73'te "Herkes, kamu giderlerini karşılamak üzere, mali gücüne göre, vergi ödemekle yükümlüdür" denilmektedir. Buna göre zaten kamu giderlerini karşılamak üzere vatandaşlar bu yatırımların yüküne vergileriyle katılmaktadır ancak vatandaşlar bir de Hazine garantilerinin, kur garantilerinin ve geçiş garantilerinin verilmesiyle vergileri yanında bir de görünmez bir el tarafından sömürülmektedir. İşte bu görünmez elin vatandaşın üzerine bir daha yük olmaması için devletleştirmenin gündeme alınması gerekmektedir.

Yeni sistemin vatandaş ile devlet arasındaki uçurumu açtığını bir kenara koyarsak ekonomik olarak vatandaş üzerine büyük bir külfet getirdiğini de görmüş oluruz. Kararların yöntemli bir şekilde alınmıyor olması ve "bırakınız geçsinler, bırakınız yapsınlar" anlayışıyla hareket edilmesi sonucu vatandaş her gün bu yüklerin altında daha da fazla ezilmektedir. Kamu giderlerine vergileriyle katılan vatandaşların kamu hizmetlerinden meccanilik ilkesi gereği karşılıksız yararlanması gerekmektedir. Örneğin devletin ulaşım kamu hizmetini sağlama yükümlülüğü vardır, ancak bu durum otoyollardaki geçiş ücretleriyle karşılıksız değil, karşılıklı hale getirilmektedir. Otoyollarda vergilerinin haricinde bir de geçiş ücreti veren vatandaşlar alacağı hizmet karşılığında sayısız ödeme yapmaktadırlar. Bu durumda vatandaşların üzerine getirilen bu yükün aşılması yolu devletleştirmeden geçmektedir. Her ne kadar sistemsel anlamda parlamentonun işlevsizleştirilmesi söz konusu olsa da devletleştirmenin kanun aracılığıyla yapılması Meclisi bu anlamda en önemli konuma getirmektedir, çünkü hizmetin kamusallığının niteliğine Meclis karar verecektir. Bu çerçevede sabit hukuki olgu ve normlar doğrultusunda gerçekleştirilecek devletleştirme sürecinin somut sonucu, esasen yurttaşların ve gelecek nesillerin üzerindeki finansal ve bununla bağlantılı olarak politik yükün ortadan kaldırılması olacaktır.

Tüm dünyada devletleştirme çalışmalarının başladığının bir göstergesi olarak 2019 yılında Birleşik Krallık'ta İşçi Partisi'nin (Labour Party) yayımladığı "Bringing Energy Home" başlıklı rapor önem arz etmektedir. Bu rapor incelendiğinde milli ekonominin gerekleri doğrultusunda ve uluslararası hukuk çerçevesinde devletleştirmenin izleneceği yol Birleşik Krallık açısından belirlenmiştir. Sürdürülebilir ekonomi, sürdürülebilir çevre ve gelecek kuşakların üzerine finansal ve politik bir yük bırakmadan milli iktisadın gerektirdikleri doğrultusunda temel kamu hizmetlerinin devlet bünyesine alınmasının tartışılması tüm dünyada ses getirmiştir. Devlet ile özel şirketler arasında yapılan sözleşmelerin hukuki niteliği her ne kadar özel hukuk sözleşmesi olarak nitelendirilse de devletin kendi içinde kamusallığı barındırması sonucu sözleşmelerin iç çekirdeğindeki kamusallık, tarafların sözleşmeleri nitelendirmesiyle değiştirilemeyecektir. Uluslararası hukuk alanında yöntemli ve bilinçli çalışmalarla halkın üzerine karabasan gibi çöken beşli çete ve diğer yardakçılarının halka uğrattığı zararın giderilmesinde yol haritası olabilecektir. En önemlisi AKP iktidarının kamuyu yıllardır uğrattığı zararın giderilmesi, vatandaşın sırtına binen yükün kaldırılması yeni bir milli ekonomik planlamanın yapılmasıyla mümkün olabilecektir.

Bu kitapta, yandaş şirketlerin AKP iktidarı tarafından nasıl beslenip büyütüldüğü, kamunun ne denli usulsüzlüklerle zarara uğratıldığı, tüm bunların faturasının nasıl halkın sırtına yüklendiği, sonuçta mevzubahis yandaş şirketlere kamuoyu vicdanının ne sebeple "beşli çete" ismini taktığı elden geldiğince anlatılmaya çalışılacaktır.

BİRİNCİ BÖLÜM
Kamu İhale Kanunu

Kamu kaynaklarının etkin ve verimli bir şekilde kullanılmasının sağlanması için 2001 yılında Türkiye bir "Kamu İhale Reformu" yapmıştır. Buna karşılık, IMF (International Monetary Fund) kamu ihalelerinin partizan ve kayırmacı değil, rasyonel ve ekonomik olmasını zorunlu kılmıştır. Bülent Ecevit'in başbakanlığında, Kemal Derviş'in AB (Avrupa Birliği) ve OECD (Organisation for Economic Co-operation and Development) standartlarına göre hazırladığı Kamu İhale Kanunu, 4 Ocak 2002'de TBMM Genel Kurulu'nda kabul edilmiş, 22 Ocak 2002'de *Resmî Gazete*'de yayımlanmış ve 01.01.2003 tarihinde de yürürlüğe girmiştir.

1.1. Kanunun Amacı

4734 sayılı Kamu İhale Kanunu'nun amacı; kamu hukukuna tabi olma, kamunun denetimi altında bulunma veya kamu kaynağı kullanma durumlarından herhangi birini taşıyan kamu kurum ve kuruluşlarının, ihale usulü ile yapacakları alımlarda uygulanacak esas ve usulleri belirlemek olarak nitelendirilmiştir.

1.2. Kamu İhale Kanunu'nda İhale Usulleri

Söz konusu yasaya göre üç temel ihale usulü bulunmaktadır. Bunlar; Açık, Belli İstekliler Arasında ve Pazarlık Usulü yöntemleridir.

1.2.1. Açık Usul

Kamunun yararı açısından en etkin olan usuldür. Yapılacak olan işin ihalesi ilan edilir. İsteyen her katılımcı ihale şartnamesini alabilir, bütün istekliler teklif verebilir ve ihaleye ilişkin kurallar önceden bilinir.

1.2.2. Belli İstekliler Arasında İhale Usulü

İhale edilen iş uzmanlık ya da teknoloji gerektiren bir iş ise bu usulle ihale edilir. Yapım işinin maliyeti eşik değerin yarısını aşıyorsa yani hizmet alımı veya yapım işi, belirlenen parasal limitin yarısından fazlaysa bu usulle ihale yapılır.

1.2.3. Pazarlık Usulü

Olağanüstü durumlarda bir işin acele yaptırılması ihtiyacı olduğunda ya da satın alınması gereken acil bir ürün varsa kamu idaresinin ihaleyi kolayca yapabilmesi adına tasarlanmış bir ihale türüdür. Güvenlik ya da savunma alanlarındaki özel durumlarda söz konusu pazarlık usulü tercih edilmektedir. Bir de bunun yanı sıra (AKP iktidarının yasaya eklettiği) her yıl güncellenecek olan bir limite kadar yapılacak alımlarda da bu usul kullanılıyor.

1.2.4. Çok Tartışılan 21/b Maddesi

Pazarlık usulünü, yasanın 21. maddesi düzenlemektedir. Kamu ihalelerinin hangi durumlarda pazarlık yöntemi ile ihale edilebileceği bu maddede sıralanıyor. Bu maddenin (b) bendi "Doğal afetler, salgın hastalıklar, can veya mal kaybı tehlikesi gibi ani ve beklenmeyen veya yapım tekniği açısından özellik arz eden veya yapı veya can ve mal güvenliğinin sağlanması açısından ivedilikle yapılması gerekliliği idarece belirlenen hallerde veyahut idare tarafından önceden öngörülemeyen olayların ortaya çıkması üzerine ihalenin ivedi olarak yapılmasının zorunlu olması" olarak düzenlenmiştir. Buradaki amaç ihtiyacın en hızlı şekilde karşılanmasıdır. Örneğin herhangi bir heyelan sonucu yolun çökmesi durumunda Karayolları Genel Müdürlüğü yolun yenilenmesi için bu maddeyi uygulayabiliyor.

1.3. AKP Kamu İhale Kanunu'nu Yap-Boz Tahtasına Çevirdi

2002 yılında AKP iktidara geldikten bir süre sonra, bazıları değişen şartlara göre ama büyük bir kısmı yandaş şirketlere ihale verebilmek için Kamu İhale Kanunu'nda defalarca değişiklik yapmıştır. AKP iktidarı, TBMM'deki üye çoğunluğu sayesinde söz konusu kanunla ilgili 58 kez kanun değişikliği teklifi ve 8 Kanun Hükmünde Kararname (KHK) ile toplamda 195 kez maddelerde değişiklik yapmıştır.

AKP Hükümeti daha bir yılını doldurmadan, "4964 sayılı Bazı Kanunlarda Değişiklik Yapılması Hakkında Kanun" ile Kamu İhale Kanunu'nda değişiklikler yaparak Meclisten geçirmiş ve ilgili kanun değişikliği 15 Ağustos 2003 tarihinde *Resmî Gazete*'de yayımlanarak yürürlüğe girmiştir. Getirilen değişikliklerin gerekçesinde ise Kamu İhale Kanunu'nun yeteri kadar esnekliğe sahip olmadığı, bu sebeple de kamu yatırım projelerinin hayata geçirilmesinde gecikmelerin yaşandığı ifadelerine yer verilmiştir. Ancak Kamu İhale Kanunu'nda yapılan bu değişiklikler, sistemin AB müktesebatına daha uyumlu hale getirilmesinden çok, daha da müktesebattan uzaklaştırmıştır. Yapılan değişiklikler, kamu kaynaklarının AKP'nin yandaş firmalarına daha kolay aktarılmasının önünü açmıştır.

AKP iktidarı, Kamu İhale Kanunu'nda yapmış olduğu bu ilk değişiklikle;

• Toplu konut projelerinde bütçede ödenek olmaksızın, gerekli arsa temini yapılmadan, mülkiyet, kamulaştırma ve imar işleri tamamlanmadan ihaleye çıkılmasını,
• Enerji, ulaştırma, su ve telekomünikasyon sektörlerinde faaliyette bulunan şirketlerin kanun kapsamından çıkarılmalarını sağlamıştır.

AKP iktidarı bununla da yetinmemiş, Kamu İhale Kanunu'nda yapmış olduğu 2003 yılındaki bu ilk değişikliğin ardından sonraki 5 yıl içerisinde 14 yasayı daha Meclisten geçirerek 26 maddesini değiştirmiştir.

2008 yılında ise çok tartışılan "5812 sayılı Kamu İhale Kanunu ile Kamu İhale Sözleşmeleri Kanunu'nda Değişiklik Yapılmasına Dair Kanun'u sayısal çoğunluğu sayesinde Meclisten geçirmiş ve 30'dan fazla maddede yapılan değişikliler 5 Aralık 2008 tarihli *Resmî Gazete*'de yayımlanarak yürürlüğe girmiştir.

2009 ile 2017 yılları arasında 3'ü OHAL döneminde olmak üzere tam 22 farklı yasa ve 5 KHK ile Kamu İhale Kanunu'nda 50'den fazla değişiklik yapmıştır.

2017 yılından günümüze kadar da 7 farklı kanun ve 2 KHK ile bu kez Kamu İhale Kanunu'nun 27 maddesi daha AKP İktidarı tarafından değiştirilmiştir.

Kamu kurum ve kuruluşlarının yapacakları alımlarda tek bir kanuna tabi olmalarını sağlamak amacıyla düzenlenen 4734 sayılı Kamu İhale Kanunu'nda AKP tarafından yapılan değişiklikler, Kanunun etkinlik seviyesinin düşmesine sebebiyet vermiştir. Özellikle Kanunun kapsama alanının daraltılarak 3. maddesinin başlığı olan istisna alanının genişletilmesi, kamu harcamalarının disipline edilmesini engelleyerek usulsüzlükler yapılmasına yol açmıştır.

1.3.1. 21/b kapsamında yandaş şirketlere verilen ihaleler

Mevcut siyasi iktidar yandaş şirketlerine (Cengiz, Limak, Kalyon, Kolin, Makyol vb.) avantaj sağlamak adına yerli yersiz Pazarlık Usulü kapsamında 21/b maddesini işleterek defalarca kamu ihalesi vermiştir.

2013 yılından bu zamana kadar geçen süre içerisinde, 21/b kapsamında AKP iktidarının bazı yandaş şirketlere verdiği kamu ihale sayılarına bakacak olursak;

• **Kolin Holding:** 7 kamu ihalesi almıştır. Toplam ihale bedelleri 10 milyar 264 milyon TL'dir.

• **Cengiz Holding:** 12 kamu ihalesi almıştır. Aldığı bu kamu ihalelerinin toplam sözleşme bedeli 7 milyar 98 milyon TL'dir.

• **Kalyon Holding:** 8 kamu ihalesi almıştır. Toplam ihale bedelleri 4 milyar 448 milyon 292 bin TL'dir.

• **Makyol Holding:** 11 kamu ihalesi almıştır. Toplam ihale bedelleri 3 milyar 877 milyon 846 bin TL'dir.

• **Limak Holding:** 3 kamu ihalesi almıştır. Toplam ihale bedelleri 2 milyar 108 milyon 356 bin TL'dir.[1]

1.3.2. AKP'nin İstisnaları

Kamu İhale Kanunu'nun 3. maddesinde istisna kapsamında bulunan konular ve kurumları belirtilmiştir. Bu madde aracılığıyla kamu kurumlarının yapacakları alımları, Kanuna uygun olarak gerçekleştirmesi gereken bazı idarelere, konu ve

---

1 Toker, Çiğdem. (2019). *Kamu İhalelerinde Olağan İşler*. Tekin Yayınevi.

kurum bazında ihtiyaçlarını ceza ve ihalelerden yasaklanma halleri hariç olmak üzere Kanun hükümlerine bağlı olmadan karşılama imkânı verilmiştir. Kanunun ilk yayımlandığı 2002 yılında sadece 6 bentten oluşan istisna maddesi, bugün itibari ile kanun kapsamı dışında bırakılan alan sayısı AKP iktidarı tarafından arttırılarak 25 bende çıkarılmıştır. Böylelikle AKP iktidarı yandaş şirketlere daha kolay bir şekilde kamu ihalelerini vermenin önünü açmıştır. AKP iktidarı, istisna başlıklı 3. maddeyi bu zamana kadar tam 30 kez değiştirerek yapmış olduğu eklemelerle, kanunu amacından saptırmıştır. İstisna sayısındaki bu artışa, Avrupa Komisyonu tarafından hazırlanan 2010, 2014 ve 2016 yıllarına dair Türkiye İlerleme Raporlarında da değinilmiş ve söz konusu bu durum eleştiri konusu olmuştur.

1.3.3. Avrupa Birliği Komisyonu Türkiye İlerleme Raporlarındaki Görüşler

- Yolsuzlukla mücadele konusunda herhangi bir eylem planı yok. Bu konuda siyasi bir irade bulunmuyor.
- Yolsuzlukla mücadeleye ilişkin kurulan Başbakanlık Teftiş Kurulu (BTK), Cumhurbaşkanlığı sistemine geçilirken kaldırıldı. Yerine bağımsız bir organ getirilmedi.
- Yürütme yolsuzlukla ilgili olan davalar ve soruşturmalara usulsüz müdahale ediyor. Bu durumu yasal zemin mümkün kılıyor.
- Kamu İhale Kanunu, AB müktesebatı ile hâlâ uygun değil.
- Kamu İhale Kanunu'nda yer alan istisnaların kapsamı arttırıldı. Bu durum endişe verici seviyeye ulaştı.
- Belediye ihaleleri ve büyük altyapı yatırımları, Kamu Özel İşbirliği (KÖİ) ihaleleri yolsuzluğa açık bir şekilde devam ediyor.
- Kamu görevlilerinin, görevlerini kötüye kullanmaları iddialarıyla ilgili olarak soruşturma açılabilmesi için idari amirlerinden, üstlerinden ön izin alınması gerekiyor. Bu durum da kamu görevlilerini yolsuzlukla ilgili adli ve idari soruşturmalarda koruyor.
- Kamu kurumlarının şeffaflığı ve hesap verilebilirliğinin oldukça kısıtlı olması endişe vericidir.

• Avrupa Konseyi Yolsuzluklarla Mücadele Devletler Grubu'nun tavsiyeleri henüz yerine getirilmedi.

• Cumhurbaşkanının doğrudan Kamu İhale Kurumu Başkanını ve üyelerini atamakla yetkilendirilmesi, kurumun bağımsızlığını zedeledi.

Bütün bu saptamalar, ülkemizi yönetmekte olan siyasi iradenin yolsuzluklarla mücadele konusunda ne kadar zayıf olduğunun hatta mücadeleyi bırakın, yolsuzluğu teşvik edici olduğunun bir göstergesidir.

Devletin yaptırdığı baraj, köprü, otoyol, hastane gibi yapılar ve satın aldığı tüm ürünler vatandaşların alın teri dökerek ödediği vergilerden karşılanmaktadır. Halktan toplanan vergiler harcanırken her kuruşunun hesabının verilmesi ülkeyi yöneten siyasi iktidarın başlıca görevidir.

OECD, yapılan kamu ihalelerinin şeffaf olduğunu söylemek için şu özelliklerin olması gerektiğini belirtmiştir:

1. İhale kuralları, tüm katılımcılara ve potansiyel katılımcılara açık olmalıdır.

2. Kamu görevlilerinin takdir yetkileri kanunla kısıtlanmış olmalıdır.

3. İhale sürecinde yasa ile belirlenen kurallara uyulup uyulmadığı denetlenebilir olmalıdır.

4. Yasal normlara uyumu sağlamak amacıyla kararları incelemek için gerekli mekanizmalar mevcut olmalıdır.

Özellikle AKP Hükümetleri döneminde, kamu alımlarına ayrılan kaynaklar ve yapılan kamu ihale sayılarında olağanüstü bir artış görülmektedir. Büyük ihaleler olarak nitelendirdiğimiz, sözleşme bedelleri 1 milyon TL'nin üzerinde olan ihalelerin sayılarında ve buna benzer büyük ihalelerin kamu ihalelerine ayrılan toplam kaynak içerisindeki paylarında büyük artışlar olmuştur. 2004 yılındaki büyük ihale bedellerinin toplamı 10 milyarı bulmazken 2016 yılında ise bu rakam 120 milyarı aşmıştır.

1.4. Kamu İhale Kurumu'nun Kuruluş Amacı

Yapılan kamu ihalelerinde şeffaflığın sağlanması ve ihale süreçlerinde politikacıların siyasi güçlerini kullanmasının engellenmesi adına bağımsız düzenleyici bir kurum olarak kurulmuştur. İhale süreçlerini düzenleme ve denetleme yetkisi o dönem Bayındırlık ve İskân Bakanlığı ile Maliye Bakanlığı'ndan alınıp yeni yasa ile idari ve mali açıdan özerk olarak kurulan Kamu İhale Kurumu'na verilmiştir.

1.4.1. Kamu İhale Kurumu ile AKP Arasında Çatışma

AKP Hükümeti, Kamu İhale Kurumu'nun görev ve yetki alanlarını daraltmıştır. Öncelikle kurumun gelirlerini düzenleyen kanun kapsamında yapılan ihaleler için yüklenici firmadan tahsil edilecek sözleşme bedelinin on binde beşinin kuruma gelir kaydedilmesini değiştirmiş, sadece belli bir limiti aşan ihalelerden kuruma gelir sağlanacağı kanun kapsamına alınmıştır.

Kamu İhale Kurumu ile AKP Hükümeti arasındaki çatışma, özellikle Mili Eğitim Bakanlığı, SSK ve kamuoyunda Ali Dibo olarak bilinen, Hatay'da 271 tane kamu ihalesinin tamamının dönemin Adalet Bakanı ve Hatay Milletvekili Sadullah Ergin'in talimatı ile 17 AKP'li yerel yöneticiye verilmesi ve bununla ilgili haberlerin gün yüzüne çıkması sonucu Kamu İhale Kurumu'nun konuyla ilgili soruşturma başlatması ve birçok ihaleyi iptal etmesiyle hararetlenmiştir.

Bunun üzerine dönemin Milli Eğitim Bakanı Hüseyin Çelik'in, İhale Kurumu Başkanı Şener Akkaynak'a "sizin hepinizin hakkında soruşturacak bir şeyler buldururum" demesi hâlâ hafızalardan silinmemiştir.

Durum bununla da yetinilmemiş dönemin Başbakanı şimdiki Cumhurbaşkanı Recep Tayyip Erdoğan, üst kurulların sürekli sorun çıkardığı, işleri yavaşlattığı gerekçesiyle yeniden yapılandırılacaklarının sinyalini vermiş ve Şener Akkaynak'a "Seçmenlere proje vaatlerinde ben bulunuyor ve onlardan ben oy istiyorum. Vatandaşa hizmet götürme sorumluluğu olan benim, siz değilsiniz" diyerek Kamu İhale Kurumu'nun yapmış olduğu bu soruşturmalardan rahatsızlığını dile getirmiştir.

Bu olaylardan sonra Kamu İhale Kurumu'nun üyeleri Maliye Bakanlığı, Sayıştay, Danıştay, Hazine Müsteşarlığı, TOBB gibi kurumlardan atanırken, Maliye Bakanlığı'nın getirmiş olduğu teklifle Bakanlar Kurulu'nca atanmaya başlanmıştır. İlk olarak Kurumun başına AKP'li Maliye Bakanı Kemal Unakıtan'ın danışmanı Hasan Gül getirilmiştir.

Hasan Gül göreve geldikten sonra Hatay ilinde yaşanan ihale yolsuzlukları ile ilgili "yolsuzluk değil, usule aykırılık" demiştir. Kurumun yapısının değişmesinin yolsuzluklarla mücadeleye engel olabileceği konusunda da Hasan Gül'ün, "Benim yolsuzlukla mücadele gibi bir misyonum yok" sözleri de basında yer almıştır.

Son gelinen süreçte de Kamu İhale Kurumu mevcut iktidarın boyunduruğu altında işlev görmektedir.

İKİNCİ BÖLÜM
Devletten En Çok İhale Alan Firmalar

2.1. Cengiz İnşaat

1980'lerde altyapı işleriyle Cengiz İnşaat olarak yürüyüşe başlayan Cengiz Şirketler Grubu madencilik, inşaat, enerji, turizm, makine, havacılık ve sigorta sektörlerine de el atmıştır. ANAP iktidarıyla başlayan yükseliş AKP iktidarında büyük bir ivme kazanmıştır.

1990'lar ANAP döneminde Karadeniz Sahil Yolu Projesi ihalesini alan Cengiz İnşaat, Dünya Bankası verilerinde de görüldüğü gibi AKP iktidarının açtığı birçok kamu ihalesinin sahibidir. 2004'te ETİ Bakır A.Ş. ihalesini, 2005'te ETİ Alüminyum'u alan Cengiz, elektrik dağıtım ihalelerinde de alanı asla başka bir firmaya kaptırmamıştır. Boğaziçi Elektrik, Akdeniz Elektrik, Uludağ Elektrik, EDAŞ ve Çamlıbel Elektrik dağıtım ortaklıkları bunlar arasında sayılmaktadır.

3. Havalimanı projesini de Kalyon, Kolin ve Limak ortaklığıyla alan Cengiz'in AKP iktidarıyla dostluğunun getirisi sadece ihalelerle sınırlı değildir. 2010 yılında Albayrak ve Elektromed gibi şirketlerle birlikte Cengiz'in de vergi borçları silinmiştir. Havaalanları, HES'ler, rezidanslar, barajlar, hızlı tren hatları ve daha niceleri gibi rant alanlarıyla, halkın cebinden çıkan kamu kaynakları ile servetlerini büyütmüşlerdir.

Cengiz Holding'in AKP döneminde artan etkinliği Elektronik Kamu Alımları Platformu'nun (EKAP) istatistiklerine de yansımıştır. Mehmet Cengiz'in sahibi olduğu holding, yalnızca 2017 yılında devletten 7 milyar 901 milyon liralık ihale almıştır. Cengiz İnşaat'a bağlı Eti Bakır A.Ş.'nin Cerattepe'de yaptığı ve doğa katliamına yol açan madencilik faaliyeti nedeniyle kamuoyunda tepki çeken kuruluşun, 2017'de en fazla ihale aldığı kamu kurumu ise "Karayolları Genel Müdürlüğü" olmuştur.

AKP döneminde aldığı kamu ihaleleriyle değerine değer katan ve 2010 yılında 422 milyon liralık vergi borcu silinen Cengiz Holding'in devletten aldığı ihalelerin bedelleri altı yılda 10 kat artmıştır. 2011 yılında aldığı iki işin ihale bedeli 774 milyon 611 bin lira olan şirketin 2017 yılında aldığı sekiz ihalenin bedeli ise 7 milyar 901 milyon liraya ulaşmıştır. Yedi yılda, aralarında Ordu-Giresun Havaalanı emniyet sistemleri ve deniz dolgusu inşaatı ve Samsun-Sinop arasındaki Güzelceçay-Dikmen Yolu'nun tünel ve üstyapı inşaatı gibi işlerin de yer aldığı 26 kamu ihalesini üstlenen Cengiz Holding'in, 2011'den 2017 yılına dek aldığı ihalelerin toplam bedeli 12 milyar 597 bin lira oldu. Cengiz Holding, sadece 2016'dan bu yana 100 milyon liranın üzerinde 18 ihaleyi almıştır. 2014 yılı başından 2020 Eylül tarihleri arasında Cengiz Holding toplamda 22 milyar 138 milyon TL'lik kamu ihalesi almıştır. Bu süre içinde kamudan aldıkları 18 ihalenin 12'sini 21/b pazarlık usulü ile almışlardır. Sadece 21/b usulü ile son iki yılda aldıkları 4 ihalenin toplam sözleşme bedeli ise 3 milyar 552 milyon liradır.

- Rize-Artvin Havalimanı: 1 milyar 632 milyon TL
- İstanbul Havalimanı: 58 milyar 890 milyon TL
- İstanbul Avrupa Yakası Boğaziçi Elektrik Dağıtım: 3 milyar 626 milyon TL
- İstanbul Taksim- 4.Levent Metrosu: 2 milyar TL
- İyidere Lojistik Limanı: 1 milyar 719 milyon TL
- Çanakkale, Yalova, Balıkesir, Bursa Uludağ Elektrik Dağıtımı: 1 milyar 457 milyon TL
- Antalya, Burdur, Isparta Akdeniz Elektrik Dağıtım: 1 milyar 10 milyon TL
- Ankara-İstanbul Hızlı Tren 2. Etap: 1 milyar TL
- Trabzon-Aşkale Yolu Zigana İkmal İnşaatı: 953 milyon 203 bin TL
- Trabzon Atasu Barajı: 874 milyon TL
- Şile Ağva Yolu: 527 milyon 40 bin TL
- Artvin Yusufeli Barajı: 486 milyon 80 bin TL
- Trabzon-Aşkale Yolu: 484 milyon 50 bin TL

- Bandırma-Bursa-Ayazma-Osmaneli Hızlı Tren Altyapı İkmal İnşaatı: 990 milyon 767 bin TL
- Seydişehir Eti Alüminyum/Oymapınar HES: 417 milyon 85 bin TL
- Sivas, Tokat, Yozgat Çamlıbel Elektrik Dağıtım: 400 milyon 70 bin TL
- Ordu-Giresun Havalimanı: 300 milyon TL
- Bingöl Genç Yolu: 72 milyon 80 bin TL
- İstanbul Maltepe Dolgu: 65 milyon TL
- Kuzey Marmara Otoyolu: 13 milyar 600 milyon TL
- Maçka-Karahava yolu: 596 milyon 978 bin TL
- Ankara-İstanbul hızlı tren 26 tüneli: 456 milyon 506 bin TL
- Gayrettepe-İstanbul Havalimanı metrosu: 4 milyar 845 milyon TL
- Gebze-Halkalı banliyö hattı: 8.3 milyon TL
- Ankara-Sivas demiryolu projesi: 13 milyar TL
- Yerköy-Yozgat-Sivas demiryolu: 263 milyon TL
- Urfa Ilısu Barajı ve HES: 4 milyar 851 milyon TL
- Zigana Tüneli: 446 milyon 297 bin TL
- Ovit Tüneli: 1.5 milyar TL
- Ilgaz Tüneli: 572 milyon TL
- Ereğli Limanı: 40 milyon TL
- Hüseyin Avni Paşa Korusu: 31.7 milyon TL
- Atasu Barajı ve HES: 400 milyon TL
- Gümüşhane Çevre Yolu
- Çamlıca Tüneli
- Gözeler Regülatörü
- Aşağı Kaleköy Barajı ve HES
- Beyhan Barajı ve HES
- Köprü Barajı ve HES
- Beyhan 2 Barajı ve HES
- Ankara-İstanbul hızlı tren hattı
- Ankara-İzmir hızlı tren Eşme-Salihli kesimi
- Ayder Ilıcası yolu
- Alanya Yat Limanı
- Hopa Limanı
- TBMM ve Sanayi ve Teknoloji Bakanlığı: 17 milyon TL
- Diyanet İşleri Başkanlığı: 3 milyon 921 bin TL

- Hazine ve Maliye Bakanlığı: 9 milyon 889 bin TL
- Emniyet Genel Müdürlüğü: 45 milyon TL
- Türkiye Büyük Millet Meclisi: 12 milyon 932 bin TL
- Sanayi ve Teknoloji Bakanlığı: 3 milyon 424 bin TL
- Çankırı Karatekin Üniversitesi: 3 milyon 405 bin TL
- Çanakkale Onsekiz Mart Üniversitesi: 6 milyon 247 bin TL
- Kiğı-Yedisu Yolu İkmal İnşaatı İşi (Özaltın İnşaat ortaklığı): 630 milyon 807 bin TL
- Jandarma Genel Komutanlığı, 2022 yılı için "serbest piyasadan elektrik enerjisi alımı" ihalesi: 131 milyon 55 bin TL

2.2. Limak Holding

TFF Başkanı Nihat Özdemir'in sahibi olduğu Limak, AKP iktidarı döneminde özelleştirme ile gün yüzüne çıkmış firmalardan sadece birisidir. Daha önce ağırlıklı olarak altyapı inşaatı yapan grup, AKP iktidara geldikten sonra iki kritik özelleştirmeden büyük gelir elde etmiştir. Tekel alkollü içkiler bölümünü 292 milyon dolara alan Mey İçki'nin ortakları arasında Limak da bulunmaktadır. Mey İçki 2006 yılında 810 milyon dolara ABD'li Texas Pacific Group'a (TPG) satılmıştır. Tekel'in fabrikaları devredildiğinde stoklarda bulunan içkilerin özelleştirme bedeline yakın olduğu söylenmiştir.

Limak'ın özelleştirme vurgunu Tekel'den ibaret değildir. TMSF bünyesindeki çimento fabrikalarının alınması, elektrik üretim santralleri, elektrik dağıtım bölgelerine ek olarak Sabiha Gökçen Havalimanı'nın işletme hakkı da AKP dönemi kıyakları arasında yer almaktadır. Limak'ın, 21/b kapsamında pazarlık usulü yöntemi ile aldığı son 3 kamu ihalesinin toplam bedeli 2 milyar 108 milyon 356 bin TL'dir. 4 milyar doların üzerinde cirosu olan grup, söz konusu büyüklüğü çok büyük oranda AKP iktidarına borçludur.

İşte Limak'ın AKP'den aldığı ihaleler:
- Çanakkale Köprüsü ve Çanakkale Ootoyolu: 10 milyar 354 milyon 576 bin 202 TL
- Yusufeli Barajı ve HES: 1 milyar 428 milyon TL
- İstanbul Havalimanı: 58 milyar 890 milyon TL
- Sabiha Gökçen Havalimanı: 2 milyar 962 milyon TL

- Sabiha Gökçen Havalimanı 2. Pist: 1 milyar 397 milyon 839 bin TL
- Limakport: 577 milyon TL
- Çetin Barajı ve HES: 2 milyar 100 milyon TL
- Adatepe Barajı: 790 milyon TL
- Burgaz Barajı: 36 milyon 511 bin TL
- Karacasu Barajı: 3 milyon 355 bin TL
- İkizdere Barajı: 193 milyon TL
- Ankara İçme Suyu II. Merhale Projesi Gerede Sistemi: 465 milyon TL
- Ankara YHT Garı: 37.5 milyon dolar
- Gaziantep Çimento Fabrikası: 133 milyon 347 bin TL
- Mersin Stadyumu: 125 milyon TL
- Tandoğan-Keçiören Metrosu Bağlantı Yolu: 29 milyon 485 bin TL
- Artvin-Erzurum Ayrımı Devlet Yolu: 650 milyon 381 bin TL
- Terkos-İkitelli İsale Hattı: 20 milyon 112 bin TL
- Çetintepe Barajı İkmali: 124 milyon 347 bin TL
- İmamoğlu Sulaması 4. Kısım
- Uşak Havaalanı Altyapı inşaatı
- Balıkesir Havaalanı F-16 Tesisatı inşaatı
- Banta Barajı
- Arkun Barajı
- Uzunçayır Barajı
- Kuzey Marmara Otoyolu Boru Hattı
- Adana-İzmir Organize Sanayi Bölgesi Altyapı inşaatı
- İstanbul Teknopark
- Gürsöğüt 1-2 Barajı ve HES
- Cumhurbaşkanlığı Strateji ve Bütçe Başkanlığı: 1 milyon 547 bin TL
- Hacettepe Üniversitesi: 23 milyon 74 bin TL
- Orman Genel Müdürlüğü: 1 milyon 413 bin TL
- Erzincan Binali Yıldırım Üniversitesi: 2 milyon 872 bin TL
- Sahil Güvenlik Komutanlığı: 13 milyon 356 bin TL
- Bursa Yenişehir Havaalanı Müdürlüğü: 1 milyon 544 bin TL
- Bandırma Onyedi Eylül Üniversitesi: 1 milyon 663 bin TL
- 64 Gençlik ve Spor il müdürlüğünün elektrik enerjisi ihaleleri

- İstanbul Uluslararası Finans Merkezi Merkez Bankası binası. Sır ihalenin ederi bilinmiyor.
- Yusufeli (Artvin-Erzurum) Ayrımı Devlet Yolu İkmal İnşaatı İşi: 208 milyon 929 bin TL
- Alayunt-Afyon-Konya hat kesiminde Elektrifikasyon, Sinyalizasyon ve Telekomünikasyon Yapım İşi (Yapı Merkezi İnşaat Şirketi ortaklığı): 1 milyar 763 milyon 710 bin TL
- Kocaeli Göl. Bk. Onr. İs. Komutanlığı Milli Savunma Bakanlığı MSB Bağlıları Elektrik Enerjisi ihalesi: 10 milyon 243 bin TL
- Ankara Adalet Bakanlığı Yüksek Seçim Kurulu Başkanlığı'nın Elektrik Enerjisi Mal Alımı ihalesi: 1 milyon 665 bin TL.

2.3. Kalyon Holding

Kalyon da yine AKP iktidarının imtiyazlı şirketleri arasındadır. Gaziantep merkezli Kalyon İnşaat'ın bilinen en önemli projelerinden biri Taksim'deki meydan düzenlemesidir. Kalyon İnşaat'ın; toplu konut, yol, köprü, altyapı, kamu binaları, arıtma tesisleri, alışveriş merkezleri ve ticaret merkezi alanlarında yatırımları vardır. Elektrik üretiminin yanı sıra elektrik ve doğalgaz dağıtım şirketlerinde de ortaklığı bulunan Kalyon, DSİ, İSKİ ve belediyelerden de yüksek tutarlarda altyapı projesi almasıyla bilinmektedir.

Kalyon Holding son 5 yılda 23 milyar 509 milyon TL'lik kamu ihalesi almıştır. Kalyon Holding son 7 yılda 21/b kapsamında pazarlık usulü olarak da 8 adet kamu ihalesini 4 milyar 448 milyon 292 bin TL karşılığında almıştır.

Kalyon Holding'in aldığı ihaleler:
- İstanbul Havalimanı: 58 milyar 890 milyon TL
- Mersin-Adana-Osmaniye-Gaziantep Yüksek Standartlı Demiryolu İnşaatı ile Elektromanyetik Sistemlerinin Temini: 6 milyar 953 milyon 303 bin TL.
- KKTC Deniz Geçişi İsale Hattı: 483 milyon TL
- İzmit Kandıra Bölünmüş Yolu: 629 milyon TL
- Kuzey Marmara Otoyolu: 13 milyar 600 milyon TL
- Kuzey Marmara Doğalgaz Depolama Tepsi Faz Projesi: 2 milyar 800 milyon TL

- İzmir-Manisa Devlet Yolu Sabuncubeli Tüneli bağlantı yolu: 192 milyon 977 bin TL
- Ayvacık-Küçükkuyu yolu: 904 milyon 965 bin TL
- Avrupa bölgesi içme suyu tünel inşaatı: 872 milyon TL
- Artvin-Erzurum Devlet Yolu yapımı: 378 milyon 863 bin TL
- Sabuncubeli Tüneli ve bağlantı yolları ikmal inşaatı: 174 milyon 990 bin TL
- Gaziantep-Düzbağ içme suyu isale: 898 milyon TL
- Dudullu-Bostancı Metrosu: 1 milyar 687 bin TL
- Mecidiyeköy-Mahmutbey Metro hattı: 849 milyon 440 bin TL
- Çanakkale-Ezine-Ayvacık yolu: 13 milyon 302 bin TL
- Gayrettepe 3. Havalimanı Metro: 4 milyar 845 milyon TL
- Kirazlı-Halkalı Metrosu: 2 milyar 414 milyon TL
- Gaziray: 976 milyon 48 bin TL
- Antalya raylı sistem: 696 milyon 831 bin TL
- Lütfi Kırdar Eğitim ve Araştırma Hastanesi: 456 milyon 500 bin TL
- Başakşehir Stadyumu: 134 milyon 949 bin TL
- Taksim Meydanı düzenleme inşaatı: 51 milyon 555 bin TL
- Ordu-Ulubey-Topçam Yolu: 50 milyon 447 bin TL
- Bandırma-Bursa-Ayazma Demiryolu: 9 milyar 449 milyon TL
- Menemen-Aliağa-Çandarlı Otoyolu
- Kürtün HES
- Torul HES
- Ordu HES
- Kalan ve Aksu HES
- Tanap 4
- THY destek binaları
- Nurdağı-Islahiye Yolu
- Marmaray
- İstanbul Uluslararası Finans Merkezi
- Trabzon Şehir Hastanesi: 1 milyar 99 milyon TL

2.4. Kolin Holding

Koloğlu kardeşlerin şirketi Kolin'in hikâyesi, pek çok altyapı ihalesinde, elektrik dağıtım bölgelerinde ortaklık yaptığı Limak ve Cengiz ile benzemektedir. Elektrik santralleri, elektrik dağıtımı, oteller bunlardan sadece birkaçıdır.

Kolin Holding'in son 5 yılda almış olduğu kamu ihale bedellerinin toplamı 20 milyar 632 milyon TL'dir.

Kolin' in aldığı kamu ihalesi listesi:
- Yusufeli Barajı: 486 milyon 875 bin TL
- Yeni Havalimanı-Halkalı Metro Hattı: 4.3 milyar TL
- Kuzey Marmara Otoyolu: 13 milyar 600 milyon TL (konsorsiyum)
- Yeni Havalimanı- 2. Metro Hattı: 3.5 milyar TL
- Soma Kolin Termik Santral: 1 milyar 780 milyon TL
- Ankara İçmesuyu 2. Merhale Projesi Gerede Sistemi İnşaatı: 465 milyon TL
- Aycacık-Küçükkuyu-Ezine yolu: 321 milyon 892 bin TL
- Başpınar-Gaziantep (Gaziray projesi): 416 milyon 201 bin TL
- Artvin-Erzurum Devlet Yolu 2. kesim: 487 milyon 453 bin TL
- Sığacık Yat Limanı: 7 milyon 500 bin TL
- DSİ-Hotamış Depolaması İnşaatı işi: 111 milyon TL maliyet
- Harran Ovası Sulaması 6. Kısım inşaatı: 7 milyon 846 bin TL
- Çayyolu Depo Sahası Yapım: 114 milyon 800 bin TL
- Ankara-Sivas Demiryolu Projesi Kırıkkale-Yerköy arası: 398 Milyon 437 bin TL
- Ankara Hızlı Tren Garı: 280 milyon 875 bin TL
- Köseköy-Gebze Hızlı Tren hattı rehabilitasyon, inşaat işi
- İzmir-Çeşme Mordoğan-Karaburun yolu
- Marmaray CR3 Gebze-Söğütlüçeşme, Kazlıçeşme-Halkalı hatlarının iyileştirilmesi
- İncirlik Hava Üssü aile lojmanları renovasyonu
- Adnan Menderes Havalimanı OG-AG Sistemleri Tesisi
- Yalnızardıç Barajı ve HES
- Çandarlı Limanı
- Akköy 2 HES
- Yaprak Regülatörü ve HES
- Yukarı Harran Ovası Ana Kanal İnşaatı
- İstanbul Üniversitesi Hasdal Yerleşkesi 1. Etap Hastane Binası İnşaatı ile Altyapı ve Çevre Düzenlemesi İşi (21/B): 1 milyar 920 milyon TL.
- Filyos Limanı Rıhtım ve Geri Saha İnşaatı (21/b): 695.4 milyon TL.

- 1700 yataklı Şanlıurfa Şehir Hastanesi 2 milyar 144 milyon TL.
- TEİAŞ'ın İstanbul'un Avrupa Yakası ile İzmir, Adapazarı, Isparta, Ankara, Konya, Gaziantep, Elazığ, Erzurum, Batman ve Denizli'deki "Trafo merkezlerinin bakım onarım ve yapım işleri": 50 milyon 650 bin TL
- TEİAŞ, İstanbul'un Anadolu Yakası ile Bursa, Kütahya, Samsun, Kayseri, Trabzon, Adana, Antalya, Edirne ve Kastamonu'da "Trafo merkezlerinde yapılması planlanan muhtelif bakım, onarım ve yapım işleri": 40 milyon 980 bin TL
- Devlet Su İşleri Genel Müdürlüğü'nün Konya'nın Ereğli İlçesindeki sulama kanalı yenileme işi ihalesi:1 milyon 175 bin TL
- Antalya 1000 Yataklı Şehir Hastanesi (Devlet Hastanesi) Yapım İşi İhalesi: 990 milyon TL
- Kayseri Anafartalar- Şehir Hastanesi-YHT Garı Tramvay Hattı İnşaatı ihalesi: 376 milyon TL
- Aydın 950 Yataklı Şehir Hastanesi (Devlet Hastanesi) Yapım İşi: 976 milyon TL

2.5. Makyol Holding

Makyol Holding, 144 bin şirket içinde kamudan en çok ihale alan kuruluştur.

Devlet Hava Meydanları İşletmeleri (DHMİ) tarihinin en büyük işi olarak tanımlanan Sabiha Gökçen Havalimanı (SGH) Gelişim Projesi ihalesi başta olmak üzere birçok kamu ihalesini tartışmalı biçimde kazanan Makyol Holding'in AKP döneminde etkinliği Elektronik Kamu Alımları Platformu'nun (EKAP) istatistiklerine de yansımıştır. Hükümete yakınlığıyla bilinen Adnan Çebi'nin Yönetim Kurulu Başkanı olduğu Makyol Holding'in yalnızca 2017 yılında devletten 10 milyar 665 milyon liralık ihale aldığı ortaya çıkmıştır. Özellikle İstanbul Büyükşehir Belediyesi'nin açtığı inşaat ihalelerini kimseye kaptırmayan holdingin, 2017'de en fazla ihale aldığı kamu kurumu Karayolları Genel Müdürlüğü olmuştur.

Aldığı kamu ihaleleriyle adından sıkça söz ettiren şirketin, devletten aldığı ihalelerin bedelleri yedi yılda yüzde 350 oranında artmıştır. Yedi yılda, aralarında "İstanbul Geneli Yol

Köprülü Kavşak ve Ortak Altyapı İnşaatı" ve "Atatürk Havalimanı Pat Sahaları Onarımı ve Tevsii İşi" gibi işlerin de yer aldığı 24 kamu ihalesini üstlenmiştir.

2015 yılında bir ay içinde devletten iki dev ihale alan Çebi'nin şirketinin 2011 yılından bugüne aldığı kamu ihalelerinin 13'ü 2015-2017 yılları arasında gerçekleşmiştir. 2011-2017 yılları arasında, yalnızca inşaat alanında devletten 12 milyar liralık ihale alan Makyol Holding, ihale bedeli rekorunu 2017 yılında kırmıştır.

Makyol Holding'in son 5 yılda almış olduğu kamu ihale bedellerin toplamı 12 milyar 983 milyon TL olmuştur.

Ayrıca Makyol Holding, 2013-2019 yılları arasında, 21/b kapsamındaki pazarlık usulü ile 11 adet kamu ihalesini 3 milyar 877 milyon 846 bin TL karşılığında almıştır.

Makyol Holding'in aldığı ihaleler:
- Sabiha Gökçen Havaalanı İkinci Pist: 1 milyar 397 milyon TL
- Osmangazi Köprüsü: 1.2 milyar dolar (Nurol, Özaltın, Makyol, Astaldi, Yüksel ve Göçay Konsorsiyumu)
- Ovit Tüneli: 1.5 milyar TL
- Gebze-Orhangazi-İzmir Otoyolu: 10 milyar 51 milyon TL
- Ağva-Kandıra-Kaynarca Bölünmüş Yol: 628 milyon TL
- Hopa-Borçka Devlet Yolu BSK Yapılanması: 33 milyon 930 Bin TL
- Boğaziçi ve Fatih Sultan Mehmet Köprülerinin Büyük Onarımı ve Yapısal Takviyesi Yapım İşi: 246 milyon 520 bin TL
- Boğaziçi Köprüsü Halat Semer Bölgesi Geçiş Takviyesi: 225 milyon TL
- Çorlu-(Kınalı-Tekirdağ) Ayr. Yolu: 9 milyar 843 milyon TL
- Bomonti Tünel Çıkışı Kavşak ve Yol Düzenleme İnşaatı: 223 milyon TL
- Atatürk Havalimanı Pist-Apron-Taksirut Onarımı: 266 milyon 905 bin TL
- Beyoğlu Kasımpaşa Hasköy Caddesi Yol Rehabilitasyonu İkmal İnşaatı: 162 milyon 369 bin TL
- Antalya Çevre Yolu: 169 milyon 900 bin TL
- Batman-Hasankeyf ve Batman-Siirt yolları köprüler ikmal inşaatı: 73 milyon 888 bin TL

- (Antalya-Manavgat)- Taşağıl-İbradı ayrımı: 448 milyon 505 bin TL
- Ormanköy-Akyazı Dokurcun Yolu: 324 milyon 705 bin TL
- Sabuncubeli ve bağlantı yolları ikmal işleri: 189 milyon 15 bin TL
- Büyükçekmece-Çatalca-Subaşı Yolu: 170 milyon TL
- Antalya- Kemer-Tekirova- Fenike Yolu: 449 milyon 716 bin TL
- Kaş Yat Limanı
- Dolmabahçe-Dolapdere-Piyale Paşa-Kağıthane Tünelleri İnşaatı
- Yassıören-Subaşı-Çatalca Bölünmüş Yolu Yapım İşi
- Beyoğlu-Kasımpaşa Hasköy Caddesi Yol Rehabilitasyon İkmal İnşaatı
- Antalya Havalimanı Pat Sahaları İnşaatı ve Onarımı:
- Antalya- İbradı Tünel ve Bağlantı Yolları[2]

2.6. Sonuç

Son beş yılda AKP iktidarı, 100 milyon lira üzeri yaklaşık 330.5 milyar liralık kamu ihalesi vermiştir. Bunun yüzde 50'sini 20 şirket almıştır. Cengiz-Limak-Makyol-Kolin-Kalyon'un payı ise yüzde 24'tür. Krizin derinleştiği 2019 yılında dağıtılan ihalelerin çoğunluğunu ise Türkiye Varlık Fonu'nun ortak olduğu İstanbul Finans Merkezi'nin yeni müteahhitleri almıştır. Bu beş yılda verilen kamu inşaat ihalelerinin oransal dağılımı ise hayli çarpıcı bir tablo ortaya çıkarmaktadır.

Dünya Bankası'nın 1990-Temmuz 2018 yılları arasında dünyada altyapı yatırımlarında en fazla ihale alan 10 şirketi gösteren grafiğine baktığımızda (*Tablo 1*) aralarında Limak, Cengiz, Kolin ve Kalyon Holdinglerinin olduğu görülmektedir. Ancak bu 4 şirket aynı başarıyı ülkemizdeki vergi sıralamasında gösterememiştir.

300 şirketin paylaştığı kamu ihalelerindeki (*Tablo 2*) ilk 10, 20 ve meşhur 5'li konsorsiyum şirketlerinin payları görülmektedir. 100 milyon liranın üzerinde değere sahip kamu inşaat

---

2 EKAP, (2020), https://ekap.kik.gov.tr/EKAP/Ortak/IhaleArama/index.html

Çiğdem Toker, *Kamu İhalelerinde Olağan İşler*, İstanbul, Tekin Yayınevi, 2019.

ihalelerinde 10 şirketin tüm pastanın yüzde 36'sını alması dikkat çekmektedir. İlk 20 şirket ise neredeyse ihale tutarının yarısına sahip durumda iken, meşhur şirketler Kolin-Cengiz-Kalyon-Limak-Makyol ise ülkenin en büyük ihalelerinin dörtte birine abone olmuş durumdadırlar.

Son 5 yılda şirketlerin aldıkları kamu ihale bedellerine baktığımızda (*Tablo 3*) söz konusu 5'li konsorsiyumun paylarının diğer şirketlere oranla ne kadar fazla olduğu görülmektedir.

Yine sadece 2019 yılında en fazla ihale alan şirketlere baktığımızda da (*Tablo 4*) listenin ilk iki sırasında Kolin ve Kalyon Holdinglerinin oldukları görülmektedir.

AKP döneminde Kamu Özel İşbirliği (KÖİ) kapsamında en çok ihale alan 10 şirkete (*Tablo 5*) toplam 205 milyar dolarlık proje verilirken, kıyaslama bakımından bu miktarın, toplam dış borcun yarısına, geçen yılın Gayri Safi Milli Hasılası'nın da neredeyse yüzde 25'ine denk geldiğini görmekteyiz. Özetle bugünkü kur üzerinden 1 trilyon lirayı aşkın[3] servet AKP döneminde bu 10 şirkete transfer edilmiştir. 3. havaalanını alan beş şirketin aldığı payın toplamı ise 160 milyar dolardır.

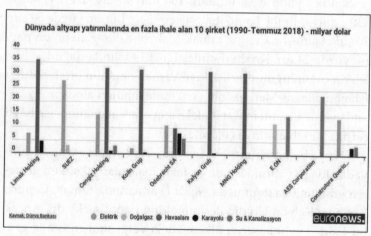

Tablo 1: Dünyada altyapı yatırımlarında en fazla ihale alan 10 şirket (1990-Temmuz 2018) Kaynak: http://shorturl.at/auOR0, (Erişim Tarihi: 17 Eylül 2020)

---

3   17.09.2020 tarihli kur yerine, kitabın basım tarihi kuru dikkate alınırsa, miktarın 2 trilyon 765 milyar TL'ye çıktığı görülecek.

Tablo 2: Beşizlerin Payı, Kaynak: https://csnturkiye.com/,
(Erişim Tarihi: 17 Eylül 2020)

ŞİRKET	DEĞERİ (TL)	SAYISI
KALYON İNŞAAT	23.509.223.229	18
KOLİN İNŞAAT	20.632.621.250	13
CENGİZ İNŞAAT	19.183.215.882	15
MAKYOL İNŞAAT	12.983.622.628	15
ÖZGÜN YAPI	12.410.541.397	14
IC İÇTAŞ İNŞAAT	6.616.323.551	4
GÜLERMAK SANAYİ	5.883.690.423	7
ASTUR İNŞAAT	5.823.454.471	3
ÖZALTIN İNŞAAT	5.728.682.438	8
YSE YAPI	5.701.799.532	7
ATİS ASFALT	5.114.054.418	6
DOĞUŞ İNŞAAT	5.045.818.505	6
AGA ENERJİ	5.025.485.326	9
MET-GÜN İNŞAAT	4.972.387.116	5
İZBETON	4.772.174.408	6
ŞENBAY MADENCİLİK	4.361.800.141	6
YAPI VE YAPI İNŞAAT	4.139.141.807	8
REC ULUSLARARASI	3.975.228.000	4
SÖĞÜT İNŞAAT	3.934.908.959	5

Tablo 3: Son 5 yılda en fazla ihale alan firmalar
Kaynak: https://csnturkiye.com/ (Erişim Tarihi: 17 Eylül 2020)

ENR (Engineering New Records) adlı kuruluş her yıl,
Türkiye'de kamu kurumlarının açtığı inşaat ihalelerini alan 300
şirketi yayınlamaktadır. Liste, son beş yılda verilen 100 milyon

lira ve üzeri büyüklükteki ihaleleri kapsamaktadır. 2014-2019 yılları arasında imzalanan sözleşme sayısı ise 761'i bulmaktadır. Sözleşmelerin parasal değeri ise 327 milyar 800 milyon liradır. 2014-2018 arasında 737 ihale yapılırken, değeri 295 milyar 321 milyon liraydı. Yani 2019 yılında kamunun büyük inşaat ihalelerinin sayısı 21 adet artmış ve fazladan 32.4 milyar liralık bir kaynak daha kriz yılında inşaat şirketlerine transfer edilmiştir.

ŞİRKET	MİKTAR (TL)
KOLİN İNŞAAT	5.575.306.670
KALYON İNŞAAT	3.566.604.466
SALINI IMPREGILO	3.219.776.557
YAPI VE YAPI İNŞAAT	2.999.050.000
ASL İNŞAAT	2.390.014.213
İZBETON	2.292.230.664
GÜRYAPI RESTORASYON	1.842.000.000
MUSTAFA EKŞİ İNŞAAT	1.140.000.000
SİYAHKALEM MÜHENDİSLİK	1.140.000.000
RSY İNŞAAT	1.017.986.000
SEMBOL ULUSLARARASI YATIRIM	860.000.000
YENİ YAPI	860.000.000
SİMTAY İNŞAAT	842.241.460
PEKİNTAŞ YAPI	678.224.000
SNH İNŞAAT	652.260.623
PRAMİD YAPI YOL	563.915.820
GÜRBAĞ İNŞAAT	494.910.000
MAKYOL İNŞAAT	449.816.479
İSPA İNŞAAT	449.716.203
BAHADIR GRUP İNŞAAT	423.497.000

Tablo 4: 2019 Yılında En Fazla İhale Alan Firmalar
Kaynak: https://csnturkiye.com/ , (Erişim Tarihi: 17 Eylül 2020)

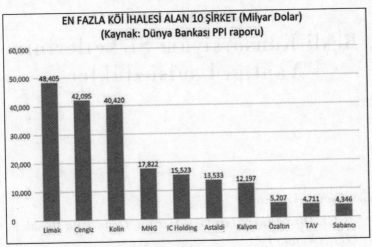

Tablo 5: En fazla KÖİ İhalesi Alan 10 Şirket
Kaynak: The World Bank, https://ppi.worldbank.org/en/snapshots/rankings
(Erişim Tarihi: 17 Eylül 2020)

Tüm bunlara istinaden, holdinglere ve onların siyasi temsilcilerine tahsis edilen kamu kaynakları ile kentler sermayenin rant ve kâr alanları haline gelirken, işin hukuku ise istisnalar ile buna uydurulmaktadır. Yerel yönetimler ise sermayeyle bütünlük içerisinde düzenleyici yapılar olarak işlevlendirilmektedir. İhalelerde, mülakatlarda, atamalarda "eşit vatandaşlık" ve "liyakat"in olmaması, AKP yandaşlarının kasasına artı hane yazdırdığı gibi vatandaşın kasasına ise eksi hane olarak yazılmakta ve Türkiye'ye yatırım yapmak isteyen şirketleri de geri çekmektedir.

ÜÇÜNCÜ BÖLÜM
Beşli Konsorsiyum Şirketlerinin Yaptığı Usulsüzlükler

3.1. Cengiz Holding

3.1.1. Diyarbakır-Mazıdağı (Mardin) Demiryolu İltisak Hattı Yapım İşi

TCDD'nin "Diyarbakır-Mazıdağı (Mardin) Demiryolu İltisak Hattı Yapım İşi" başlığıyla çıktığı ihale, Mazıdağı'ndaki entegre gübre tesisine özel 53 kilometrelik demiryolu hattının yapımını kapsamaktadır. Entegre gübre tesisi, İstanbul çevresindeki gelir garantili dev otoyol ve köprü inşaatlarının müteahhitlerinden Cengiz Holding'e aittir. 1.1 milyar liralık gübre tesisi yatırımı için devletten özel yol dışında ayrıca çok sayıda teşvik alınmıştır. Tesise özel demiryolunun yapım ihalesine Cengiz Holding de katılmıştır. Uzunluğu 53.8 km olan demiryolunun yaklaşık maliyeti 384 milyon 733 bin TL olarak duyurulmuştur. Eylül sonundaki ihalede en düşük teklif, "380 milyon 615 bin TL" ile Ederay-İmaj-Metaleks ortaklığından gelmiş ve bu teklifi, 489 milyon 637 milyon TL ile Cengiz İnşaat izlemiştir. Bir ay süren değerlendirme sonrasında, en düşük teklif geçersiz bulunarak elenmiştir. TCDD, en düşük tekliften 109 milyon TL daha pahalı teklif veren Cengiz İnşaat ile sözleşme imzalanmıştır.[4]

3.1.2. Cennet Koyu Arazisi

Danıştay 13. Dairesi, Bodrum'un en değerli arazisi olan Cennet Koyu'ndaki 2 milyar 100 milyon lira değerindeki 700 dönümlük kamu arazisinin özelleştirme kararını ikinci kez iptal etmiştir. Mehmet Cengiz ile Fettah Tamince'nin şirketi,

---

4   Toker, Ç. (2020, Eylül 17). Sözcü. https://www.sozcu.com.tr/2018/yazarlar/cigdem-toker/bir-dev-ihale-daha-cengize-mi-2732183/ adresinden alındı.

özelleştirilen araziyi Ziraat Bankası'ndan 277 milyon lira kredi çekerek almıştır. Usulsüz krediye dair suç duyurusu takipsizlikle sonuçlanmıştır. Mehmet Cengiz ile Fettah Tamince'nin "Bodrumbir" isimli şirketinin Ziraat Bankası'ndan kredi çekerek aldığı arazinin özelleştirilmesine ilişkin daha önce de iptal kararı verilmişti ancak idare, görevini yerine getirmemiştir.

Ahmet Toker ve Süheyla Kasal isimli yurttaşlar, avukat Şükrü Üstek aracılığıyla halk arasında "Cennet Koyu" olarak bilinen bölgedeki 700 dönümlük arazinin özelleştirilmek istenmesine dair 2012 yılında "tapu iptali" ve "tescil" davası açmıştır. Gölköy, Gökburun mevkiindeki araziye ilişkin mahkeme, "ihtiyati tedbir" kararı vermiştir. Kararın gerekçesi, taşınmazın özelleştirme yoluyla devredilmesinin önlenmesiydi. Karar, Özelleştirme İdaresi'ne tebliğ, faks ve telefon aracılığıyla bildirilmiştir. Ancak buna rağmen arazinin Mehmet Cengiz'in sahibi olduğu Cengiz Holding'e ait TMC Mazıdağı Fosfatları A.Ş.'ye satılmasına karar verilmiştir. Yargı kararının hiçe sayılmasının ardından Özelleştirme İdaresi, 12 Temmuz 2012'de açılan "tapu iptali" ve "tescil" davasında taraf sıfatı olmadığı halde davalının yanında yer almak için [fer'i müdahale] talepte bulundu. Bu noktada dikkat çeken bir gelişme yaşanmıştır. Davalı Hazine'nin itiraz etmemesi nedeniyle kesinleşen "ihtiyati tedbir" kararına karşı süre aşımına rağmen, bir haftalık itiraz süresi dışında itirazda bulunulmuştur. Bunun üzerine 11 Ekim 2012'de itiraz görüşüldü ve "ihtiyati tedbir" kararı daha önce ihalenin yapılmaması için tedbir kararı veren hâkim tarafından kaldırılmıştır. Yargıtay'a yapılan temyiz ve karar düzeltme başvurularının da reddine karar verilmiştir. Bu aşamada söz konusu yargıç için HSK'ye yapılan itirazlar da sonuçsuz kalmıştır. Cennet Koyu üzerindeki ihtiyati tedbirin kaldırılması üzerine, 5 Temmuz 2013'te taşınmaz, Bodrumbir Turizm Yatırım A.Ş.'ye devredilmiştir. Cengiz Holding'in sahip olduğu TMC Mazıdağı Fosfatları isimli şirketin ortakları arasında yer aldığı Bodrumbir Turizm Yatırım A.Ş.'nin Yönetim Kurulu Başkanı Mehmet Cengiz, Başkanvekili ise Fettah Tamince idi.

423 sayılı parsele dair ihalenin iptali ve yürütmesinin durdurulması talebiyle açılan davada Danıştay İdari Dava Daireleri Kurulu 8 Aralık 2016'da "iptal" kararı vermiştir. Bunun

üzerine Özelleştirme Yüksek Kurulu, kesinleşmiş iptal kararını uygulamamıştır. Özelleştirme Yüksek Kurulu, "İptal kararı ile ilgili olarak bir işlem yapılmamasına ve taşınmazların geri alınmasına yönelik herhangi bir işlem tesis edilmemesine" karar vermiştir. Özelleştirme Yüksek Kurulu'nun bu kararı da yargıya taşınmıştır. Danıştay 13. Dairesi 7 Kasım 2019'da ikinci kez Cennet Koyu'nun satış yoluyla özelleştirilme kararını iptal etmiştir ancak idareler, yargı kararına rağmen hâlâ hiçbir işlem yapmamıştır.

Danıştay'ın ilk iptal kararını uygulamayan kamu görevlileri hakkında da suç duyurusunda bulunulmuş ancak kamu görevlileri hakkında soruşturma izni verilmemiştir. Özelleştirme Yüksek Kurulu'nun kararı sayesinde, kesinleşmiş mahkeme kararını uygulamayan kamu görevlileri yargılanmaktan kurtulmuştur.[5]

3.1.3. Ziraat Bankası'ndan Kredi Alıp Kâr Dağıtma Olayı

Sabah ve ATV'nin alınması için kurulan havuza, Cengiz İnşaat A.Ş.'nin de katkısı olmuştur. Cengiz A.Ş. Ziraat Bankası'ndan aldığı krediyle, ortaklarına kâr dağıtmıştır. Mehmet Cengiz ve Ekrem Cengiz o parayı Sabah-ATV medya havuzuna teslim etmiştir.[6]

3.1.4. Cenal Enerji Santrali Usulsüzlüğü

Cengiz Holding ve Alarko'nun ortak enerji santrali projesi için kurulan Cenal Elektrik Üretim A.Ş., Cenal Enerji Santrali (ES) için Çevre ve Şehircilik Bakanlığı'na ilk başvurusunu 2012 yılında yapmıştır. 1320 megavatlık kurulu güce sahip ve 1 milyar 710 milyon TL bedelli ithal kömüre dayalı termik santral projesi için 2012 yılında hazırlanan Çevresel Etki Değerlendirmesi (ÇED) raporunu değerlendiren Bakanlık, 9 Mayıs 2012 tarihinde başvuruyla ilgili ÇED Olumlu kararı almıştır. Ziraat Mühendisleri Odası ve yerel derneklerin Bakanlık aleyhine açtığı dava sonucunda, Cenal Enerji Santrali hakkındaki ÇED

---

5   *Yeniçağ* Gazetesi. (2020, Eylül 17). https://www.yenicaggazetesi.com.tr/danistay-cennetteki-ranta-ikince-kez-dur-dedi-267785h.htm adresinden alındı.

6   *Sözcü* Gazetesi. (2020, Eylül 17). Sözcü: https://www.sozcu.com.tr/2014/gundem/ziraat-bankasi-sabah-atv-icin-seferber-edilmis-456381/ adresinden alındı.

Olumlu kararının yürütmesi Çanakkale İdare Mahkemesi'nin 19 Temmuz 2013'te aldığı kararla durdurulmuştur. ÇED Olumlu kararının yürütmesinin durdurulmasının ardından Cengiz-Alarko ortaklığı, termik santral projesinin kabulü için yeni bir strateji benimserken, yürütmesi durdurulan ÇED Raporu'nda tadilat yaparak yeniden Çevre ve Şehircilik Bakanlığı'na sunan Cenal A.Ş. denetimden kurtulmak için 3 ek ÇED başvurusu daha yapmıştır. Termik santralin çeşitli üniteleri farklı projeler gibi gösterilmiş ve bu üniteler için ayrı ÇED raporları hazırlanmıştır.

Neden hukuka aykırı olduğu kısmına geldiğimizde ise; Cenal Elektrik Santrali projesiyle ilgili Çevre ve Şehircilik Bakanlığı'na yapılan tüm ÇED başvuruları, ilgili başvurular 17 Temmuz 2008 tarihli ÇED Yönetmeliği'nin yürürlükte olduğu dönemde yapıldığı için, bu yönetmeliğin hükümlerine tabi tutulmaktadır. Ancak termik santral projesinin 4 parçaya bölünmesi, 17 Temmuz 2008 tarihinde yürürlüğe giren ÇED Yönetmeliği hükümlerine aykırıdır. İlgili yönetmeliğin "Entegre projeler" başlıklı 25. maddesinin 1. fıkrasındaki, "Birden fazla projeyi kapsayan entegre bir projenin planlanması halinde, Bakanlıkça entegre proje için tek Çevresel Etki Değerlendirmesi Başvuru Dosyası hazırlanması istenir" hükmü, Cenal Elektrik Santrali'nin 4 farklı başvuruya bölünmesiyle çiğnenmiştir.[7]

3.1.5. Off-shore Şirketleri

Cengiz Holding'in sahibi olan Mehmet Cengiz'in Panama belgelerinin kaynağı olan MossFon şirketi üzerinden altı off-shore şirketi kurduğu ileri sürülmüştür. Cengiz'in, bu şirketleri kurarken yetkiyi ABD'de dolandırıcılık iddiasıyla aranan Şeref Doğan Erbek'e verdiği aktarılmıştır.

AKP'nin desteğiyle son dönemin en büyük ihalelerini alan Mehmet Cengiz, off-shore ile ilgili tüm yolları kullanmıştır. Niue ve Britanya Virjin Adaları'nı off-shore merkezi olarak seçen Cengiz'in banka hesapları da Garanti Bankası ve Akbank'ın Amsterdam şubelerindedir. Alım-satım, gümrük anlaşması,

7   Eroğlu, D. (2020, Eylül 17). Medyascope. https://medyascope.tv/2018/12/18/defalarca-iptal-edilmesine-ragmen-insaati-bitip-calismaya-baslayan-cengiz-holdingin-canakkaledeki-termik-santralinde-bugune-nasil-gelindi/ adresinden alındı.

para aktarımı ve off-shore ile ne yapılabiliyorsa bunu Cengiz'in şirketlerinde görmek mümkündür. Mehmet Cengiz'in vergi cennetlerinde bulunan şirketlerinden ilki 16 Temmuz 1999'da Niue'de kurulan Bonito International. Şirketin 200 bin hissesinin 40 bini Mehmet Cengiz'e aittir. 3.333'er hisseler Ahmet Can Gümüşoğlu ve Mehmet Hakan Akkaya arasında bölünmüştür. Bahama merkezli IPCO S.A, Cengiz Özçelebi ve Eurostock AG de şirket hissedarları arasındadır. Can Gümüşoğlu, Mehmet Hakan Akkaya ve Cengiz Özçelebi, İTO sicil kayıtlarına göre Balen Makina Enerji İnşaat Sanayi şirketinin sahipleridir. Cengiz Group bünyesinde faaliyet gösteren şirketin eski yönetim kurulu üyelerinin arasında Mehmet ve Ekrem Cengiz de bulunmaktadır. Şirket aralarında İstanbul, Ankara, Konya, Rize, Malatya ve Konya Büyükşehir Belediyelerinin de bulunduğu AKP'li belediyelerle çalışmıştır.

Mehmet-Ekrem Cengiz'in ortaklığındaki şirketlerden Digital European Company Ltd de 14 Haziran 2004'te Galler'in başkenti Cardiff'te kurulmuştur. Şirket için Garanti Bankası'nın Amsterdam şubesinde açılan hesapta Şeref Doğan Erbek, Mehmet ve Ekrem Cengiz'in yetkisi olduğu anlaşılmaktadır.[8]

3.1.6. Trabzon–Aşkale Yolu Zigana Tüneli Bağlantı Yolları

Karayolları Genel Müdürlüğü'nün milyarlarca lira harcadığı "Trabzon–Aşkale Yolu Zigana Tüneli Bağlantı Yolları" için ilk ihale 2015 yılında yapıldı. İlk tünel ve bağlantı yolları ihalesini de Cengiz İnşaat kazandı ancak ihaleye katılan diğer şirketlerin sürece itiraz etmesiyle mahkeme ihalenin tekrar değerlendirilmesine karar verdi. Ardından da 2016 yılında Cengiz İnşaat ile Karayolları Genel Müdürlüğü arasında 446 milyon 297 bin TL'lik sözleşme imzalanmıştır.

Zigana Tüneli'nin temeli ise 2017 yılının mart ayında dönemin Başbakanı Binali Yıldırım tarafından atıldı. Temel atma töreninde, "Son işimizi yapalım, yükleniciyi çağıralım, bir pazarlık yapalım" diyerek, Cengiz Holding Yönetim Kurulu Başkanı

---

8   T24. (2020, Eylül 17). https://t24.com.tr/haber/panama-belgelerinden-mehmet-cengiz-6-off-shore-sirket-kurdu-ortagi-abdde-dolandiriciliktan-araniyor,347985 adresinden alındı.

Mehmet Cengiz'i yanına çağıran Yıldırım, tünelin, 29 Ekim 2019'da biteceğini açıklamıştı. Ancak tünel açıklanan tarihin üzerinden bir yıl geçmesine rağmen bitirilemeyerek kamunun kasasından milyonlarca lira daha harcanmıştır.[9]

3.1.7. Ovit Tüneli Skandalı

Sayıştay Raporu'nda Ovit Tüneli yapımı esnasında, yaklaşık maliyeti 19 bin 568 lira olarak hesaplanan bir iş için müteahhit firmaya 17 milyon lira ödendiği ortaya çıktı. Böylesine büyük bir skandal karşısında yetkililer sessiz kalmaktan başka hiçbir şey yapmadı. Düşünebiliyor musunuz, normal maliyetinden 870 kat fazla bir paraya iş yapılıyor ve hiçbir yetkiliden ses çıkmıyor. Sayıştay raporları dikkate alınmıyorsa ve bu tür skandallarla ilgili yasal işlem yapılmıyorsa bu durumda vatandaşın hakkının korunması da mümkün olmayacaktır.

3.2. Limak Holding

Limak Holding sadece özelleştirmelerle değil; usulsüzlükleriyle de bilinmektedir. Holding hakkında 2004 yılında, "Cumhurbaşkanlığı Muhafız Alayı" inşaatında eski parayla 1 trilyon 21 milyar liralık haksız kazanç sağladığı için dava açılmıştır. Ankara Başsavcılığı, sanıkların "resmi evrakta sahtecilik, nitelikli dolandırıcılık, devlete ait artırma eksiltme ve yapım işlerine fesat karıştırma" suçlarından yargılanmalarını istemiştir. Tayyip Erdoğan'ın Sabah-ATV ihalesi için oluşturduğu "havuza" Nihat Özdemir 100 milyon dolar yatırmış ve böylelikle, hükümetten ihale için söz aldığı iddia edilmişti.

Limak'ın kanun tanımazlığı ve usulsüzlükleri HES'lere de sıçramış durumdadır. 2010 yılında Ankara 13. İdare Mahkemesi'nin verdiği elektrik üretim lisansının durdurulması kararına uymayan holding, bu alışkanlığını Pembelik Barajı inşaatı sürecinde de sürdürmüştür. Holding; inşaatı, Danıştay'ın durdurma kararına rağmen devam ettirmiştir. Dahası, Limak Enerji'nin aldığı projelerden Uzunçayır Barajı ve HES, Tatar Barajı ve HES ve Pembelik Barajı ve HES'in onaylı imar planları bulunmamaktadır.

---

9 *Yeni Yaşam* Gazetesi. (2020, Eylül 17). https://yeniyasamgazetesi1.com/akpnin-parlayan-yildizi-cengiz-holdinge-bir-ihale-daha/ adresinden alındı.

Hükümete yakınlığıyla bilinen Limak Holding'in patronu Nihat Özdemir bugüne kadar birçok yolsuzluk iddiasıyla gündeme gelmiştir, bu iddiaların bazılarından yargılanmış, bazılarında ise hakkında yurtdışına çıkış yasağı konmuştur. Cumhurbaşkanlığı Muhafız Alayı Komutanlığı inşaatı ihalesinde 1 milyon liralık yolsuzluk yaptığı iddiasıyla mahkemelik olan Özdemir'in BOTAŞ'taki ortağı Sezai Bacaksız da ihaleye fesat karıştırmak ve rüşvetten 9 yıl 2 ay hapis cezası alırken, Nihat Özdemir'in adı da BOTAŞ yolsuzluk davasına karışmıştır. Birçok skandalla gündeme gelen Limak Holding'in, 2012 yılında Danıştay tarafından verilmiş yürütmeyi durdurma kararına rağmen son hız devam ettirdiği "Dersim Peri Suyu" üzerindeki Pembelik Barajı ve HES projesinin de imar planı bulunmadığı ortaya çıkmıştır. Çevre ve Şehircilik Bakanlığı yapılan itirazlar üzerine kaçak projeyi mühürleme kararı almak zorunda kalmıştır. Birçok yolsuzluk iddiasıyla anılan şirketin patronu Nihat Özdemir, dönemin Enerji Bakanı Taner Yıldız'ın elinden Enerji Oscar Ödülü'nü almıştır.[10]

3.3. Kolin Holding

Foça'da usulsüz olarak ÇED raporu alınmadan yapılmak istenen sıvılaştırılmış doğalgaz depolama ve gazlaştırma terminali, halkın tepkisine yol açmıştır. Foça ve Yeni Foça'da örgütlenen halk, Kolin İnşaat'ın usulsüz uygulamalarını idari kısımda ve kamuoyunda dile getirmeye başlayınca, Aliağa Liman Başkanı, Kolin İnşaat'tan uygulamayı yasallaştırmasını, aksi takdirde durduracağını belirtmiş ancak "yukarıdan" gelen emirle görevden alınmıştır.

Kolin İnşaat'ın ismi 2007 yılında, firma sahiplerinden Celal Koloğlu'nun akaryakıt kaçakçılığı sebebiyle gözaltına alınmasıyla duyulmuştur. Ancak firma kısa sürede AKP ile yakınlaşarak imajını düzeltmeye çalışmıştır. Öyle ki, Kolin'e ait Kolin Otel birçok kez AKP'nin toplantılarına ev sahipliği yapmıştır. Şirketin dışa açılımının en büyük kaynağının Erdoğan'ın Ortadoğu hamleleri olduğunu dile getiren Naci Koloğlu, "Başbakan'la yükselişe geçtik. One Minute olayından sonra giremediğimiz

---

10 *Evrensel*. (2020, Eylül 17). https://www.evrensel.net/haber/90613/erdoganin-vatansever-sirketi-limak adresinden alındı.

bazı ihalelere girmeye ve almaya başladık" değerlendirmesinde bulunmuştur.

3.4. Kalyon Holding

BOTAŞ, 2019 yılında 4.5 milyar liralık bir ihale gerçekleştirmiştir. Kamuoyuna ilan edilmeyen Kuzey Marmara Doğalgaz Depolama Tevsi (Faz 3) Projesi ihalesine iktidara yakınlığıyla bilinen Kolin ile Kalyon şirketleri ortak teklif verirken, akıllara daha önce ilansız yapılan ihaleler gelmektedir.

Kuzey Marmara Doğalgaz Depolama Tevsi (Faz 3) Projesi yapım işi ihalesi, tabii ki halka duyurulmamış, ilan edilmemiş ama tekliflerin hem döviz hem de TL üzerinden verilebildiğini görmekteyiz. Taahhüt sektörüne yansıyan rakamlara göre yaklaşık maliyet üzerinden 792 milyon 308 bin 630 ABD doları olarak saptanmıştır.

Son üç yıldır, kamunun gerek pazarlık gerek diğer usuller ile gerçekleştirdiği büyük ölçekli altyapı projelerini "tevdi ettiği" Kolin ile Kalyon şirketlerinin bu devasa projede birlikte hareket ederek teklif verdiği fiyat ise 2 milyar 834 milyon 158 bin 755 TL 24 kuruşa denk gelmektedir.

Resmî Gazete ilanından sonra, Avrupa Yatırım Bankası katılımıyla yapılan ön yeterlik değerlendirmesi ardından kısa liste belirlenmiştir. Dokuz firma arasından Rönesans Holding bünyesindeki Rönesans Endüstri Tesisleri 2 milyar 589 milyon TL teklifle projeyi üstlenmiştir.[11]

3.4.1. Cengiz ve Kalyon Farklı Firmaları ile Ortaklıkta Yer Alıyor

AKA İnşaat, Sabiha Gökçen Havalimanı'nın ikinci pistinin yapılması için kurulmuş bir şirkettir. Ortaklığın pilot firması Kalyon İnşaat'tır. Projede yer alan ve aynı zamanda Kalyon ile birlikte İstanbul Havalimanı'nı da işleten Cengiz İnşaat, AKA'da "Ahen Madencilik" firması ile yer almıştır. Pist yapım işini ihale eden Makyol da alt yüklenici şirkette, bağlı firması Atlas Madencilik ile bulunmuştur.

11 *Yeniçağ* Gazetesi. (2020, Eylül 17). Yeniçağ: https://www.yenicaggazetesi.com.tr/kamuoyuna-aciklanmayan-ihalede-iktidara-yakin-sirketler-var-254894h.htm adresinden alındı.

Şirketin yetkilileri arasında *Ticaret Sicili Gazetesi* kayıtlarına göre Makyol Holding'den Savaş Çebi (Makyol'un kurucusu Saffet Çebi'nin oğlu), Kalyon İnşaat'tan Haluk Kalyoncu (Kalyon İnşaat'ın kurucusu Cemal Kalyoncu'nun oğlu) ve aynı zamanda Cengiz Holding İcra Kurulu üyesi Uğur Cengiz bulunmaktadır.[12]

3.4.2. Yapılan İhale İptal Edildi, Daha Yüksek Bedelle Aynı Firmaya Verildi

"Erzurum Aşkale İspir Devlet Yolu Kırık Tüneli ve Bağlantı Yolları (ikinci işler dahil) Km: 63+880-79+ 663,89 kesiminin yapım ikmal işi"nin (Proje 7.2 km'lik çift tüplü tünel içeriyor) en uygun teklifi, 1 milyar 133 milyon 797 bin 504 TL ile RSY İnşaat'tan gelmiştir. Kalyon Grubu'nun iştiraki olan RSY İnşaat'ın bu teklifteki indirim oranı ise yüzde 16.58'dir. İhaleye RSY'nin yanı sıra Limak, Kolin, İçtaş, Metgün, ASL, Makyol, Cengiz gibi firmalar da çağırılmıştır.

Geçen yıl ekim ayında, aynı ihale -iki eksiğiyle- aynı firmaların çağrılmasıyla yapılmış ve üstelik sonrasında yine RSY İnşaat ile sözleşme imzalanmıştı. Karayolları, şirketle 2019 Kasım'da sözleşme imzalamasına rağmen, ihaleyi nisan ayında iptal etmiştir. Nedeni ise bilinmemektedir. Bu olay kamuoyuna açıklanmamıştır. Haziran 2020'de yapılan ihale, Ekim 2019'da yapılanın tekrarı niteliğinde olmuştur. Bunun sonucunda ise hem yaklaşık maliyet hem de kamu lehine bir gösterge olan indirim oranı, bütçe ve kamu kaynakları aleyhine yükselmiştir. Bu olayı görmek için sekiz ay önceki ilk ihale sonuçlarına bakmak yeterlidir. Yine 21/b usulüyle yapılan ilk ihalede yol inşaatı için belirlenen yaklaşık maliyet 1 milyar 287 milyon 959 bin 700 TL'ydi. RSY İnşaat'ın sekiz ay önceki teklifi ise 1 milyar 17 milyon 986 bin TL idi.

Kalyon Grubu iştiraki RSY İnşaat, 2019 Ekim ayındaki önceki ihaledeki teklifle yüzde 20.96 indirim verirken, Haziran 2020 yılında yapılan ihalede verdiği indirim yüzde 16.58'dir.

İhalenin büyüklüğü, gizli tutulması, bir defada tek firmaya verilmesi, sekiz ay arayla maliyetin yükselmesi bir yana

---

12 Emre Deveci, C. M. (2020, Eylül 18), *Sözcü* Gazetesi, Sözcü: https://www.sozcu.com.tr/2020/ekonomi/sabiha-gokcende-geciken-pist-insaatindan-iga-cikti-5612071/ adresinden alındı.

müteahhit şirketin indirim oranındaki 4 puan fark bile bütçeye yüktür. Bu durum, halkımıza vergi olarak geri dönecektir.[13]

Raporlarla belgelendi

Aynı yıl Başak Konutları için Halkalı-İkitelli arası çelik boru isale hattının önceki işin devamı gibi düşünülerek yönetim kurulu kararıyla yüzde 30 kapsamında yapımına karar verildiği İçişleri Bakanlığı müfettişlerinin raporunda da yer aldı. Raporda Kalyon İnşaat'ın aldığı işlerle ilgili olarak saptanan usulsüzlükler şöyle sıralanıyor:

"07.09.1994 günü yönetim kurulu kararı ile ihale komisyonunun kararı doğrultusunda yapımına karar verilen Ömerli-Çamlıca çelik boru isale hattı inşaatı işine 12 adet firma davet edilmiştir. Davet edilen bu firmalar da genel müdür tarafından seçilmişlerdir. Teknik ve liyakatlarının neler olduğu ihale ön kararında belirtilmemiştir. Böyle olunca da liyakatı olmayan firmaların çağrılması gibi bir durumla karşılaşılabilinmektedir. Burada önemli bir husus var. O da işin yüzde 30 arttırılmasıdır. Ancak yüzde 30 arttırılarak ihaleyi alan Kalyon şirketine verilen bu işin ayrı bir ihale olduğu görülmektedir. Nitekim 11.04.1996 günü yönetim kurulu kararında yüzde 30 kapsamında değerlendirilen iş, Halkalı-İkitelli isale hattıdır. İş artışından, ihale edilen işin sözleşme ve keşifteki öngörülemeyen artışları anlamak lazımdır. Yani işin adı aynıdır, halbuki burada ayrı bir ad altında yeni bir ihale söz konusu olmalıydı. Çünkü yapılan yüzde 30 artış kapsamında değerlendirilen Başak Konutları'na su taşıyan Halkalı-İkitelli isale hattıdır. İSKİ İhale Yönetmeliği'nde iş artımını düzenleyen bir hüküm bulunmamaktadır. Yönetmeliğin kesin teminatı düzenleyen 26. maddesinde sadece ihale bedeline göre artan iş oranlarında alınması gereken kesin teminattan bahsedilmektedir. İş artışı şartnamelerde belirtilse dahi, burada aynı işin artışı değil, yeni bir işin artış gibi değerlendirilerek yüzde 30 artışa sokulması söz konusudur."

Belge 1: Raporlarla belgelendi
Kaynak: Cumhuriyet Gazetesi, 2001, Miyase İlknur

Erdoğan'ın "Yeni Oluşum"unu destekleyen Kalyon Grubu hakkında İçişleri Bakanlığı müfettişlerince düzenlenen raporlarda, Erdoğan'ın İBB Başkanlığı döneminde "usulsüz ihalelerle" birçok işin sürekli olarak Kalyon'a verildiği ileri sürülmüştür.[14]

---

13   Toker, Ç. (2020, Eylül 19). *Sözcü* Gazetesi. Sözcü: https://www.sozcu.com.tr/2020/yazarlar/cigdem-toker/500-bin-asgari-ucret-1-ihale-5874533/ adresinden alındı.
14   Miyase İlknur, *Cumhuriyet* Gazetesi, 2001.

Belge 2: En fazla indirim Kalyon İnşaat'a
Kaynak: Cumhuriyet Gazetesi, 2001, Miyase İlknur

Sayıştay'ın Halkbank'a ilişkin 2013 raporuna göre, bankanın İstanbul Güneşli Şubesi'nden müşterisi olan Çalık Grubu şirketi Turkuvaz Medya'ya, Halkbank Yönetim Kurulu'nun 15.04.2008 tarihli kararı uyarınca Bahreyn şubesi aracılığıyla, 375 milyon dolar kredi verilmiştir. Kredi 3 yılı ödemesiz 10 yıl vade, LIBOR+4,85 faiz oranı ve altı ayda bir ödeme koşuluyla kullandırılmıştır. Ancak, kredi verildikten sonra firmanın talebi üzerine banka aleyhine ve mevzuata aykırı birçok usulsüz işlemin yapıldığı ortaya çıkmıştır. Daha sonra Kalyon Grubu'na devir işlemi ve sonrasında da bu usulsüzlükler devam etmiştir. Şirket ödeme kabiliyetini yitirdiği halde kredi taksitleri usulsüzce ertelenmiş ve bankanın riski 300 milyon dolara ulaşmıştır.

3.4.3. Krediyle Satılan Sabah ve ATV El Değiştirince

Kalyon Holding'in talebi üzerine Halk Bankası Yönetim Kurulu'nun 13.09.2012 tarihli kararı ile 22.10.2012 ve 22.04.2013 tarihlerinde ödenmesi gereken toplam 49 milyon 912 bin 868 dolarlık anapara taksitlerinin alınmamasına, bu paranın kalan 10 takside yayılarak ödenmesine karar verilmiştir. Banka Yönetim Kurulu kararı ile ödeme planı değiştirilerek 22.10.2013 ve 22.04.2014 tarihlerinde ödenmesi gereken anapara taksitlerinin 4 yıl sonra 22.10.2017 ve 22.04.2018 tarihlerinde ödenmesi kararlaştırılmıştır. İktidar medyası yapmak için Çalık Grubu'na kamu bankalarından açılan krediyle satılan *Sabah* ve ATV, daha sonra el değiştirerek Kalyon Grubu'na ait Zirve Holding'e satılmıştır.

Sözleşmede firmanın hisse devrinin Halkbank'ın onayına tabi olduğu, hisse devri durumunda "Zorunlu Erken Ödeme" yükümlülüğü kapsamında kalan kredi borcunun yüzde 85'inin bankaya ödeneceği hükme bağlanmıştır. Ancak hisse devri sırasında firmadan alınması gereken 254 milyon 555 bin 631 dolar alınmamıştır. Daha sonra firmanın talebi üzerine 20.02.2014 tarihli Yönetim Kurulu kararı ile sözleşmedeki zorunlu erken ödeme yükümlülüğü ortadan kaldırılarak firmanın yüzde 75'lik hissesinin yeni hissedara satışı onaylanmıştır. Bu sefer firmanın yüzde 75'lik hissesini devralan Zirve Holding, Katar uyruklu ortağın elindeki yüzde 25 hisseyi de devralmak için başvurmuştur. Banka Yönetim Kurulu, 2.09.2014 tarihli kararla bu devri de zorunlu erken ödeme yükümlülüğünden muaf tutarak onaylamıştır. Böylece hisselerinin tamamı Zirve Holding'e geçerken, 255 milyon dolarlık zorunlu erken ödeme gerçekleşmemiştir.[15]

3.5. Makyol Holding

İhalesi 7 Haziran 2016'da yapılan ikinci pist ikinci etap inşaatı, (Yeni Pist, Apron, Taksiyolları Yapımı ile Mevcut Pistin Yenilenmesi ve Üstyapı Grubu İşler) 14 ayda bitirilmesi taahhüt edilmesine rağmen 43 aydır bitirilememiştir. Pistin inşaatını yapan şirketlerle İstanbul Havalimanı'nı rekor sürede tamamlayıp işletmeye başlayan şirketlerin aynı olduğu ortaya çıkmıştır.

Haziran 2016'da 21/b davet usulüyle yapılan 1 milyar 397 milyon 839 bin 963 TL maliyete sahip Sabiha Gökçen ikinci pist ikinci etap ihalesini Makyol İnşaat kazanmıştır. *Ticaret Sicili Gazetesi*'nden derlediğimiz bilgilere göre, 20 Aralık 2016'da

---

15 Sözcü Gazetesi (2020, Eylül 17). Sözcü: https://www.sozcu.com.tr/2013/ekonomi/benim-damadim-isini-bilir-268168/ adresinden alındı.

"AKA İnşaat Adi Ortaklığı Ticari İşletmesi" adıyla bir şirket kurulmuş ve kuruluşundan kısa bir süre sonra Sabiha Gökçen'deki pist inşaatının alt yüklenicisi olarak bu şirket seçilmiştir.

ALT YÜKLENİCİ SÖZLEŞMESİ

İşbu Alt Yüklenici Sözleşmesi" (bundan sonra "Sözleşme" olarak anılacaktır) 01.12.2016 tarihinde aşağıdaki taraflar arasında akdedilmiştir:

(1) Türkiye Cumhuriyeti kanunları çerçevesinde kurulmuş Tepecik Caddesi Melodi Sokak İ.T.Ü. Blokları No: 4 E Blok 34337 Etiler – Beşiktaş / İstanbul adresinde bulunan Makyol İnşaat Sanayi Turizm ve Ticaret A.Ş. ("Yüklenici").

(2) Türkiye Cumhuriyeti kanunları çerçevesinde kurulmuş Kavacık Mah. Ekinciler Cad. Ertürk Sk. No: 3 Beykoz/İSTANBUL adresinde bulunan A K A İNŞAAT ADİ ORTAKLIĞI TİCARİ İŞLETMESİ ("Adi Ortaklık" veya "Alt Yüklenici").

Belge 3: Makyol ile A K A İnşaat Arasında İmzalanan Alt Yüklenici Sözleşmesi
Kaynak: Sözcü, (Erişim Tarihi: 17 Eylül 2020)[16]

Ticaret Sicili Gazetesi'nde AKA İnşaat'ın "Ortaklığın Oluşturulma Amacı" şöyle yer almıştır: "Sabiha Gökçen Havalimanı 2 Pist ve Mütemmimleri II Etap İşleri (Yeni Pist, Apron, Taksiyolları Yapımı ile Mevcut Pistin Yenilenmesi ve Üstyapı Grubu İşler) Yapımı işini yapmıştır. Bu amacı gerçekleştirmek için ortaklık; işyeri açabilir, şantiyeler kurabilir, her türlü inşaat ve yapım faaliyetinde bulunabilir. Menkul ve gayrimenkuller edinebilir, bunlara karşılık olarak teminat veya kefalet verebilir, gerekli gördüğü kurum ve kuruluşlar ile abonelik sözleşmesi imzalayabilir. Yukarıdaki amaçları gerçekleştirebilmek için gerekli gördüğü diğer tüm faaliyetleri yerine getirebilir. Ortaklığın Pilot Firması Kalyon İnşaat Sanayi ve Ticaret A.Ş.'dir."

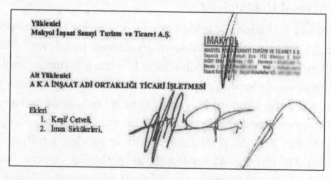

Belge 4: Alt Yüklenici Sözleşmesi'nin devamında AKA İnşaat projenin taşeronu olarak seçilmiştir. Kaynak: Sözcü, shorturl.at/BGKU9
(Erişim Tarihi: 17 Eylül 2020)

---

16   *Sözcü*, (2020, Eylül 20), Sözcü: shorturl.at/BGKU9

DÖRDÜNCÜ BÖLÜM
İhaleye Fesat Karıştırma

İhaleye fesat karıştırma suçu, kamu adına yapılan alım-satımlarda, yapım işlerindeki ihale süreçlerinde, yine kamu adına kiraya verme, kiralamalarda; hileli davranışlar sergilemek, gizliliği ihlal edecek anlaşmalar yapmak, cebir ve tehdit kullanarak ya da hukuka aykırı diğer davranışlar sergileyerek ihalenin usulüne uygun yapılmasının veya sonuçlanmasının engellenmesi durumlarında oluşmaktadır.

4.1. Türk Ceza Kanunu Madde 235

26/9/2004 tarihli ve 5237 sayılı Türk Ceza Kanunu'nun "İhaleye Fesat Karıştırma" başlıklı 235. maddesi şu şekildedir:

"Madde 235- (1) (Değişik: 11/4/2013-6459/12 md.) Kamu kurumu veya kuruluşları adına yapılan mal veya hizmet alım veya satımlarına ya da kiralamalara ilişkin ihaleler ile yapım ihalelerine fesat karıştıran kişi, üç yıldan yedi yıla kadar hapis cezası ile cezalandırılır.

(2) Aşağıdaki hallerde ihaleye fesat karıştırılmış sayılır:

a) Hileli davranışlarla;

1. İhaleye katılma yeterliğine veya koşullarına sahip olan kişilerin ihaleye veya ihale sürecindeki işlemlere katılmalarını engellemek.

2. İhaleye katılma yeterliğine veya koşullarına sahip olmayan kişilerin ihaleye katılmasını sağlamak.

3. Teklif edilen malları, şartnamesinde belirtilen niteliklere sahip olduğu halde, sahip olmadığından bahisle değerlendirme dışı bırakmak.

4. Teklif edilen malları, şartnamesinde belirtilen niteliklere sahip olmadığı halde, sahip olduğundan bahisle değerlendirmeye almak.

b) Tekliflerle ilgili olup da ihale mevzuatına veya şartnamelere göre gizli tutulması gereken bilgilere başkalarının ulaşmasını sağlamak.

c) Cebir veya tehdit kullanmak suretiyle ya da hukuka aykırı diğer davranışlarla, ihaleye katılma yeterliğine veya koşullarına sahip olan kişilerin ihaleye, ihale sürecindeki işlemlere katılmalarını engellemek.

d) İhaleye katılmak isteyen veya katılan kişilerin ihale şartlarını ve özellikle fiyatı etkilemek için aralarında açık veya gizli anlaşma yapmaları.

(3) (Değişik: 11/4/2013-6459/12 md.) İhaleye fesat karıştırma suçunun;

a) Cebir veya tehdit kullanmak suretiyle işlenmesi hâlinde temel cezanın alt sınırı beş yıldan az olamaz. Ancak, kasten yaralama veya tehdit suçunun daha ağır cezayı gerektiren nitelikli hâllerinin gerçekleşmesi durumunda, ayrıca bu suçlar dolayısıyla cezaya hükmolunur.

b) İşlenmesi sonucunda ilgili kamu kurumu veya kuruluşu açısından bir zarar meydana gelmemiş ise, bu fıkranın (a) bendinde belirtilen hâller hariç olmak üzere, fail hakkında bir yıldan üç yıla kadar hapis cezasına hükmolunur.

(4) İhaleye fesat karıştırma dolayısıyla menfaat temin eden görevli kişiler, ayrıca bu nedenle ilgili suç hükmüne göre cezalandırılırlar.

(5) Yukarıdaki fıkralar hükümleri, kamu kurum veya kuruluşları aracılığı ile yapılan artırma veya eksiltmeler ile kamu kurumu niteliğindeki meslek kuruluşları, kamu kurum veya kuruluşlarının ya da kamu kurumu niteliğindeki meslek kuruluşlarının iştirakiyle kurulmuş şirketler, bunların bünyesinde faaliyet icra eden vakıflar, kamu yararına çalışan dernekler veya kooperatifler adına yapılan mal veya hizmet alım veya satımlarına ya da kiralamalara fesat karıştırılması halinde de uygulanır."

Türk Ceza Kanunu'nun 235. maddesiyle korumaya alınan hukuki yarar, kamunun maddi ve mali çıkarlarının korunması adına genel olarak şeffaf ve serbest rekabet ortamının sağlanmasıdır.

4734 sayılı Kamu İhale Kanunu kapsamında yapılan tüm ihaleler ihaleye fesat karıştırma suçunun konusu içinde yer alabilirler. İhale süreci, kamu idaresindeki görevlinin ihale tarihini vermesiyle başlayan ve ihaleyi alan firma ile sözleşme yapılmasına kadar geçen süreçtir. Bu süreç içerisinde TCK'nın 235. maddesinin ihlal edilmesi durumlarında ihaleye fesat karıştırma suçu işlenmiş olur.

AKP İktidarında yapılan bazı kamu ihalelerinin, şeffaflığın ve rekabetin korunduğu açık ihale usulü olarak değil de sanki işin bir aciliyeti varmış ya da ani ve beklenmeyen bir durum oluşmuş gibi, diğer bir deyişle açık ihale usulündeki şartlar sağlanamıyormuş gibi 21/b kapsamında pazarlık usulü olarak yapıldığı bilinmektedir.

Bu durumda, Türk Ceza Kanunu'nun 235. maddesi 2. fıkrasının (a) bendinde belirtilen, ihaleye katılma yetkisinde olan kişi ya da firmaların ihaleye katılmalarının engellendiği rahatlıkla söylenebilir. Bu da ihaleye fesat karıştırma suçunun işlendiğini göstermektedir.

Örneğin, bu konuya ilişkin Sayıştay'ın 2017 yılı Düzenlilik Raporu'nda 4 ihalenin 21/b maddesindeki şartlar oluşmadığı halde ihalelerin pazarlık usulü ile yapıldığı tespiti yapılıyor.

Sayıştay raporundaki, aralarında Cengiz, Kolin ve Kalyon Holdinglere de verilen bu kamu ihaleleri;

- Gayrettepe - İstanbul Yeni Havalimanı Metro Hattı İnşaatı ile Elektromekanik Sistemlerinin Temin, Montaj ve İşletmeye Alma İşleri (Cengiz, Kolin, Kalyon),
- İstanbul Yeni Havalimanı Raylı Sistem Bağlantıları İçin Kontrollük, Danışmanlık ve Mühendislik Hizmetleri,
- Kızılay Hattı Yapım ve Elektromekanik Sistemleri Temin, Montaj ve İşletmeye Alım İşleri (Kolin Holding),
- Ankara Metroları Kalan Mühendislik, Kontrollük ve Danışmanlık Hizmetleri olarak sıralanmıştır.

Her ne kadar Sayıştay raporlarında yukarıda örnekleri verilen ihalelerin kanuna aykırılık teşkil ettiği eleştirileri yer alsa da AKP iktidarı bu uyarıları dikkate almaksızın ihale süreçlerini işletmiştir.

Böylesine durumlarda TCK'da belirtilen hileli işlerin yapıldığı şüphesi ortaya çıkmaktadır. Ancak AKP iktidarının güdümündeki yargı sistemi, konu Cengiz, Kalyon ve Kolin gibi yandaş şirketler olunca çalışmaz hale gelmektedir. Özellikle

AKP'nin 2008 yılından sonra yargı sistemine yapmış olduğu müdahaleler, yargının tarafsız ve bağımsızlık ilkelerinden sapmasına ve adaletin tecelli etmemesine neden olmuştur.

Kamu ihalelerinde yapılan bu usulsüzlükler, adli makamlarca soruşturulup gereği yerine getirilmesi durumunda bu ve bundan sonra yapılacak kamu ihalelerinin daha titizlikle ve usulüne uygun bir biçimde yapılmasına katkıda bulunacaktır.

4.2. Cihan Eren ve Karadeniz Sahil Yolu

Öyle ki bazı kamu ihalelerinde, halkın çıkarları ve çevrenin korunması adına mücadele eden kişiler şüpheli bir biçimde öldürülmüş ve toplumsal belleklerden silinmiştir. Hatırlayacak olursak Karadeniz Sahil Yolu için mücadele veren Cihan Eren, 2005 yılında gerçekleştirilen silahlı saldırı sonucu öldürülmüştür. Bütün iyi hukukçular gibi toplumsal yararı gözeten Eren, Karadeniz sahilini doldura doldura ilerleyen projenin, doğayı tahrip ettiği gerekçesiyle açtığı davayı kazanmıştır. Uğradığı silahlı saldırıdan iki gün sonra ise Fındıklı Aksu Sahili'yle ilgili yapılacak keşfe katılacaktı fakat bu haklı mücadelesini sürdürememiştir.

Bilirkişi raporu "yol kanunlara, bilime aykırı" demiştir. Fındıklı'daki yol çalışması durdurulmuştur. Fındıklı Aksu mevkiinde 3. derece sit alanından yol geçirilmesine izin veren Trabzon Koruma Kurulu Kararı'nın iptali için Av. Cihan Eren ve Aksu Muhtarı Musa Kazım Özçiçek tarafından Trabzon İdare Mahkemesi'nde açılan davada, Ankara Gazi Üniversitesi Şehir ve Bölge Planlama Bölümü öğretim üyeleri tarafından hazırlanan bilirkişi raporu mahkemeye sunulmuştur. Bilirkişi incelemesinden iki gün önce Av. Cihan Eren saldırıya uğramıştı. Mahkeme rapor üzerine Trabzon Koruma Kurulu'nun Aksu'da denizin doldurularak yol yapılmasına izin veren kararının iptali için açılan davada tedbir olarak yürütmeyi durdurma kararı vermiştir. Bilirkişi raporu şu şekildedir: "Trabzon Kültür ve Tabiat Varlıkları Koruma Kurulu'nun 08.10.2004 tarih ve 15 sayılı, Rize ili, Fındıklı ilçesi, Aksu Mahallesi, sahil şeridindeki Karayolları 10. Bölge Müdürlüğü'nce hazırlanan yol güzergâh projesinin kamu yararı nedeniyle onaylanmasına dair işlemin, Anayasaya, Kıyı Kanunu'na, Kültür ve Tabiat Varlıklarını

Koruma Kanunu'na, şehircilik ilke ve esaslarına ve kamu yararına aykırı olduğu..."

Trabzon İdare Mahkemesi 9 Haziran 2005 tarihinde verdiği yürütmeyi durdurma kararında "açıkça hukuka aykırı olduğu ve uygulanması halinde telafisi güç ve imkânsız zararlara sebep olacağı anlaşılan idari işlemin durdurulmasına" oybirliği ile karar vermiştir. Bilirkişi raporunda, Fındıklı Aksu'da yol inşaatının yasalara ve kamu menfaatine aykırılığını tespit eden görüşler şunlardır:

"Bu çerçeve içinde değerlendirildiğinde ve dolgu alanlarının özel durumlarda, ekolojik özellikler dikkate alınarak yapılması koşulunun getirildiği göz önüne alındığında, dolgu alanlarının, kentsel açık alanların yeterli olmaması veya kentin kıyı alanının ve toplumun yaralanmasına açık alanlarının kısıtlı olması halinde, kente kıyı alanı sunmak amacıyla tanımlandığı açıkça ortaya çıkmaktadır. Dolgu üzerinde yapılması söz konusu olan tüm kullanımlar görüldüğü gibi kente hitap eden, kentlinin yaşam kalitesini yükseltici türden tesislerdir. Dolgu alanında yer alabileceği belirtilen yol, dolgu alanında yer alan bu tesislerin kentliler tarafından daha rahat kullanılması ve bu tesislere erişimin kolaylaştırılması için yapılması gereken yolu ifade etmektedir. Dolgu alanları üzerinde kentsel ihtiyaçlara cevap veren ve mevcut kentsel alan ile bütünleşen bir arazi kullanımı ve ulaşım sistemi yer almalıdır. Yoksa Kıyı Kanunu'nun dolgu alanları ile ilgili maddelerinin kentlinin kıyıya erişimini kısıtlayacak ve bir bariyer olarak çalışacak olan dava konusu Karadeniz Sahil Yolu gibi bir çevre yolunun yapılmasına olanak vermek üzere yazılmış olması mümkün değildir. Çünkü kanun koyucu Kıyı Kanunu'nun her maddesinde temel ilke olarak kıyıların açık tutulması ve halkın erişimine serbest olması ilkesini getirmiştir. Dolayısıyla dolgu üzerinde kentlinin kıyıya ulaşılabilirliğini tümüyle sıfıra indirecek bir çevre yolunun dolgu alanı üzerinde yer alması mümkün değildir. Bu husus Kıyı Kanunu'nun genel hükümlerinin diğer hükümlerle birlikte detaylı olarak irdelenmesiyle ortaya çıkmaktadır.

"Dolgu alanlarında yasaya göre yapılması mümkün olan kullanımlar, sahil şeridinin ikinci 50 metrelik kesiminde yer alabilecek kullanımlar ile benzer niteliktedir. Kıyı Yasası uygulama yönetmeliğinin 4. maddesinde tanımlanan bu kullanımlar ise çok kısıtlı olup dava konusu Karadeniz Sahil Yolu gibi transit özelliği olan bir çevre yolu kullanımını içermemektedir.

"Kıyıda yol yapılmasına izin vermeyen, sahil şeridinin ilk 50 metrelik kısmında dahi sadece yaya yolu yapılmasını, taşıt yolu açılmamasını tümüyle açık alan kullanımı düzenlenmesini öneren bir yaklaşımın, bu alanın önünde oluşturulacak dolgu alanında tam tersine bir çevre yolunun yapılmasını öngörmesi tamamen kanunun ruhuna aykırıdır."

Avukat Eren öldürülmeden önce 3. derece sit alanı ilan edilen Fındıklı Aksu Sahili'ne ilişkin karar, Eren öldürüldükten sonra Karayolları Genel Müdürlüğü'nün başvurusuyla Trabzon Bölge Koruma Kurulu'nca kaldırılmıştır. Trabzon İdare Mahkemesi bu kararı esas alan imar planını iptal etmiştir. Dönemin AKP'li Bayındırlık ve İskân Bakanı Faruk Özak'ın onayıyla yol inşaatı tekrar başlatılmıştır. Aksu Sahili, kayalarla doldurularak yok edilmiştir.

ANAP döneminde başlayan Karadeniz Sahil Yolu, AKP döneminde tamamlanmıştır. 4.2 milyar dolara mal olan projede görev alan müteahhitlik firmaları tanıdıktı: Cengiz, Limak, Makyol, Nural, MNG, Tekfen, Kolin.

2015 yılındaki sel felaketi nedeniyle ulaşıma kapanan Çayeli-Ardeşen-Hopa kesimi ise Cengiz-Mapa-Makyol ortak girişimince yapılmıştı. Yol yapılırken Hopa, Arhavi halkının, "Denizle aramıza duvar girmesin" çığlıklarına kulaklar kapatılmıştır. Protesto yürüyüşleri polis zoruyla dağıtılmıştır. Avukat Eren'in vefatından sonra sayısız dava açılsa da projenin Karadeniz'in ekolojik, jeolojik yapısına uygun olmadığına ilişkin raporlar, kararlar görmezlikten gelinmiştir. Kapatılan dere yatakları nedeniyle Eylül 2011'de Rize'de dört dere taşmıştır, evler yıkılmış, insanlar ölmüştür.

Hukuk mücadelesi veren avukatın öldürüldüğü, mahkeme kararlarının tanınmadığı, rant için çevre katliamı yapılan ülkemizde Cihan Eren gibi iyi hukukçuların hakkını araması ne yazık ki adeta bir suç haline gelmiş ve Eren öldükten sonra, AKP hükümeti tarafından bu karar tanınmamıştır. "Denizle derelerin arasına set çekmeyin, bu Karadeniz'in felaketi olur" diyen Cihan Eren en sonunda haklı çıkmıştır.

BEŞİNCİ BÖLÜM
Konsorsiyumun Yükselişinde
Batan İnşaat Firmaları

5.1. Konkordato İlan Eden Şirket Sayısı 3000'i Aştı

İnşaat sektörü, 2002 yılının sonunda başlayan AKP iktidarı döneminde altın çağını yaşayan ve dünyaya neredeyse "İnşaata dayalı büyüme modelini biz bulduk" dedirtecek durumda iken; bir anda dibi boylayan bir sektör haline gelmiştir. Hükümetin, belediyeler aracılığı ile imara açtığı yeni alanlarla birlikte, memleketin her yerinde 15 sene önce inşaat seferberliği başlatılmıştır. Bakkallar bile inşaatçılığa soyunmuştur. Yolu inşaatçılık, müteahhitlik ile kesişmeyen kimse kalmamış, memlekette inşaatçı sayısı birden 300 binin üstüne çıkmıştır. "Bu işte çok para var" diyen, cebinde sermayesi olmamasına rağmen, inşaatçılığa soyunmuştur. Sonuç ise iflaslar, konkordato talepleri ve intiharlar olmuştur.

Şirketlerin batmasında, şirket sahiplerinin intihar etmesinde asıl etken ise AKP iktidarının sadece yandaş şirketleri koruyup, kollamasıdır. İktidar kamu ihalelerinin başta Cengiz, Limak, Kalyon, Kolin ve Makyol gibi yandaş şirketlere verilmesini sağlamış ve her alanda olduğu gibi inşaat sektöründe de adaletsiz tavrını sergilemiştir.

Konkordato ilan eden 3 bini aşkın şirketin yüzde 75'i inşaat şirketleri, beton santralleri, yapı malzemeleri satanlar ve hırdavatçılardan oluşmaktadır.

5.2. Enerji ve İnşaat Şirketlerinin 46 Milyar Liralık Borç Faturası Kamuya Çıkarıldı

BDDK kararıyla, 13 Eylül 2019 itibarıyla bankalardaki 124.6 milyar liralık batık kredilere, 46 milyar liralık kredi daha dahil edilmiştir. Enerji ve inşaat şirketlerine ait olan bu borç ise kamuya fatura edilmiştir.

BDDK, bankacılık sektöründe takip hesaplarına aktarılması gereken, ağırlıklı olarak inşaat ve enerji sektörlerine kullandırılmış, toplam 46 milyar TL büyüklüğünde kredinin tespit edildiğini ve ilgili bankalara 2019 yılsonuna kadar söz konusu krediler için gerekli sınıflama değişikliklerinin yapılması ve beklenen kredi zarar karşılıklarının ayrılması konusunda bildirimde bulunulduğunu bildirmiştir.

BASIN AÇIKLAMASI

17/09/2019

Kurumumuz tarafından yapılan güncel mali bünye değerlendirme çalışmaları neticesinde bankacılık sektöründe takip hesaplarına aktarılması gereken, ağırlıklı olarak inşaat ve enerji sektörlerine kullandırılmış, toplam 46 milyar Türk Lirası büyüklüğünde kredi tespit edilmiştir. İlgili bankalara 2019 yıl sonuna kadar söz konusu krediler için gerekli sınıflama değişikliklerinin yapılması ve beklenen kredi zarar karşılıklarının ayrılması konusunda bildirimde bulunulmuştur.

Temmuz 2019 banka finansal tabloları kullanılarak yapılan ihtiyatlı etki analizleri sonucunda, sektörün yüzde 18,2 olan sermaye yeterlilik rasyosunun yaklaşık 50 baz puan kadar düşerek yüzde 17,7 seviyesine gerilediği, takibe dönüşüm oranının ise yüzde 4,6'dan yüzde 6,3 seviyesine yükseldiği tespit edilmiştir.

Bilindiği gibi, sermaye yeterlilik rasyosu Basel III kriterlerinde yüzde 8 olduğu halde, ülkemizde ihtiyatlı bir yaklaşımla yüzde 12 olarak uygulanmaktadır. Mali bünye çalışmaları neticesinde hesaplanan oran her iki seviyenin de oldukça üzerindedir.

Mali bünye değerlendirme çalışmaları düzenli aralıklarla yapılmakta olup, bankalara kredi sınıflamalarının değiştirilmesi ve mali yapılarının güçlendirmesi konusunda gereken bildirimlerde bulunulmaktadır. Bu kapsamda, son bir yıl içerisinde kamu sermayeli bankalar başta olmak üzere bankacılık sektörünün kardan gelen katkı hariç nakdi, ilave ana sermaye ve katkı sermaye unsurlarında toplam 49 milyar Türk Lirası tutarında artış yaşanmıştır.

Sonuç olarak, yapılan çalışmalar bir bütün olarak sektörün sağlıklı ve güçlü yapısını koruduğunu ve mevcut sermaye yapısının aktif kalitesi kaynaklı riskleri rahatlıkla yönetebilecek seviyede olduğunu göstermektedir.

Kamuoyuna saygı ile duyurulur.

Belge 5: BDDK Basın Açıklaması
Kaynak: BDDK, shorturl.at/oqCZ7 (Erişim Tarihi: 17 Eylül 2020)

5.3. İktidar İhaleleri İstediği Firmalara Vermektedir

Yapılan çalışmalar bu firmalara verilen ihalelerin çok büyük bir bölümünün, Kamu İhale Kanunu'nun, pazarlık usulünü düzenleyen ve kamu ihalelerinde rekabeti ortadan kaldıran, iktidarın ihaleleri istediği firmalara vermesine olanak sağlayan 21'inci maddesi kapsamında yapıldığını göstermektedir.

Son 5 yılda Kalyon İnşaat 23 milyar 509 milyon liralık, Kolin İnşaat 20 milyar 632 milyon liralık, Cengiz İnşaat 22 milyar 138 milyon liralık, Makyol İnşaat 12 milyar 983 milyon liralık, Özgün Yapı 12.3 milyar liralık ihaleyi tek başlarına ya da birbirleriyle oluşturdukları ortaklıklar aracılığıyla üstlenmişlerdir.

5.4. Kamu İdareleri Tarafından Yapılan İhalelerde Rekabeti Sınırlayıcı Hususların Bulunması

Kamu ihalelerini, "Doğal afet, hastalık, salgın, işin özelliği" gibi istisnalardan yararlanarak belli şirketlere veren iktidar, bunun yanı sıra ihale sürecini başından tıkayarak sınırlı sayıda firmanın ihaleye katılmasını sağlamaktadır. Sayıştay'ın "Dış Denetim Genel Değerlendirme Raporu"nda, kamu ihalelerinin iktidara yakın isimlere paylaştırılması yöntemine ilişkin yapılanlar "Kamu İdareleri Tarafından Yapılan İhalelerde Rekabeti Sınırlayıcı Hususların Bulunması" başlığı altında anlatılmıştır.

Kamu İhale Kanunu'nun "Temel ilkeler" başlıklı maddesi ile idarelerin, ihalelerde saydamlığı, rekabeti, eşit muameleyi, güvenilirliği, gizliliği, kamuoyu denetimini, ihtiyaçların uygun şartlarla ve zamanında karşılanmasını ve kaynakların verimli kullanılmasını sağlamakla sorumlu tutulduğunun altı çizilen raporda şunlar kaydedilmiştir: "Denetimlerde, kamu ihale mevzuatındaki sınırlamaların ötesinde, isteklilerin ihalelere katılımını sınırlayacak şekilde bilgi ve belge istenilmesi, 'benzer iş' tanımının ihale konusu işe göre dar tutulması, ihaleye katılabilmek için belli makine, teçhizat ve ekipmanın istekliye ait olma koşulunun aranması, ihale dokümanını oluşturan belgeler arasında çelişkiler olması ve özellikle anahtar teslim götürü bedel teklif alınan yapım işlerinde uygulama projelerinde eksikliklerin bulunması gibi hususlar tespit edilmiştir. Söz konusu durumların ihalelere geniş katılıma engel olmak suretiyle rekabeti sınırladığı değerlendirilmiştir."

ALTINCI BÖLÜM
Yandaş Firmalarla
AKP'nin Bağları

Ticaret Sicili Gazetesi, Graph Commons TBMM Haritaları, ulusal ve yerel medyada yapılan geniş araştırmalar sonucunda 14 bine yakın firmanın 1200'ü aşkını ile AKP arasında doğrudan bağlantı olduğu tespit edilmiştir. Söz konusu 1200'ü aşkın firmanın sahipleri, ortakları ve yönetim kurulu üyeleri arasında AKP milletvekilleri, il ve ilçe başkanları ile birçok AKP'li belediye meclis üyesi bulunmaktadır.

Yine 1300'ü aşkın TUSKON, MÜSİAD, ASKON, TÜMSİAD üyesi firmanın ise AKP ile doğrudan bağlantılı olmasa da üye oldukları dernekler üzerinden dolaylı olarak bağlantılı oldukları anlaşılmıştır.

Önceki yıllarda Dinç Bilgin'in olan *Sabah*-ATV grubuna TMSF 2007'de el koydu. Grup, 22 Nisan 2008'de 1.1 milyar dolar bedelle Çalık Grubu'na satılmıştır. O dönemde Çalık Grubu'nun CEO'su ise sonradan Hazine ve Maliye Bakanı olan Berat Albayrak'tı.

Altı yıl Çalık Grubu'nun elinde olan Turkuvaz Medya, 2014'te Kalyon İnşaat'ı da bünyesinde barındıran Zirve Holding'e satılmıştır. Holdingin yönetim kurulu başkanlığında bulunan isim ise Ömer Faruk Kalyoncu'dur.

Turkuvaz Medya bünyesinde *Sabah*, *Takvim*, *Fotomaç*, *Yeni Asır* gazetelerinin yanı sıra ATV, A Haber gibi TV kanallarını da barındırmaktadır. Bu grubun elindeki yayınlar gizlemeye ihtiyaç duymadan iktidarın en açık destekçisi konumunda bulunmaktadır.

Öte yandan grubun sahibi olan Kalyoncu'lar 70'li yıllardan bu yana siyasal İslamcı geleneğin zenginlerinden olarak kabul edilmektedirler. AKP döneminde kamu ihalelerinde adı en çok geçen sermaye grubu da yine Kalyon Grubu'dur.

Zirve Holding'in İstanbul Ticaret Odası'na kaydı da 23 Ağustos 2013 tarihinde yapılmıştır. Öte yandan Zirve Holding'in çatı şirketi olan Kalyon Grubu'nun Yönetim Kurulu Başkanlığı'nı Orhan Cemal Kalyoncu yapmaktadır. Ziya İlgen ve Ömer Faruk Kalyoncu'nun ortak olması ne ifade etmektedir? Ziya İlgen, Başbakan Erdoğan'ın kız kardeşinin eşidir. BMZ Group Denizcilik ve İnşaat Sanayi'nde Bilal Erdoğan ve Mustafa Erdoğan ile ortaklığı bulunmaktadır. Ziya İlgen'in Bilal Erdoğan'la ortaklığından sonra, Ömer Faruk Kalyoncu ile de ortaklığı ortaya çıkmıştır. Mehmet Cengiz'in de Kalyoncu Grubu ile ortaklığı bulunmaktadır. Dolayısıyla Erdoğan'ın eniştesi ile Mehmet Cengiz'in de ortak olduğu buradan anlaşılmaktadır.

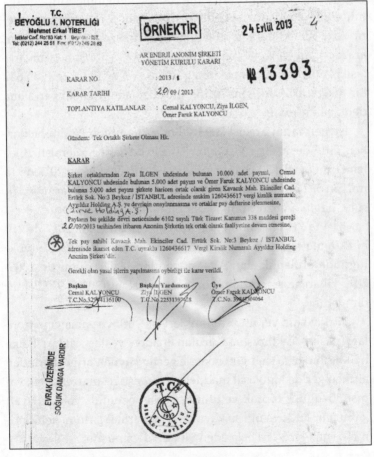

Belge 6: AR Enerji Yönetim Kurulu Kararı
Kaynak: Oda TV, shorturl.at/stxB5 (Erişim Tarihi:17 Eylül 2020)

YEDİNCİ BÖLÜM
Beşli Konsorsiyumun Yapmış Olduğu Çevre Katliamları

AKP iktidarı, hükümete geldiği günden beri ülkenin ormanlarını, su kaynaklarını, madenlerini, kıyılarını patronların yağmasına açmış, Türkiye'nin doğal zenginliklerini telafisi mümkün olmayacak şekilde ya yok etmiş ya da tahrip etmiştir. AKP'nin iktidara geldiği yıllarda, Türkiye'nin toplam tarım arazisi 40 milyon 644 bin hektarken, 2017'de toplam tarım arazisi 37 milyon 992 bin hektara geriledi. Yok edilen 2 milyon 652 bin hektarlık alan Arnavutluk'un yüzölçümü kadar bir alana denk gelmektedir.

İşlenen tarım arazisi 2003 yılında 26 milyon 27 bin hektarken, 2017'de bu alan 23 milyon 375 bin hektara gerilemiştir. Ekilen tarım arazisi 2003'te 17 milyon 408 bin hektarken 2017'de 15 milyon 532 bin hektar olmuştur. Kaybedilen ekilen tarım arazisi ise İsrail'in yüzölçümü kadar bir alanı kapsamaktadır.

2004'te 211 bin kilometrekare olan orman alanı, 2017'de 210 bin kilometrekareye gerilemiştir. Yani bin kilometrekare büyüklüğünde ormanlık alan AKP döneminde yok edilmiştir. 2003-2017 yılları arasında zarar gören orman alanı 120 bin 927 hektar olmuştur.

Türkiye'nin yeraltı zenginlikleri ise yerli ve yabancı patronlara peşkeş çekilmiştir. Kurulan maden ve taşocakları bölge halklarının hem sağlığını hem de geçim kaynaklarını ellerinden alırken geride kimyasal maddelerin bulaştığı sular, ekolojik yapısı bozulmuş toprak ve tüm dengesi bozulmuş yaban hayatı kalmıştır. Türkiye'nin su kaynaklarının, ırmaklarının, nehirlerinin başına HES'leri bela eden yine AKP olmuştur.

7.1. Cengiz Holding

7.1.1. Kaz Dağları Katliamı

Çanakkale Kaz Dağları'nda, Kanadalı Alamos Gold ve yerli iştiraki Doğu Biga Madencilik A.Ş.'nin yarattığı çevre tahribatının ardından, Cengiz Holding'e ait Truva Bakır İşletmesi faaliyete geçmiştir.

Kaz Dağları'nda 200 bin ağacı keserek doğa katliamı yapan Kanada firması Alamos Gold'un yerli ortağı Doğu Biga Madencilik, 13 Ekim 2019'da dolan inşaat ruhsatının yenilenmemesinden dolayı bölgedeki çalışmalarına son vermiş, bu sayede doğa kendini yenilemeye başlamıştır.

Çanakkale'nin Bayramiç ilçesine bağlı Muratlar, Hacıbekirler ve Halilağa köyleri çevresinde, Kaz Dağları ekosistemi içinde bakır madeni bulan Truva Bakır İşletmeleri A.Ş., 2019 yılında Cengiz Holding'e 55 milyon dolara satılmıştır. Şirket, "Halilağa Bakır Ocağı Kapasite Artışı, Cevher Zenginleştirme Tesisi ve Atık Depolama Tesisi Projesi"ni faaliyete geçirmiştir. Projenin Çevresel Etki Değerlendirme (ÇED) raporu yeterli bulunarak Çevre ve Şehircilik Bakanlığı tarafından halkın görüşüne açılmıştır.

Cengiz Holding'in Kaz Dağları'nda işletmeyi planladığı madenin çevresel etkilerinin çok ağır olacağı tahmin edilmektedir. Maden alanı açılması için milyonlarca ağaç kesilecek, Çanakkale'deki yetersiz su kaynaklarına maden yüzünden kanserojen madde karışacaktır. Patlatma yöntemi ile açılacak olan madenin faaliyet ömrü en fazla 19 yıl olarak belirlendi. Ayrıca yılda 6 milyon ton cevher elde edilmesi beklenen madenin ortaya çıkaracağı atık miktarı ise yılda 7 milyon ton.

Alpler'den sonra oksijenin en fazla olduğu yerler arasında bulunan Kaz Dağları, Alamos Gold isimli Kanadalı altın şirketinin AKP ile birlikte altın sevdasına kurban edilmiştir. 200 bin ağacın kesildiği Kaz Dağları'nda siyanürle aranan altın, bölgenin ekolojik yapısını altüst etmiştir.

Çanakkale'nin tek içme suyu kaynağı ve tarımsal sulama için de kullanılan Atikhisar Barajı, Kaz Dağları'ndaki maden faaliyetleri nedeniyle kirlenmiştir. Doğal yaşamı ortadan kaldıracak maden arama faaliyetleri nedeniyle bölgede canlı yaşamının ortadan kalkacağı öngörülmektedir.

7.1.2. Hasankeyf Ilısu Barajı

Batman'ın Hasankeyf ilçesinde yapılan Ilısu Barajı'nda su tutulmaya başlaması sonrasında birçok köy sular altında kaldı. Şimdiye kadar en az 50 köyü sulara gömen ve toplamda 199 yerleşim yerini sular altında bırakan Ilısu Barajı'nın ilk türbin açılışı Cumhurbaşkanı Erdoğan tarafından yapılmıştır.

12 bin yıllık tarihi olan Hasankeyf'in kurulduğu tarihi mağaralar ve Selahaddin Kalesi'nde vadi boyunca ilerleyen baraj sularının derinliği yer yer 8, genişliği ise 25 metreye ulaşmıştır. Suların henüz oluşmadığı bölgelerde ise iş makineleri yıkıma devam etmektedir.

7.1.3. Artvin-Cerattepe Katliamı

Erdoğan ve AKP 18 yıldır kol kola yürüdüğü Cengiz Holding'e memleketin kaynaklarını peşkeş çekerken belki de en fazla hatırlanan olay Artvin Cerattepe'deki maden faaliyetleri ve onun karşısındaki halk direnişi olmuştur. İktidarın, maden faaliyetlerinin gerçekleşmesi için elinden geleni yaptığı Cerattepe'deki madencilik faaliyetleri ve halkın direnişi sürmektedir.

7.1.4. İkizdere Katliamı

2020 yılında Rize'nin İkizdere ilçesine bağlı İyidere sahil mevkiinde yapılması planlanan lojistik liman için ihaleye çıkıldı. İhaleyi 1 milyar 719 milyon lira karşılığında iktidarın favori şirketlerinden Cengiz İnşaat ve Yapı&Yapı A.Ş. ortaklığı kazandı.

7.2. Limak Holding

7.2.1. Kuzey Ormanları Katliamı

Limak Holding tarafından, havalimanı inşaatı ve Limak'ın da yapımına dahil olduğu üçüncü köprü bağlantı yolları nedeniyle İstanbul'un "ciğerleri" olarak anılan Kuzey Ormanları'nda büyük tahribat yapılmıştır. Öyle ki bunun "İstanbul'un havası"nı dahi değiştirip mevsimleri anormalleştirdiği görülmüştür.

7.2.2. Şanlıurfa Fıstık Yetiştiriciliği Katliamı

Türkiye'nin fıstık yetiştiriciliğinin en önemli merkezlerinden Şanlıurfa'da Karaköprü ilçesine bağlı Kırkpınar, Tülmen, Korukezen ve Esemkulu köylerinin bulunduğu bölgede köylülerin tamamı geçimini fıstıktan sağlamaktadır.

AKP'ye yakınlığıyla bilinen ve 3. Köprü projesinde de yer alan Nihat Özdemir'in sahibi olduğu Limak Holding ise tarımın yoğun olarak yapıldığı bu verimli bölgede bulunan mera arazisini çimento hammaddesi olan killi kireç taşı ve marn ocağı olarak kullanmak istemektedir.

Limak Holding'in taşocağı açmak istediği mera arazisi, bölgedeki köylüler tarafından ağaçlandırılması için Orman Bölge Müdürlüğüne hibe edilmişti. Daha sonrasında ise Enerji ve Tabii Kaynaklar Bakanlığı, Şanlıurfa Valiliği'nden ilgili alanın mera vasfından çıkarılarak Hazine adına tescil edilmesini istemiş ve Mera Komisyonu da olumlu kararını valiliğe iletmiştir. Böylece halk tarafından devlete verilen arazi, vasfı değiştirilerek satışa uygun hale getirilmiştir.

Köylüler, taşocaklarının fıstık tarımını oldukça olumsuz etkileyeceğini ve bölgede yetiştirilen fıstıkların kalitesini düşüreceğini belirtmişlerdir. Taşocağının açılması halinde, bölgede sadece fıstık yetiştiriciliğiyle uğraşan köylülerin gelirlerinin azalması sonucu kentlere göç etmek zorunda kalacakları ve bölgenin kalkınmasının olumsuz etkileneceği öngörülmektedir.

7.3. Kalyon Holding

7.3.1. Beykoz İkinci Derece Sit Alanı Katliamı

Berat Albayrak, kardeşi Serhat Albayrak ve Zirve Holding'in sahibi Ömer Faruk Kalyoncu tarafından 2014 yılında kurulan Nun Eğitim ve Kültür Vakfı'na ait olan ve haremlik-selamlık eğitim veren Nun Okulları için Beykoz'da 2. derece sit alanına 2015 yılında imar izni çıkarılmıştır.

Beykoz 2. derece sit ve orman içi dinlenme alanında kalan arazi Çevre ve Şehircilik Bakanlığı eliyle imara açılmış, TMMOB Şehir Plancıları Odası İstanbul Şubesi, bakanlığın imar planlarına, "arazinin doğal sit alanı sınırları içinde olduğu ve korunması" gerektiğine dikkat çekerek dava açmıştır ve mahkeme projenin yapılmasını sağlayan büyük ve küçük ölçekli imar planlarını iptal etmiştir. Ancak okulun inşaatı bitirildiği gibi 2017 yılında faaliyete geçen okul kampüsünün yıldan yıla genişlediği ve 90 dönüme çıktığı görülmektedir. Okulun yerleşkesine idari binalar, yurtlar, kongre merkezleri, açık ve kapalı spor alanları, yüzme havuzları ve atölyelerin yanı sıra rasathane, saat kulesi ve cami de inşa edilmiştir.

7.3.2. Üçüncü Havalimanı'nın Yarattığı Tahribat

18 Ağustos 2012'de Bakanlar Kurulu, 3. Boğaz Köprüsü, 3. Havalimanı ve Kanal İstanbul projeleri için İstanbul'un Avrupa yakasının Karadeniz kıyılarında 42 bin 300 hektarlık bir alanı "rezerv yapı" olarak belirlemiş ve 8 Nisan 2013'te de Toplu Konut İdaresi Başkanlığı'nı (TOKİ) bu alanı kamulaştırması için görevlendirmiştir. Mayıs 2013'te TOKİ'nin kamulaştırma çalışmaları başlamadan hemen önce ise 22 Nisan'da AK-TEL Mühendislik şirketinin hazırlamış olduğu ÇED raporu askıya çıkmış, 3 Mayıs'ta ise inşaatın ihalesi yapılmıştır. Yapılacak olan 3. Havalimanı'nın 25 yıllık işletme hakkını, AKP iktidarının yandaşı ve "ihale şampiyonları" olan Cengiz-Limak-Kolin-Mapa-Kalyon Ortak Girişim Grubu, KDV hariç 22 milyar 152 milyon avroluk bir teklifle almıştır.

2 Ağustos 2015'te ise *Cumhuriyet* gazetesinden Çiğdem Toker'e konuşan İGA şirketinin CEO'su Yusuf Akçayoğlu, 3. Havalimanı'nın yarattığı tahribatı reddetmemekle kalmadı, bunu "Uygarlık ile doğa çelişiyor" sözleri ile destekledi. Akçayoğlu, dönemin Çevre ve Şehircilik Bakanı Güllüce'nin "kesilen bir ağaca karşılık beş ağaç" sözlerini tekrarlayarak kesilen ağaçların yerine yapılacak dikimin yaratılan tahribatı karşılayamayacağını belirtti.

İGA, Ağaçlı ve Işıklar köylerinde planlanan kumtaşı ocağı ve kırma-eleme tesisi projesi için Çevre ve Şehircilik Bakanlığı'na başvurdu. Bakanlık dosyayı inceledikten sonra 11 Şubat 2016'da 24 hektarlık alan için "ÇED gerekli değildir" kararı verdi. Fakat 27 Ağustos'ta İGA, bu alana herhangi bir tesis dahi kurmamışken, alanın yetmediğini belirterek kapasite artışı istemiyle yeni bir başvuru daha yaptı. Danıştay yaklaşık bir yılın ardından bakanlığın "ÇED gerekli değildir" kararını, arazinin

25 hektardan büyük ve toplam olarak 86,87 hektar olması itibarıyla ÇED gerektiği yönündeki kararıyla bozmuştur.

7.4. Kolin Holding

7.4.1. Yırca Köyü Katliamı

Yırca köylüleri ile Kolin Holding adeta bir Soğuk Savaş yaşamıştır. Termik santral yapmak için 6000 zeytin ağacını kökleyen Kolin Şirketi'nin doğa düşmanı tavrını en iyi Yırca halkı bilmektedir. Çünkü onlar zeytin ağaçlarını korumak için Kolin Şirketi'nin özel güvenlikçilerinden dayak yemişlerdir. Danıştay, termik santralin oraya kurulmasına izin vermezken, 6000 zeytin ağacı kesildiği ile kalmıştır. Köylüleri döven özel güvenlik elemanlarının işine son verilirken, Çevre Mühendisleri Odası hazırladığı raporda şu usulsüzlüklere yer vermişti:

- 1/100.000'lik planın iptal edildiği belirtilmektedir. Yani saha plansızdır. Peki, inşaata nasıl başlanmıştır?
- Halkın katılımı toplantısı 3500 m. uzaklıktaki Soma merkezde yapılmıştır. Oysa en yakın yerleşim olan 1125 m. mesafedeki Yırca köyünde yapılması gerekirdi.
- Proje kapsamında elden çıkacak tarım alanı miktarının belli olmadığı yazılmıştır.
- Dosyada modellemelerde kullanılan meteorolojik verilerin 44 km. mesafedeki Akhisar istasyonundan alındığı belirtilmiştir. Ancak yakın istasyon değil, daha uzak bir istasyon verisi kullanılmıştır.
- Modelleme çalışmasında 2004 verileri kullanılmıştır.
- Raporun hiçbir yerinde zeytin ağaçlarının kesileceğinden bahsedilmemektedir. ÇED raporunda belirtilmeyen bir husus uygulamada gerçekleştirilemez.

Soma'ya bağlı Yırca köyünde kurulması planlanan 3. kömürlü termik santrali için, 3. Havalimanı ve HES projelerinden de tanıdığımız, iktidara yakınlığıyla bilinen Kolin Şirketler Grubu, kamulaştırma sürecinin tamamlanmasını beklemeden harekete geçmiştir. Şirket, "acele kamulaştırma" kararının yürütmesinin durdurulması ve iptali istemiyle Yırca köylülerinin 1 Eylül'de açtığı dava sonuçlanmadan, 17 Eylül gecesi iş makineleriyle Yırca'nın zeytinliklerine girmiş ve yasalar gereği korunması gereken 13 ağacı hukuksuzca köklerinden sökmüştür. Ağaç kesimi ile yurttaşların aylar süren direniş nöbeti, AKP'ye geri adım attırmış, termik santralin yapımı mahkeme kararıyla durdurulmuştur.

Zeytinciliğe çok büyük önem veren Atatürk'ün isteği ile hazırlanan ve ölümünden kısa bir süre sonra çıkarılan "3573 Sayılı Zeytinciliğin Islahı, Yabanilerinin Aşılattırılması Hakkında Kanun" dünyadaki tek zeytin koruma yasasıdır. AKP Hükümeti zeytinciliği desteklemiş, ağaç sayısını artırmış olsa da aynı dönemde zeytinlikleri yok etmek için elinden geleni yapmış ve yapmaya da devam etmektedir. 3573 Sayılı Yasa'yı değiştirmek için tam 6 kez girişimde bulunmuştur. Yasa tasarısı veya yönetmelik değişikliği ile zeytin alanlarını madenciliğe, enerji yatırımlarına açmak için Türkiye Büyük Millet Meclisi'ne birçok kez getirilen değişiklik önerileri her defasında geri püskürtülmüştür. Zeytincilik Yasası'nı değiştirmede başarılı olamayan hükümet, Yırca köyünde bu yasayı hiçe sayarak Bakanlar Kurulu'nun "acele kamulaştırma kararı" ile zeytinlerin kesilmesinin yolunu açmıştır. Zeytincilik Yasası'na göre, zeytinlik sahaları içinde ve bu sahalara en az 3 kilometre mesafede zeytinyağı fabrikası hariç zeytinliklerin gelişmesine zarar verecek kimyevi atık bırakan, toz ve duman çıkaran tesislerin kurulaması, işletilmesi, çalıştırılması yasaktır. Danıştay 6. Dairesi bu maddeye dayanarak Bakanlar Kurulu'nun "acele kamulaştırma kararı" için yürütmenin durdurulmasına karar vermiştir. Oybirliği ile 28 Ekim 2014'te alınan karar taraflara 7 Kasım'da tebliğ edilmiştir. Yırca köyüne termik santral kurmak için devletle anlaşan Kolin İnşaat, kararın tebliğinden saatler önce 6 bin zeytin ağacını kesmiştir. Kesilen zeytin ağaçlarının bir bölümü yeni dikilen, henüz tam verime ulaşmamış genç ağaçlar idi. Bir bölümü ise 70-80 yıllık verimli ağaçlardı. Yasa çiğnenerek köyün önemli bir gelir kaynağı yok edilirken, bu ağaçların yerine dikilecek zeytin ağaçlarının tam verime ulaşması için en az 10 yıl geçmesi gerekmektedir.

SEKİZİNCİ BÖLÜM
CHP'nin Kamu İhaleleri Kapsamında Yolsuzluklarla Mücadelesi

CHP Genel Başkanı Kemal Kılıçdaroğlu, düzenlemiş olduğu Adalet Yürüyüşü'nden yaklaşık 4 ay sonra verdiği talimatla "Davetli İhaleler" ile ilgili çalışma başlatmıştır. Bu çalışma, dönemin Ulaştırma Bakanı Ahmet Arslan hakkında verilecek gensoruya dönüşmüştür.

Dönemin CHP Tekirdağ Milletvekili ve halen Genel Başkan Yardımcılığı görevini yürüten Faik Öztrak, Kamu İhale Yasası ve ihaleler ile ilgili gelişmelerle, uzun ekonomi bürokrasisi deneyimi sayesinde yakından ilgilenmiştir. Öztrak, 21/b usulüyle yapılmış ihaleler konusunda Karayolları Genel Müdürlüğü'ne (KGM) başvurmuştur. Beş soru içeren dilekçede (9 Haziran 2017) proje tutarlarını, ihaleleri kazanan firmaların isimleriyle ilgili bilgileri talep etmiştir. Karayolları Genel Müdür Yardımcısı Levent Akçay'ın bu dilekçeye verdiği cevap ise pazarlık usulü ihalelere dair kuşkuları arttırmıştır.

8.1. CHP'nin Vermiş Olduğu Gensoru

Dönemin Ulaştırma, Denizcilik ve Haberleşme Bakanı Arslan hakkında 6 Ekim 2017'de verilen gensoru dilekçesi, CHP'nin üç grup başkanvekili Engin Altay, Levent Gök ve Özgür Özel'in imzalarını taşımaktadır. Gensoru önergesinin çerçevesi ise şöyleydi: "Kamu kurum ve kuruluşlarının ihalelerde uygulayacağı usuller Kamu İhale Kanunu ile belirlenmiştir. Temel ihale usulleri, açık ihale ve belli istekliler arasında ihaledir. Diğer usuller yasada belirtilen özel hallerde uygulanır. Kamu İhale Kanunu'nun 21. maddesinin (b) fıkrasına göre 'doğal afetler, salgın hastalıklar, can ve mal kaybı tehlikesi gibi ani ve beklenmeyen veya idare tarafından önceden öngörülemeyen olayların ortaya çıkması üzerine ihalelerin ivedi olarak yapılmasının zorunlu olması durumunda pazarlık usulüyle ihale yapılabileceği' belirtilmekteydi."

Gensoru istemi somut sayısal veriler içermektedir:

- Özel hallerde uygulanması gereken pazarlık usulüyle gerçekleştirilen ihalelerin tutarında son dönemlerde olağanüstü artış bulunmaktadır. 2016'da yüzde 86.1 artışla 21.7 milyar TL'ye ulaşmıştır.
- 2017 yılının ilk altı ayında, önceki yılın aynı dönemine oranla yüzde 175 artarak 16.8 milyar TL'ye sıçramıştır.
- 2017'nin ilk altı ayında pazarlık usulüyle yapılan ihalelerin yüzde 81'i 21/b'ye göre yapılmıştır.

Gensoru gerekçesindeki ayrı bir konu ise şöyleydi: "Sadece 2017 yılının ilk altı ayında, bakanın sorumluluğundaki kuruluşların, bir firmanın içinde olduğu bazı ortaklıkların pazarlık usulüyle 2.8 milyar TL'lik iş verdiği görülmektedir. 2013 ortasından bugüne, iş ortaklıklarına pazarlık usulüyle verilen ihalelerin toplam tutarının 3.8 milyar TL olduğu düşünüldüğünde son dönemde bu ihale yönteminin belirli firmalar lehine açıkça istismar edildiği dikkati çekmektedir."

8.2. Meclis Yayını Kapatıldı

Gensoru önergesi, TBMM Genel Kurulu'nun 16 Ekim 2017 tarihli oturumunda görüşüldü. Meclis TV, bu oturumu yayınlamadı. CHP'nin bu konudaki ısrarlı talebi, çoğunluktaki AKP tarafından usul bahaneleriyle reddedildi.

8.3. Cengiz'e On Ayda İki Kurumdan 2.8 Milyarlık İş

Faik Öztrak'ın TBMM kürsüsünden "Milletimizin iffetli analarına ettiği edepten yoksun lafla meşhur işadamı" diye betimlediği firmaya (Cengiz Holding) sadece 2017 yılında Karayolları'nın pazarlık usulüyle verdiği iş miktarı 1.1 milyar TL. Yine TCDD, aynı işadamına aynı yıl içinde (2017 Ocak-Ekim) pazarlık usulüyle 1.7 milyar TL'lik iş vermiştir. Aynı işadamının 2017 yılı içinde Ulaştırma, Denizcilik ve Haberleşme Bakanlığı'ndan aldığı ihalelerin toplam tutarı 7.9 milyar TL.

8.4. Bakanın Açıklaması

Ulaştırma, Denizcilik ve Haberleşme Bakanı Ahmet Arslan, görüşmelerin bitiminde kürsüye çıktı. Arslan, gensorunun temelini oluşturan 21/b'nin istismar iddiasını reddetti. Arslan'a göre, ihalede nadiren uygulanması gereken maddenin sık kullanılma nedeni "öngörülemezlik"ti. Bakan Arslan'ın söz ettiği "öngörülemezlik" hukuk literatüründe sıkça tartışılan bir konudur. İlgili madde, "Doğal afetler, salgın hastalıklar, can veya mal kaybı tehlikesi gibi ani ve beklenmeyen veya idare tarafından önceden öngörülemeyen olayların ortaya çıkması üzerine ihalenin ivedi olarak yapılmasının zorunlu olması". Görüldüğü üzere, "öngörülemeyen olay" kanun maddesinde geçmektedir.

Bakan şöyle devam etmiştir: "Coğrafya çok zor. Sismik alan şiddetli ve yoğun, zemin zayıf. Bu durumlar yüzünden, önceden görülememe ve bilinememe durumu mevcuttur. Öngörülemeyen bu haller nedeniyle, projeler yarım kalabilir, tüneller çökebilir, viyadüklerin inşaatı bitmeyebilir. Biz de bütün bunlar olmasın, yollar heyelandan, depremden akmasın, maliyet artmasın diye istisnai yola başvuruyoruz."

Diğer yandan Bakan Arslan, Türkiye'nin artık pek çok uluslararası organizasyona ev sahipliği yaptığını da anımsatacaktı. Fakat bu durumun konuyla uzaktan yakından bir ilgisi bulunmamaktadır. Sosyal ve şeffaf bir hukuk devletinde, bağlantı yollarının bir an önce yapılması sadece pazarlık usulüne bağlı olmamalıdır.

8.5. 21/b'de Ani Değişiklik

Gensorunun reddi, AKP kanadını rahatlatırken, bir yandan da bu rahatlığı sürekli kılmak gerektiğinin farkındaydılar. Mayıs 2018'de TBMM'ye getirilen torba yasaya konulan bir madde, Cumhuriyet Halk Partisi'nin gensoru görüşmelerindeki suiistimal iddialarının ciddiye alındığını göstermektedir. Kamu İhale Yasası'nda değişiklik yapan o madde, 21. maddenin (b) fıkrasına şu metni eklemektedir: "... yapım tekniği açısından özellik arz eden veya yapı veya can ve mal güvenliğinin sağlanması açısından ivedilikle yapılması gerekliliği idarece belirlenen hallerde veyahut..." Yapılan ekleme ile ise son hali şu

77

şekilde olmuştur: "Doğal afetler, salgın hastalıklar, can veya mal kaybı tehlikesi gibi ani ve beklenmeyen veya yapım tekniği açısından özellik arz eden veya yapı veya can ve mal güvenliğinin sağlanması açısından ivedilikle yapılması gerekliliği idarece belirlenen hallerde veyahut idare tarafından önceden öngörülemeyen olayların ortaya çıkması üzerine ihalenin ivedi olarak yapılmasının zorunlu olması." Bu maddeyle, can ve mal güvenliğini sağlama gerekçesi ile üç ve fazlası firma davet edilip ilansız pazarlık usulü ile ihale yapmaya olanak sağlanacak ve hangi ihalenin can ve mal güvenliğini sağlayacağına ise idare karar verecekti.

Bu değişiklik, aynı zamanda 21/b usulünün o günden sonra da iktidara yakın sermaye için durmaksızın kullanılacağının da habercisiydi. Nitekim Cengiz Holding'in, sadece 21/b usulü ile son iki yılda aldıkları dört ihalenin toplam sözleşme bedeli ise 3 milyar 552 milyon liradır. Limak Holding'in, 2018'den itibaren, 21/b kapsamında pazarlık usulü yöntemi ile aldığı son 2 kamu ihalesinin toplam bedeli 2 milyar 80 milyon 356 bin TL'dir. Kalyon Holding'in gensoru reddinden sonra 21/b usulü ile aldığı ihale toplam bedeli ise 1 milyar 341 milyon 999 bin TL'dir. Kolin Holding ise bu gensoru reddinden sonra 21/b usulü ile 5 milyar 554 milyon TL'lik ihale almıştır.

"İdare, özel hukuk sözleşmelerinde sözleşmeciyi ve sözleşme konusunu tamamen serbest bir biçimde seçme ve belirleme imkânına sahip değildir."[17] Yani idarenin özel hukuk sözleşmelerinde de sözleşmeciyi seçmesi sırasında kamusallık ölçütü vardır. Bu da kamu hukukunu ilgilendiren bir konu olduğunu ifade etmektedir. 21/b usulünde ise ihalenin yapısına ters olarak iktidarın kendi seçtiği şirketleri davet etmesi, hukuku kendine özel olarak yeniden şekillendirdiğinin göstergesidir. Her ne kadar bu sözleşmeler özel hukuk sözleşmeleri olarak sayılsa da idare şirketleştirilemeyecek kadar kurumsal bir yapıdır. Tüm bu nedenlerle de kamu hukukunun dikkate alınması gerekmektedir. Devlet ihale kanunu ve kamu ihale kanununa göre ihalelerde açıklık ve saydamlık temel normlardan biridir. Kamu yararını gözeten ve vatandaşların vergisiyle oluşan kamu parasını kullanan idarelerin

---

17 Metin Günday, *İdare Hukuku* (2017), Ankara, s. 195.

kamuoyunu şüpheye düşürmemesi gerekmektedir, ancak iktidarın paralar bizim cenaha gitsin anlayışı kanuna egemen olan ilkelerin çiğnenmesi demektir. Devletin kurumlarının şeffaflığını sağlayamaması hem devlet güvencesini hem de hukuki güvenliği zedeler.

8.6 Geçirdikleri Yasa ile Ulaştırma ve Altyapı Bakanlığı'nı Kefil Yaptılar

AKP iktidarı, alışkanlık haline getirdiği torba kanun tekliflerinden birini daha "Bazı Kanunlarda Değişiklik Yapılmasına Dair Kanun" başlığı adı altında TBMM Başkanlığına 2021 yılı mart ayı başında sundu. 12 maddeden oluşan yasa teklifinin 2. maddesi aynen şöyle idi:

"MADDE 2- 8/6/1994 tarihli ve 3996 sayılı Bazı Yatırım ve Hizmetlerin Yap-İşlet-Devret Modeli Çerçevesinde Yaptırılması Hakkında Kanuna aşağıdaki geçici madde eklenmiştir. GEÇİCİ MADDE 4- 15/3/2020 tarihinden sonra ihalesi yapılmış ancak bu maddenin yürürlüğe girdiği tarihte henüz uygulama sözleşmesi imzalanmamış, yurtdışından finanse edilmesi planlanan yap-işlet-devret projeleri kapsamında, 11/A maddesi uyarınca Ulaştırma ve Altyapı Bakanlığına bağlı özel bütçeli kamu idareleri tarafından imzalanacak borç üstlenim anlaşmalarına, ilgili idarenin borç üstlenim anlaşmasından kaynaklanan yükümlülüklerinin yerine getirilmesini sağlayacak şekilde, 4749 sayılı Kanunun 4'üncü maddesi ile 8/A maddesi hükümlerine tabi olmaksızın, Ulaştırma ve Altyapı Bakanlığı da taraf olabilir."

Yani, Türk şirketlerinin yap-işlet-devret projeleri kapsamında yurtdışından finans sağlamaları için Ulaştırma ve Altyapı Bakanlığı kefil hale getirilmek isteniyordu. 15 Mart 2020 tarihinden sonra ihalesi yapılmış ve uygulama sözleşmesi imzalanmamış tüm işlerde, ihaleyi alan firma, yurtdışından karşıladığı krediyi ödeyemediğinde yerine Ulaştırma ve Altyapı Bakanlığı ödeyecek. Yani halk ödeyecek.

Nitekim söz konusu yasa teklifi, ilgili komisyonda ve hemen vakit kaybetmeden TBMM Genel Kurulu'nda görüşmeleri tamamlanarak 11 Mart 2021 tarihinde 7297 sayıyla kanunlaştırıldı.

AKP iktidarı, yine adrese teslim bir yasayı daha yandaş şirketlerinin hizmetine sunmakta geri kalmamıştı.

Yürürlüğe giren bu kanun, akıllara, Kanal İstanbul Projesi kapsamında yapılacak olan köprüler ve bağlantı yollarını getirmişti. Kanal İstanbul Projesi'nde yapılacak olan köprü ve bağlantı yolları ihalelerini kimlerin alacağı ve çıkarılan bu kanundan kimlerin faydalanacağını hep birlikte izleyip göreceğiz

Yandaş şirketlerin daha da zenginleşmesi için, ülkedeki ağır ekonomik şartlar altında ezilen halkın sırtına bir yük daha bindirmekten çekinmeyen mevcut siyasi iktidar, kendi ve küçük ortağı MHP'li milletvekillerinin kaldırdığı parmaklarla karanlık bir sayfayı daha tarihe geçirmiş oldu.

8.7. Beşli Konsorsiyumun Yaptığı Bağışlar Vergiden Düşülüyor

CHP Genel Başkanı Kemal Kılıçdaroğlu, 2014'teki yasa değişikliğine göre Cumhurbaşkanı'nın başlattığı kampanyalarda bağışların vergiden düşürülebildiğini belirtmiştir. Kılıçdaroğlu, "Kurumlar ve şahıslar tarafından yapılacak bağışların tamamı hem de geriye dönük olarak vergiden düşürülecek" görüşünde bulunmuştur. Böylece, fatura yine garibana çıkacak uyarısında bulunan Kemal Kılıçdaroğlu, CHP Genel Merkezi'nde Erdoğan'ın başlattığı yardım kampanyasıyla ilgili Kurumlar Vergisi, Gelir Vergisi yasaları ile bunlarda yapılan değişiklikler üzerinde çalıştıklarını ifade edip şu değerlendirmeleri yaptı:

"Gelir Vergisi Kanunu'nun 89. maddesi 10 Eylül 2014 tarihinde değiştirildi. Bu kanunun 10. bendi şöyledir: 'Cumhurbaşkanı tarafından başlatılan yardım kampanyalarına, makbuz karşılığı yapılan ayni ve nakdî bağışların tamamı gelir vergisi matrahından düşülür.' Sormak lazım... Devleti yönetenler bağış kampanyası açıyorlar. O bağış kampanyasına katılan kişiler, geriye dönüp yaptıkları bağışların tamamını vergiden düşecekler. Erdoğan'ın bu düzenlemeden haberi var mı? Anlı-şanlı bir sürü ismi, 'Bağış yaptı' diye yayınladılar. Başta, kamuoyunda 'Beşli Çete' olarak nitelendirilen isimler olmak üzere yaptıkları yardımlar kamuoyuna açıklandı. Herkes bilsin ki o yardımı yapanlar, yaptıkları bağışın tamamını vergiden düşecek."

Kolin Holding'in Yırca köyünde termik santral yapmak amacıyla 6 bin zeytin ağacını kesmesiyle ilgili konuşan CHP Genel Başkanı Kemal Kılıçdaroğlu şunları söyledi: "7 Kasım'da 6 bin zeytin ağacı kesiliyor. 6 bin zeytin ağacı onlarca ailenin gelir kaynağını yok etmek demek. Onların nimeti o. Geçim kaynağı o. Onu bizim elimizden almayın diyorlar. Onu alacaksın elinden, ne olacak? Baltalı çetelerle 6 bin ağaç katledildi. Açıkça suç işlemişlerdir. Bu ülkenin namuslu savcılarını göreve davet ediyorum. Bu yasa yürürlükteyken 6 bin zeytin ağacını yok eden yetkililer hakkında soruşturma açılmasını istiyoruz. Köylünün günahı ne? Kendi toprağına, tapulu toprağına sahip çıkıyor. Vergisini veriyor, askere gidiyor. Bunlar ne yapıyorlar? Vergiyle kaçak saray yapıyorlar."

8.7.1 Beş Şirkete 128 Kez Vergi, Resim ve Harç İstisnası Belgesi Düzenlendi

Dönemin Ticaret Bakanı Ruhsar Pekcan'ın yazılı olarak yanıtlaması istemi ile 12 Ekim 2020 tarih ve 7/35064 sayılı yazılı soru önergesi verildi. Söz konusu önergede, beş şirkete, son 10 yılda hangi iş/hizmet karşılığında kaç adet Vergi, Resim ve Harç İstisnası Belgesi (VRHİB) verildiği ve bu işlerin ihale aşamasında, yapılan ihalelere fiilen kaç yabancı firmanın katıldığı sorusuna yanıt arandı.

Dönemin Ticaret Bakanı Ruhsar Pekcan bu soruya şu yanıtı verdi: "Halihazırda, Bakanlığımızın VRHİB uygulamalarına ilişkin elektronik veri tabanında yapılan inceleme neticesinde; tek başına veya bir ortaklık bünyesinde yapılan müracaatları kapsamında son 10 yılda; Cengiz İnşaat için 30 adet; Kolin İnşaat için 36 adet; Makyol İnşaat için 24 adet; Kalyon İnşaat için 19 adet, Limak İnşaat için de 19 adet VRHİB tanzim edildiği tespit edilmiştir."

Ancak almış oldukları ihalelerin kaçına fiilen yabancı bir firmanın katıldığı bilgisi net olarak verilmemiştir. Bilindiği üzere işi alan firmanın VRHİB'den yararlanması için ihale sürecinde, ihaleye yabancı bir firmanın fiilen katılması şartı aranmaktadır.

T.B.M.M.
CUMHURIYET HALK PARTİSİ
Grup Başkanlığı
CHP Tarih **12 Ekim 2020**
Sayı **24906**

TÜRKİYE BÜYÜK MİLLET MECLİSİ BAŞKANLIĞINA

35064

Aşağıdaki sorularımın Ticaret Bakanı Ruhsar Pekcan tarafından yazılı olarak yanıtlanmasını saygılarımla dilerim. 9.10.2020

Ali Mahir Başarır
Mersin Milletvekili

Bugünkü (9.10.2020) Resmi Gazete'de 1/9/2020-30/9/2020 Tarihleri Arasında Düzenlenen Vergi, Resim ve Harç İstisnası Belgelerinin Listesi yayımlanmıştır. Bu liste belirli zaman aralıklarıyla sürekli Resmi Gazete'de yayımlanmaktadır.

Bu listeye göre 126 adet sektörde söz konusu istisna belgesi Bakanlığınız tarafından verilmiştir.

9 Ekim 2020 tarihli Resmi Gazete'deki söz konusu listenin 81. Sırasında yer alan Kalyon İnşaat San. ve Tic. A.Ş'ye ait 9 Milyar 449 milyon 995 bin 833 TL'lik istisna, Sektör hanesinde "bina dışı yapım işleri" yazmasına rağmen bu rakam Kalyon İnşaat'ın Ağustos ayında 21/b kapsamında pazarlık usulü ile kazandığı Bandırma- Bursa-Yenişehir-Osmaneli hızlı tren ihale teklifi rakamı ile birebir aynıdır.

Yine geçtiğimiz günlerde de Cengiz İnşaat'ın 21/b kapsamında pazarlık usulü ile kazandığı İyidere Lojistik Limanı ihalesi de söz konusu listede yayımlanmıştır.

Vergi, Resim ve Harç istisnası belgesi, ihaleye yabancı bir firmanın fiilen katılması ve ihalenin bir Türk firması tarafından kazanılması durumunda verilen bir belgedir.

Bu çerçevede;

1- Pazarlık usulü 21/b kapsamında yapılan ve Kalyon İşaat'ın kazandığı Bandırma- Bursa-Yenişehir-Osmaneli hızlı tren ihalesine fiilen davet edilen/katılan yabancı firma var mıdır? Yoksa söz konusu istisna belgesi hangi gerekçelerle Kalyon İnşaat'a verilmiştir?

2- Yine Pazarlık usulü 21/b kapsamında yapılan ve Cengiz İnşaat'ın kazandığı İyidere Lojistik Limanı ihalesine fiilen katılan yabancı firma var mıdır? Yoksa hangi gerekçelerle Bakanlığınız tarafından Cengiz İnşaat'a vergi, resim ve harç istisna belgesi verilmiştir?

3- Son 10 yılda Cengiz İnşaat, Limak, Kalyon, Kolin ve Makyol firmalarına hangi iş karşılığı, kaç adet vergi, resim ve harç istisna belgesi verilmiştir? Söz konusu firmaların istisna belgelerini aldıkları işlerin ihalelerinin kaçına yabancı firmalar fiilen katılmışlardır?

T.C.
TİCARET BAKANLIĞI

7/35064
EK 26

Sayı : 69602026-610-5492138
Konu : Soru Önergesi (7/35064)

TÜRKİYE BÜYÜK MİLLET MECLİSİ BAŞKANLIĞINA

İlgi : 21.10.2020 tarihli ve 43452547-120.07-E.726483 sayılı yazınız.

İlgide kayıtlı yazının ekinde yer alan, Mersin Milletvekili Sayın Ali Mahir BAŞARIR tarafından verilen 7/35064 sayılı yazılı soru önergesinin cevabı hazırlanarak ekte sunulmuştur.

Bilgilerini ve gereğini arz ederim.

Ruhsar PEKCAN
Bakan

Ek : Soru Önergesi Cevabı (2 sayfa)

T.C.
TİCARET BAKANLIĞI

Mersin Milletvekili Sayın Ali Mahir BAŞARIR' a ait 7/35064 Sayılı Yazılı Soru Önergelerine İlişkin Cevaplar:

Bakanlığımız görev ve yetki alanına giren hususlar itibarıyla, önergenize ilişkin cevaplarımıza aşağıda yer verilmiştir:

1-3) Bakanlığımızın kamu idarelerince uluslararası ihaleye çıkarılan işlere yönelik Vergi, Resim ve Harç İstisnası uygulamalarındaki fonksiyonu, bir kamu idaresi tasarrufunda hali hazırda gerçekleşmiş bir ihalenin yerli bir firma yükleniminde kalması ve bahse konu firmanın Bakanlığımıza bir Vergi, Resim ve Harç İstisnası Belgesi (VRHİB) düzenlenmesini talep ederek müracaat etmesi halinde uygulamaya ilişkin mevzuat çerçevesinde (488 Sayılı Damga Vergisi Kanunu, 492 Sayılı Harçlar Kanunu, İhracat: 2017/4 Sayılı Tebliğ) inceleme yapmak ve bu müracaatı ilgili mevzuat hükümleri çerçevesinde neticelendirmektir.

Vergi, Resim ve Harç İstisnası Belgesi müracaatlarına konu ihalelerde, ihalenin hangi şartlar altında, hangi usulle, hangi bilgi ve belgeler talep edilerek gerçekleştirileceği ihale makamı idarenin tasarrufunda olup Bakanlığımızın bu süreçlere hiçbir şekilde dahli bulunmamaktadır.

Bu çerçevede, Bakanlığımızca mevzuata uygun olarak yapılan müracaatlar kapsamında yıllık ortama 1.200 adet VRHİB tanzim edilmekte olup son 10 yılda (2011 yılından itibaren) toplam 11.117 adet VRHİB düzenlenmiştir. Tanzim edilen tüm belgeler son derece şeffaf bir şekilde her ay Resmi Gazete' de yayımlanmak suretiyle kamuoyu ile paylaşılmaktadır.

Öte yandan, Belgedeki tutar yüklenilen için faaliyet değerini göstermekte olup bu tutarda bir vergi ve harçtan vazgeçilmesi söz konusu değildir. 2020 yılında düzenlenen damga vergisine tabi bir sözleşmeden alınabilecek en yüksek damga vergisi istisna tutarı Kanunen 3.239.556,40 TL olup, VRHİB kapsamında en fazla sadece bu tutara istisna uygulanabilmektedir. Firmaların bu üst limit dâhilinde ne kadarlık bir damga vergisi istisnasından yararlandığı ise belge süresinin sonunda belli olmaktadır.

Hâlihazırda, Bakanlığımızın VRHİB uygulamalarına ilişkin elektronik veri tabanında yapılan inceleme neticesinde; tek başına veya bir ortaklık bünyesinde yapılan müracaatları kapsamında son 10 yılda; Cengiz İnşaat için 30 adet; Kolin İnşaat için 36 adet; Makyol İnşaat için 24 adet; Kalyon İnşaat için 19 adet, Limak İnşaat için de 19 adet VRHİB tanzim edildiği tespit edilmiştir.

Bu kapsamda, Kalyon İnşaat San. Ve Tic. A.Ş. 09/09/2020 tarihli ve 57261222 sayılı dilekçesi ve eki belgelerle anılan firma yükleniminde kaldığı ifade edilen "Bursa- Yenişehir Demiryolu Hattı Yapım İşi" için bir Vergi Resim ve Harç İstisnası Belgesi (VRHİB) düzenlenmesi talebi ile Bakanlığımıza müracaat etmiş, ekinde yer alan Ulaştırma ve Altyapı Bakanlığı tarafından düzenlenen 09/09/2020 tarihli 50804 sayılı Ek-4 İş Alındı Belgesi ve idarece hazırlanan davetli firma listesinde, işe ilişkin ihalenin pazarlık usulü ile yapıldığı, içinde bir yabancı firmanın da olduğu toplam yedi firmanın davet edildiği, ihalede yabancı firma teklifinin de olduğu bilgilerine yer verilmiştir. İhale Makamı idarece resmi yazı kapsamında beyan edilen hususlar ile başvuru kapsamında sunulan diğer bilgi belgeler mevzuatta hüküm altına alınan şartları sağladığından firmaya bahse konu iş için 2020/Y-644 sayılı VRHİB düzenlenmiştir.

Aynı şekilde, Cengiz İnşaat'ın bünyesinde olduğu CY Rize İyidere Limanı İnşaatı Adi Ortaklığı Ticari İşletmesi 14/08/2020 tarihli 56584589 sayılı dilekçe ve eki belgelerle anılan iş ortaklığı yükleniminde kaldığı ifade edilen "İyidere Lojistik Limanı İşi" için Vergi Resim ve Harç İstisnası Belgesi (VRHİB) düzenlenmesi talebi ile Bakanlığımıza müracaat etmiş olup başvuru ekinde yer alan ve mezkûr Bakanlıkça düzenlenen 11/08/2020 tarih ve 43938 sayılı Ek-4 İş Alındı Belgesi ve idarece hazırlanan davetli firma listesinde, işe ilişkin ihalenin pazarlık usulü ile yapıldığı, içinde bir yabancı firmanın da olduğu toplam altı firmanın davet edildiği, ihalede yabancı firma teklifinin de olduğu bilgilerine yer verilmiştir. İhale Makamı idarece resmi yazı kapsamında beyan edilen hususlar ve başvuru kapsamında sunulan diğer bilgi belgeler mevzuatta hüküm altına alınan şartları sağladığından iş ortaklığına bahse konu iş için 2020/Y-527 sayılı VRHİB düzenlenmiştir.

Sonuç olarak, uluslararası ihale ön koşulunu gerektiren tüm müracaatlarda müracaat tarihinde geçerli olan mevzuat hükümleri çerçevesinde ihale makamı idarelerden alınan bilgi ve belgeler kapsamında gerekli incelemeler yapılmakta olup herhangi bir imtiyaz veya ayrımcılığa mahal verilmeksizin yalnızca mevzuata uygun olan müracaatlar için VRHİB düzenlenmektedir.

8.8 Araştırma Komisyonu Kurulması İçin Önerge Verildi

CHP Mersin Milletvekili ve Parti Meclisi Üyesi Ali Mahir Başarır ve 30 CHP milletvekilinin imzası ile beş şirketin devletten almış oldukları ihalelerin enine boyuna incelenmesi, almış oldukları ihalelerde herhangi bir usulsüzlük olup olmadığının araştırılması için TBMM'de Meclis Araştırma Komisyonu kurulması önergesi verildi.

8.9 Verilen Araştırma Önergeleri

TÜRKİYE BÜYÜK MİLLET MECLİSİ BAŞKANLIĞINA

Karayolları Genel Müdürlüğü'nün, "Trabzon – Aşkale Yolu Zigana Tüneli Bağlantı Yolları İkmal İnşaatı" için 14 Temmuz 2020 tarihinde bir ihale düzenlediği; İhalenin, Mehmet Cengiz'e ait Cengiz İnşaat'a 953 milyon 203 bin TL bedelle verildiği ve Karayolları Genel Müdürlüğü ile Cengiz İnşaat arasında 27 Ağustos 2020 tarihinde sözleşme imzalandığı yazılı ve görsel basında yer almıştır.

AKP iktidarı döneminde, büyük kamu ihalelerinin birçoğunun Cengiz İnşaat, Kalyon, Limak, Kolin ve Makyol firmalarına verildiği tüm kamuoyu tarafından bilinmektedir.

Kamu ihalelerinden önemli pay alan inşaat şirketleri Makyol, Kalyon, Cengiz İnşaat, Limak ve Kolin dünya bankasının 1990-2020 yılları arasında tüm dünyada devletten en çok ihale alan şirketler sıralamasında ilk sıralarda yer almaktadır.

Yalnızca Mehmet Cengiz'e ait olan Cengiz İnşaat, sadece 2017 yılında devletten 7 milyar 901 milyon TL'lik ihale aldığı yine basın organlarında yer aldı. Cengiz inşaat geçtiğimiz Temmuz ayında olduğu gibi en çok kamu ihalelerini Karayolları Genel Müdürlüğü'nden almıştır. Ayrıca Cengiz İnşaat'ın 2010 yılında 422 milyon TL'lik vergi borcunun hala silindiği hafızalarımızdadır. Sadece 2010-2017 yılları arasında aralarında Ordu- Giresun havaalanı emniyet sistemleri ve deniz dolgusu inşaatı, Samsun-Sinop arasındaki Güzelçeçay- Dikmen yolunun tünel ve üst yapı inşaatı gibi 26 kamu ihalesini alan Cengiz Holding'in bu süre zarfında toplam aldığı ihale bedeli 12 milyar 597 bin TL olduğu belirlendi. Cengiz İnşaat'ın 1990 yılından beri aldığı 50'nin üzerinde kamu ihalesinin 26'sını 2010-2017 yılları arasında aldı.

2020 yılı Haziran ayında Erzurum Aşkale İspir Yolu Kırık Tüneli'nin ikmali için yapılan pazarlık usulü ihaleyi Kalyon'un iştiraki RSY 1 milyar 134 milyonluk teklifle aldı.

Ekim 2019'da Kalyon İnşaat ve Kolin İnşaat, 2.8 milyar TL ile Kuzey Marmara Doğalgaz Depolama Tevsi Faz 3 projesini almıştı.

Eylül 2019'da ise Kalyon İnşaat, Gaziray ihalesini ASL firması ile birlikte 976 milyon TL teklifle almıştı.

Yukarıda bahsi geçen bu 5 şirketin devletten almış oldukları ihalelerden sadece örnekler verilmiştir. Bu 5 şirket, sadece 2013-2019 yılları arasında 38 kez pazarlık usulü dediğimiz 21/b kapsamında devletten ihale almıştır.

Söz konusu bu 5 firmanın, bu zamana kadar devletten aldıkları ihalelerin toplam bedellerinin yaklaşık 150 milyar dolar civarında olduğu basın yayın organlarında yer almıştır. Bu rakam, bugünkü Dolar kuru üzerinden TL olarak hesaplandığında 1 Trilyon 117 Milyar 500 milyon TL etmektedir.

2020 yılı Merkezi Yönetim Bütçe Kanunu'na göre toplam gider 1 Trilyon 95 Milyar 500 Milyon TL olarak kabul edilmiştir. Yani bu 5 şirketin aldıkları ihalelerin toplamı, içerisinde tüm vatandaşlarımızın payı olan 2020 yılı bütçesinden fazladır.

Ayrıca Cengiz İnşaat, Kolin, Kalyon, Limak ve Makyol şirketlerine bu zamana kadar Ticaret Bakanlığı tarafından 128 kez vergi indirimi sağlanmıştır.

Karayolları Genel Müdürlüğü'nün 2019 yılı Sayıştay Raporu'nda, Cengiz İnşaat tarafından yapılan Ovit Tüneli'nde yaklaşık maliyeti 19 bin 568 lira olarak hesaplanan bir iş için firmaya 17 milyon lira ödendiğini ortaya çıkmıştır. Bu olay akla ziyan ve vicdanlara sığmayan bir durumdur.

TCDD'nin 'Diyarbakır-Mazıdağı (Mardin) Demiryolu İltisak Hattı Yapım İşi' başlığıyla çıktığı ihale, en düşük teklifi veren firmaya değil, en düşük tekliften 109 milyon TL daha pahalı teklif veren Cengiz İnşaat'a verilmiştir.

Danıştay 13. Dairesi, Bodrum'un en değerli arazisi olan Cennet Koyu'ndaki 2 milyar 100 milyon lira değerindeki 700 dönümlük kamu arazisinin özelleştirme kararını ikinci kez iptal etmiştir. Mehmet Cengiz ile Fettah Tamince'nin şirketi, özelleştirilen araziyi Ziraat Bankası'ndan 277 milyon lira kredi çekerek almıştır. Usulsüz krediye dair suç duyurusu takipsizlikle sonuçlanmıştır. Mehmet Cengiz ile Fettah Tamince'nin "Bodrumbir" isimli şirketinin Ziraat Bankası'ndan kredi çekerek aldığı arazinin özelleştirilmesine ilişkin daha önce de iptal kararı verilmişti ancak idare, görevini yerine getirmemiştir.

Limak Holding sadece özelleştirmelerden değil; usulsüzlükleriyle de bilinmektedir. Holding hakkında, 2004 yılında, 'Cumhurbaşkanlığı Muhafız Alayı' inşaatında eski parayla 1 trilyon 21 milyar liralık haksız kazanç sağladığı için dava açılmıştır. Ankara Başsavcılığı, sanıkların "resmi evrakta sahtecilik, nitelikli dolandırıcılık, devlete ait

85

artırma eksiltme ve yapım işlerine fesat karıştırma" suçlarından yargılanmalarını istemiştir. Tayyip Erdoğan'ın Sabah-ATV ihalesi için oluşturttuğu "havuza" Nihat Özdemir 100 milyon dolar yatırmış ve böylelikle, hükümetten ihale için söz aldığı iddia edilmişti.

Foça'da usulsüz olarak ÇED raporu alınmadan yapılmak istenen sıvılaştırılmış doğalgaz depolama ve gazlaştırma terminali, halkın tepkisine yol açmıştır. Foça ve Yeni Foça'da örgütlenen halk, Kolin İnşaat'ın usulsüz uygulamalarını idari kısımda ve kamuoyunda dile getirmeye başlayınca, Aliağa Liman Başkanı, Kolin İnşaat'tan uygulamayı yasallaştırmasını aksi takdirde durduracağını belirtince, "Yukarıdan" gelen emirle görevden alınmıştır.

Sonuç olarak adı geçen bu 5 şirketin devletten sıkça ihaleler alması ve almış oldukları bazı ihalelerde usulsüzlüklerin olması tüm kamuoyunun dikkatini çekmiştir.

Bahsi geçen bu 5 beş şirketin devletten almış olduğu tüm ihalelerin enine boyuna incelenmesi, almış oldukları ihalelerde herhangi bir usulsüzlük olup olmadığının araştırılması ve kamu yararının gözetilmesi amacıyla Anayasanın 98. Maddesi ile TBMM İçtüzüğü'nün 104 ve 105. Maddeleri gereğince Meclis Araştırma Komisyonu kurulmasını arz ve talep ederiz. 8.1.2021

Aydın Özer
Antalya mv.

Tekin Bingöl
Ankara mv.

Ali Mahir Başarır
Mersin Milletvekili

Ali Haydar Hakverdi
Ankara mv.

Kamil Okyay Sındır
İzmir mv.

Yunus Emre
İstanbul mv.

Gaziantep

Yıldırım Kaya
Ankara mv.

Dr. Fikret Şahin
Balıkesir Milletvekili

Bekir Başevirgen
Manisa mv.

Selin Sayek Böke
İzmir mv.

2193. Sayılı Meclis Araştırma Önergesinin İmza Çizelgesi

Adı Soyadı	Seçim Bölgesi	İmza
Turabi Kayan	Kırklareli Mv.	
Ahmet AKIN	Balıkesir Mv	
Nihat Yeşil	Ankara Mv	
Murat Bakan	İzmir	
Veli AĞBABA	Malatya	
Gülizar Biçer-Karaca	Denizli	
Orhan Sümer	Adana	
Nurhayat Altaca Kayışoğlu	Bursa	
Levent Gök	Ankara	
Serkan TOPAL	Hatay	
Gamze TAŞCIER	Ankara	
Cengiz GÖKÇEL	Mersin	
Ayhan BARUT	Adana	
Mahir POLAT	İzmir	
Ali Fazıl KASAP	Kütahya mv.	
Sibel Kadıgil Sütlü	İstanbul Mv.	
Mahmut GÖKER	Burdur Mv.	
Tacettin Bohm	İzmir	
Gökan ZEYBEK	İstanbul Milletvekili	
Hüseyin Yıldız	Aydın	

87

T.B.M.M.
CUMHURİYET HALK PARTİSİ
Grup Başkanlığı
Tarih : 22 . 1 . 2o21
Sayı : 2192

TÜRKİYE BÜYÜK MİLLET MECLİSİ BAŞKANLIĞINA

4734 sayılı Kamu İhale Kanunu 4 Ocak 2002 tarihinde kabul edilmiş, 24648 sayılı 22 Ocak 2002 tarihli Resmi Gazete' de yayımlanmasıyla yürürlüğe girmiştir.

Bu kanunun ikinci kısım birinci bölümünde ihale usulleri ve uygulaması belirlenmiştir.

Bu usuller; açık ihale usulü, belli istekliler arasında ihale usulü ve pazarlık usulüdür.

Kamu İhale Kanunu'nun 21.maddesinin (b) bendinde; *"Doğal afetler, salgın hastalıklar, can veya mal kaybı tehlikesi gibi ani ve beklenmeyen veya yapım tekniği açısından özellik arz eden veya yapı veya can ve mal güvenliğinin sağlanması açısından ivedilikle yapılması gerekliliği idarece belirlenen hallerde veyahut idare tarafından önceden öngörülemeyen olayların ortaya çıkması üzerine ihalenin ivedi olarak yapılmasının zorunlu olması."* ifadesi yer almaktadır. 16/5/2018 tarihli ve 7144 sayılı Kanunun 11 inci maddesiyle bu bentte yer alan "beklenmeyen veya" ibaresinden sonra gelmek üzere "yapım tekniği açısından özellik arz eden veya yapı veya can ve mal güvenliğinin sağlanması açısından ivedilikle yapılması gerekliliği idarece belirlenen hallerde veyahut" ibaresi eklenmiştir.

Kamu İhale Kanunu'nda temel ihale usulleri olarak açık ihale usulü ve belli istekliler arasında ihale usulü sayılmış olup, pazarlık usulü istisnai bir ihale usulü olarak öngörülmüştür. Bu istisnai usulün uygulanabilmesi için ise Kanunda birtakım haller belirlenmiştir. 21 inci maddenin (b) bendi de bu istisnai hallerden bir tanesidir. Uygulamalara bakıldığında kamu kurumlarının 21 inci maddenin (b) bendini kendileri için bir kurtuluş reçetesi olarak görmekte ve neredeyse tüm ihalelerini bu kapsamda yapma gayreti içerisine girmektedir.

21/b bendini incelediğimizde kanun koyucu burada iki ayrı durumu düzenlemiştir. Birinci durum; *"doğal afetler, salgın hastalıklar, can veya mal kaybı tehlikesi gibi ani ve beklenmeyen veya yapım tekniği açısından özellik arz eden veya yapı veya can ve mal güvenliğinin sağlanması açısından ivedilikle yapılması gerekliliği idarece belirlenen haller..."* ikinci durum ise *"idare tarafından önceden öngörülemeyen olayların ortaya çıkması üzerine ihalenin ivedi olarak yapılmasının zorunlu olması..."* halidir. Birinci durumda pazarlık usulünün hangi şartlarda uygulanacağı tek tek sayıldığı için bu yönde yapılacak ihalede bir sıkıntı yaşanmamaktadır. Ancak ikinci durumda ise bir netlik olmadığı için uygulamada çok ciddi sıkıntılar yaşanmakta, bu bent suistimal edilebilmektedir. Bent kapsamında idare tarafından öngörülemeyen durumlar açıkça belirtilmediği için yanlış yorumlar ve uygulamalara sebebiyet vermektedir. İdarelerin çoğu zaman kendi planlama ve zamanlama hatalarını bu bent kapsamında değerlendirerek, pazarlık usulünü kullanması maddenin ruhuna aykırılık teşkil etmektedir.

16 Mayıs 2018 tarihinde değişen 21/b maddesinden sonra; iktidara yakınlığıyla bilinen Cengiz Holding'in sadece 21/b usulü ile son iki yılda aldığı dört ihalenin toplam sözleşme bedeli 3 milyar 552 milyon TL'dir. LİMAK Holding'in 2018 yılından itibaren, 21/b kapsamında aldığı son iki kamu ihalesinin toplam bedeli 2 milyar 80 milyon 356 bin TL'dir. Kalyon Holding'in, 21/b maddesinin değiştirilmesinden sonra bu maddeye göre; aldıkları ihalelerin toplam sözleşme bedeli 1 milyar 341 milyon 999 bin TL'dir. Kolin Holding ise, 2018 yılından itibaren 21/b usulü kapsamında 4 milyar 851 milyon TL'lik ihale almıştır.

İktidara yakınlığıyla bilinen Cengiz Holding, LİMAK Holding, Kolin Holding, Kalyon Holding, MAKYOL Holding, 2013-2019 yılları arasında 38 kez 21/b kapsamında ihale almışlardır.

Yukarıda da anlatıldığı gibi, 4734 sayılı Kamu İhale Kanunu'nun 21/b maddesi, 16/5/2018 tarihinde değiştirilmiştir ve değiştirilen ibarelerin ucu açık olmakla birlikte bu madde ile iktidara yakın kişi ve kurumlar bu maddeden yararlanabilmektedir. Gerek olmadığı halde, çoğu ihalenin 21/b kapsamında iktidara yakın kişilere verildiği ortadadır. Bu minvalde; 21/b maddesindeki, *"idare tarafından önceden öngörülemeyen olayların ortaya çıkması üzerine ihalenin ivedi olarak yapılmasının zorunlu olması..."* ibaresinin iktidara yakın şirketlere fayda sağlayıp sağlamadığını ve bu ihalelerde herhangi bir usulsüzlük olup olmadığının araştırılması ve kamu yararının gözetilmesi amacıyla, Anayasanın 98. Maddesi ile TBMM İçtüzüğü'nün 104 ve 105. Maddeleri gereğince Meclis Araştırma Komisyonu kurulmasını arz ve talep ederiz. 8.1.2021

Ayhan Barut
Adana Mv.

Tahsin Tarhan
Kocaeli Mv.

Ali Mahir Başarır
Mersin Milletvekili

Ali Haydar Hakverdi
Ankara Mv.

Gökan Zeybek
İstanbul Milletvekili

Yunus Emre
İstanbul Mv.

Bülent Öz

Kani Oktay Sındır
İzmir Mv.

Selin Sayek Böke
İzmir Mv.

Dr. Fikret Şahin
Balıkesir Milletvekili

Hüseyin Yıldız
Aydın Mv.

2192 Sayılı Meclis Araştırma Önergesinin İmza Çizelgesi

Adı Soyadı	Seçim Bölgesi	İmza
Yıldırım Kaya	Ankara	
Burak Kaya	Kırklareli Mv.	
Bekir Başevirgen	Manisa M.v.	
Ahmet Akın	Balıkesir Mv	
Nihat Yeşil	Ankara Mv	
Murat BAKAN	İzmir	
Veli AĞBABA	Malatya	
Gülizar Biçer Karaca	Denizli	
Orhan Süner	Orhan Adv. Mv	
Nurhayat Altaca Kayışoğlu	Bursa	
Levent Gök	Ankara	
Serkan TOPAL	Hatay	
Gamze Taşcıer	Ankara	
Cengiz Gökçel	Mersin	
Ayhan BARUT	Adana	
Mahir POLAT	İzmir	
Ali Fazıl KASAP	Kütahya mv	
Suat Özcağdaş	İstanbul Mv.	
Mehmet GÖKER	Burdur Mv.	
Tacettin Bayır	İzmir Mv	

Kamu İhale Kanunu çerçevesinde yapılan ihalelerde herhangi bir usulsüzlük olup olmadığının araştırılması amacıyla vermiş olduğumuz meclis araştırma önergesi üzerine TBMM Genel Kurulu'nda şu sözleri dile getirdik:

"Evet, konumuz kamu ihaleleri. Vatandaşlarımız da kamuoyu da çok merak ediyor: On sekiz yıldır bu büyük ihaleleri neden hep beş şirket alıyor? Değerli milletvekilleri, on sekiz yıldır Kamu İhale Kanunu'nu 68 kez değiştirmişiz, 198 madde değişmiş; 3'üncü madde, istisna maddesi 28 kez değişmiş. Neden? Bir kanun bu kadar değişir mi? Değişir. Bunun sebebi beş şirket. Bu beş şirket ne zaman büyük bir ihaleye girecek olsa İhale Kanunu değişiyor.

"Şimdi, birçok usulsüzlük var; bunların bazısı Sayıştay raporlarında, bazısı arkadaşlarımız tarafından çıkartılıyor, bazısını gazeteciler ortaya çıkartıyor. Mesela Ovit Tüneli; Rize-Erzurum arasındaki tünel. Bir iş, hakediş ne kadar alması gerekiyor? 19 bin lira. Bunu Sayıştay raporundan öğreniyoruz. Peki, ne kadar ödeniyor Cengiz İnşaat'a? 17 milyon. Peki, bunun hesabını sorabiliyor muyuz? Soramıyoruz. Yargıya sorabiliyor muyuz? Soramıyoruz. Bakana sorduğumuz zaman cevap alabiliyor muyuz? Alamıyoruz. Ne yapılması lazım? İzin verirseniz -ki çok fazla umudum yok- Meclisin araştırması gerekiyor.

"Daha yeni bir olay: 2020 Cumhurbaşkanlığının yatırım planlamasında Trabzon Şehir Hastanesi -900 yataklı yapılacak- belirlenen bedel 882 milyon. Yaklaşık on ay sonra ihale Kalyon'a veriliyor -bu beş şirketten bir tanesine- 1 milyar 100 milyona; aradaki fark 218 milyon. Bu parayla biz Trabzon'un Of, Akçaabat, bir ilçesine 200 yataklı hastane yapabiliyoruz. Bunu sorgulayan bir yargı var mı, bakan var mı? Yok ama bunu Meclisin sorgulaması lazım.

"Şimdi, bakıyoruz, bu beş şirket dünyada sıralamaya girmiş. Nedense 21/b yani olağanüstü dönemlerde, deprem, sel, felaket dönemlerinde ihale veriliyor bunlara. Osmangazi Köprüsü, üçüncü köprü, otoyollar; neden? Ben Malatya'ya, Elâzığ'a, Giresun'a sel ve depremden dolayı ihale verilse anlayacağım ama bu kadar büyük rakamlar 21/b'ye göre verilebiliyor mu? Ülkemde verilebiliyor. Açık ihalelere bakıyoruz, öyle bir tarif yapılıyor ki... Diyelim ki bir canlı alacak bu ihaleyi, şöyle tarif ediyorlar şartnamede: Çok büyük bir hortumu olacak, iki tane yanında 1 metrelik dişi olacak, bu canlı 5 ton olacak, e zaten de 5 tane fil alıyor bu ihaleleri. Açıkça Türk Ceza Kanunu 235, kamu ihalesine fesat karıştırma suçunu işliyorlar ama biz bunları sorgulayamıyoruz. Dünyada Limak, Kalyon, Makyol bu beş şirket ilk 5'te kamu ihalelerinde. Ya, bakıyorum, vergi rekortmenleri açıklandı: İlk 5'te yok, ilk 10'da yok, 50'de yok, 80'de yok. Vergi indirimi bu beylere, istisnalar bu beylere, sipariş ihaleler bu beylere... Vergi? 'Ödemeyiz.' Kimsiniz kardeşim siz?

"Kimsiniz siz? Sonra da Genel Başkanımız 'Biz bu şirketlere el koyacağız' dediği zaman 'Ne hakla?'... E, peki, bunlar ne hakla ülkeyi soyuyor? İki, bu kadar ihale alıyorsa bu şirketler, herkes şunu düşünüyor: 'Arkalarında büyük bir patron var' diyorlar; çok büyük, çok güçlü, tek karar veren; bunu da bir sorgulayalım bakalım, gerçekten bu şirketlerle ilişkisi var mı beyefendinin, insanlar bunu soruyor. Biz de merak ediyoruz, vatandaş soruyor.

"Cuma günü, yarın Osmangazi Köprüsü'ne gelin beraber saat 9'dan sonra çıkalım. İki gün sokağa çıkma yasağı var. Allah aşkına, biz bu şirketlere gidiyoruz, 40 bin araç garantisini vermişiz; sokağa çıkma yasağı olmasına rağmen, pandemiye rağmen garanti parayı alıyorlar. Neden indirim istemiyorsunuz? Ama Katar yayın ihalesi için beIN Sports'a geliyor, sabit kur 'Biraz da indirim yapın' diyor, hemen yapıyorsunuz. Siz Katar'ı bu halktan fazla mı seviyorsunuz? Yazık değil mi bu insanlara?

"İkinci bir şey: elektrik alıyor, inşaat alıyor, yol alıyor... Şu ışıkların ihalesini Cengiz İnşaat aldı. Ama unutmayın, bakın, burayı aydınlatırken bu ülkenin geleceğini karartıyor bu şirketler. Bu yüzden, bu önergemize destek istiyoruz."

Ayrıca, 7 Ekim 2020 tarihinde Cumhurbaşkanlığı, TBMM Başkanlığı ve tüm bakanlıklara ayrı ayrı olmak üzere, "Kurumunuzda ya da bağlı olan kuruluşlarınızda, 1 Ocak 2003 tarihinden bu zamana kadar Kamu İhale Kanunu'nun 21/b maddesi kapsamında kaç ihale verilmiştir? Bu ihaleler hangi firmalara, hangi iş karşılığında, kaç TL'ye verilmiştir?" şeklinde tek soruluk yazılı soru önergesi verdik. AKP iktidarları döneminde soru önergelerine yanıt vermek pek âdetten değildir. Verilen soru önergelerine yanıt verilse de sorduğunuz sorularla ilgisi olmayan yanıtlarla karşılaşmak pek mümkündür. Bu yukarıdaki soruyu sormaktaki amacımız da yandaş firma olarak nitelendirdiğimiz şirketlere; ne kadar ihale verilmiş, hangi iş verilmiş, kaç TL karşılığında verilmiş, sorularının yanıtlarını bizzat bakanların kendi yazılarından tespit etmekti. Soru önergelerine bakanların yasal olarak 15 gün içerisinde yanıt vermeleri gerekiyor. Ancak bırakın 15 gün içerisinde yanıt vermeyi, muhalefet milletvekillerinin ellerinde kalan nadir denetim mekanizmalarından biri olan soru önergelerini ilgili bakanlar ciddiye dahi almamaktadır.

Öncelikle bu soruya Cumhurbaşkanlığı, Adalet Bakanı, Aile Çalışma ve Sosyal Hizmetler Bakanı, Hazine ve Maliye Bakanı, Sağlık Bakanı ile Sanayi ve Teknoloji Bakanı yanıt verme tenezzülünde dahi bulunmadılar. Diğer bakanlıklar ise özetle önerge yanıtlama süresi geçtikten sonra "istediğiniz bilgilere Kamu İhale Kurumu'nun internet sayfasından ulaşabilirsiniz" yanıtıyla geçiştirmişlerdir.

Zaten muhalefet milletvekillerinin, muhalefet partilerinin, iktidarı denetleme mekanizmaları birer birer yok edilmişken elde kalan denetim mekanizmalarını da mevcut siyasi iktidarın işlevsiz hale getirmesi akıllara durgunluk vermektedir.

DOKUZUNCU BÖLÜM
Devletleştirme

9.1. Devletleştirme Mevzuatı

Kamu hizmeti veya tekel niteliği taşıyan veya alan, özel faaliyet ve teşebbüslerin tamamı veya bir kısmının, milli menfaatlerin gerektirdiği hallerde, karşılığı kanunla gösterilen esas ve şekillere göre ödenmek şartıyla ve kanunda belirtilen usullere uygun olarak devlet mülkiyetine geçirilmesine devletleştirme denilir.

Türkiye'de 1980 yıllarından itibaren, dünyada yayılan küreselleşme ve neo-liberal politikalar çerçevesinde, dışa yönelik söylemler başlamış, bu minvalde de uluslararası yatırımcıların ülkeye girişini sağlayacak hukuki mevzuatlar ortaya çıkmıştır. Bu mevzuatlar kanunlaştırılarak yabancı yatırımcının ülkeye girişi kolaylaştırmaya çalışılmıştır. Kamu hizmeti üretiminde, kamunun üzerindeki yük alınmaya çalışılarak, Yap-İşlet, Yap-İşlet-Devret (YİD) gibi üretim modelleri ile uluslararası yatırımcının ülkeye yatırım yapması amaçlanmıştır. Bunun için de hukuk alanında bazı düzenlemeler uygulanmıştır. Bu amaçla; 1982 tarih ve 2675 sayılı Milletlerarası Özel Hukuk ve Usul Hukuku Hakkındaki Kanun'un (MÖHUK) yürürlüğe girmesiyle, tahkim kararlarının tenfizi ve tanınmasına ilişkin usuller de mevzuatımıza girmiştir.

8.6.1994 tarihinde TBMM'de kabul edilen 3996 sayılı Bazı Yatırım ve Hizmetlerin Yap-İşlet-Devret Modeli Çerçevesinde Yaptırılması Hakkında Kanun, 13 Haziran 1994 gün ve 21959 sayılı *Resmî Gazete*'de yayımlanarak yürürlüğe girmiştir. Bu kanunun amacı; otoyol, köprü, demiryolu, havaalanları, liman vb. projeler için özel hukuk sözleşmelerinin devreye girmesi ve tahkim mekanizmasının etkili olmasıdır. Ancak TBMM'de kabul edilen bu düzenlemeler, Anayasa Mahkemesi'nin 28.6.1995 tarihli kararıyla iptal edilmiş, karar 20.03.1996 tarihinde *Resmî Gazete*'de yayımlanmıştır.

Anayasa Mahkemesi'nin iptal gerekçesinde, kamu hizmetlerinin kamu yararını esas alması gerektiği, bu minvalde de topluma sunulan istikrar çerçevesinde etkinlikler olduğu belirtilmiştir. Burada imzalanan sözleşmelerin, idari sözleşme olduğu ve bu nedenle de özel hukuk kişisine (yerli ve yabancı firmalara) imtiyaz sağlayacağı, Mecliste kabul edilen yasal düzenlemenin bu gerçeği değiştirmeyeceği, buradaki temel amacın Anayasada, kamu imtiyaz sözleşmelerini denetleyen Danıştay'ın işlevinin lağvedilmek istenmesi ve Türk hukukuna güvenmeyen yabancı yatırımcının istedikleri tahkim mekanizmasının Türk yargı sistemine entegre edilmek istendiği Anayasa Mahkemesi'nin iptal kararında da vurgulanmıştır.[18]

Bundan 4 sene sonrasında ise 1999 tarihinde, 4446 sayılı Kanun ile, Anayasanın 47., 125., 155. maddelerinde düzenlemeye ve değişikliğe gidilmiştir.

Anayasamızın 47. maddesinde düzenlenmiş olan "Devletleştirme ve Özelleştirme" bölümü şu şekildedir: "Kamu hizmeti niteliği taşıyan özel teşebbüsler, kamu yararının zorunlu kıldığı hallerde devletleştirilebilir. Devletleştirme gerçek karşılığı üzerinden yapılır. Gerçek karşılığın hesaplanma tarzı ve usulleri kanunla düzenlenir."

Ülkenin o dönemki nakit sıkıntısı ve IMF gibi uluslararası finans kuruluşlarının dayatmaları neticesinde, uluslararası tahkimin yolunu açan ve bu yüzden uzun tartışmalara neden olan Anayasa değişikliği teklifi, 13 Ağustos 1999 tarihli Meclis oturumunda kabul edilmiştir. Aynı gün tarihli oturumda; Anayasanın 125. maddesine yeni bir hüküm eklenmiştir: "(Ek hüküm: 13/8/1999-4446/2 md.) Kamu hizmetleri ile ilgili imtiyaz şartlaşma ve sözleşmelerinde bunlardan doğan uyuşmazlıkların milli veya milletlerarası tahkim yoluyla çözülmesi öngörülebilir. Milletlerarası tahkime ancak yabancılık unsuru taşıyan uyuşmazlıklar için gidilebilir."

Anayasamızın 47. maddesinin, 13 Ağustos 1999 tarihinde düzenlenen ek fıkrasında ise "(Ek fıkra: 13/8/1999-4446/1 md.) Devlet, kamu iktisadi teşebbüsleri ve diğer kamu tüzel kişileri

---

18 https://www.resmigazete.gov.tr/arsiv/22586.pdf

tarafından yürütülen yatırım ve hizmetlerden hangilerinin özel hukuk sözleşmeleri ile gerçek veya tüzel kişilere yaptırılabileceği veya devredilebileceği kanunla belirlenir" ibaresi yer almıştır ve böylelikle, özel sektör yatırımcıları için Türk hukuku değil, yabancı tahkim mahkemeleri geçerli olmuştur.

Anayasanın 125. maddesinde belirtilen "yabancılık unsuru" ise 21.6.2001 tarihinde kabul edilen ve 5.7.2001 tarihli *Resmî Gazete*'de yayımlanarak yürürlüğe giren, Milletlerarası Tahkim Kanunu'nun 2. maddesinde belirlenmiştir:

"Madde 2 – Aşağıdaki hâllerden herhangi birinin varlığı, uyuşmazlığın yabancılık unsuru taşıdığını gösterir ve bu durumda tahkim, milletlerarası nitelik kazanır.

1. Tahkim anlaşmasının taraflarının yerleşim yeri veya olağan oturma yerinin ya da işyerlerinin ayrı devletlerde bulunması.

2. Tarafların yerleşim yeri veya olağan oturma yerinin ya da işyerlerinin;

a) Tahkim anlaşmasında belirtilen veya bu anlaşmaya dayanarak tespit edilen hâllerde tahkim yerinden,

b) Asıl sözleşmeden doğan yükümlülüklerin önemli bir bölümünün ifa edileceği yerden veya uyuşmazlık konusunun en çok bağlantılı olduğu yerden,

Başka bir devlette bulunması."

2001 yılında yürürlüğe giren Milletlerarası Tahkim Kanunu ile yabancı yatırımcılar açısından önemli gelişmeler kaydedilmiş ve hukuki mevzuat yoluyla yabancı yatırımcının ülkeye girişi kolaylaştırılmaya çalışılmıştır.

5/6/2003 tarihinde kabul edilen, 17/6/2003 tarihli, 25141 sayılı *Resmî Gazete*'de yayımlanan "Doğrudan Yabancı Yatırımcılar Kanunu" ile anlaşmazlıkların giderilmesi hususunda uluslararası tahkim mekanizmasıyla uyumlu hükümler getirilmiştir.

27/11/2007 tarihinde kabul edilen, 12/12/2007 tarihli, 26728 sayılı *Resmî Gazete*'de yayımlanan "Milletlerarası Özel Hukuk ve Usul Hukuku Hakkında Kanun" ile tahkimdeki yabancı hakem kararlarının tanınmasına ilişkin hükümler yer almıştır. Bu kanunun 2. maddesinin 1. fıkrasında "Hâkim, Türk kanunlar ihtilâfı kurallarını ve bu kurallara göre yetkili olan yabancı hukuku resen uygular. Hâkim, yetkili yabancı hukukun muhtevasının tespitinde tarafların yardımını isteyebilir" hükmüyle, hâkimin; yabancı hukuku kimseye danışmaksızın, kendiliğinden yabancı hukuk kurallarını uygulayacağı kanunla belirlenmiştir. Milletlerarası Özel Hukuk ve Usul Hukuku Hakkında Kanun'un yürürlüğe girmesiyle beraber, 2675 sayılı, 1982 yılında yürürlüğe giren MÖHUK uygulamadan kaldırılmıştır.

Anayasadaki 47., 125., ve 155. maddelerdeki değişiklik neticesinde, ulusal yargının ağırlığı yok hükmüne geriletilecek kadar azaltılmıştır. Anayasadaki bu değişikliklerle beraber, yukarıda da ifade edildiği üzere, AKP döneminde; Avrupa ile yakınlaşma çerçevesinde yürürlüğe konulan kanunlarda da yabancı yatırımcı için uluslararası tahkim mekanizmasının dayanağı arttırılmıştır. Oysaki "İmtiyaz Sözleşmeleri", yargı denetimin vazgeçilmez olduğu noktaların en önemlisidir. Bu da elbette ki yabancı yargılarla ya da tahkimlerle değil, Türk yargı sistemi ile olmalıdır.

İmzalanan imtiyaz sözleşmeleri, devlet ya da yerel yönetimler başta olmak üzere başkaca resmi kuruluşların ifa etmesi gereken kamu hizmetlerinin bir kısım ya da tamamının uzun dönemli olarak özel sermayeye devredilmesi anlamına gelir. Bu gibi devlet ve kamunun âli menfaatlerini doğrudan ilgilendiren işlerde denetim ve idari yargı yolu Türk yargısında olmalıdır.

Kamu-Özel İşbirliği projelerinde garantilerin yıllara yayılmış biçimde uzun süreli verilmesi pratiğine istinaden projenin ihale ve sözleşme tarafı olan iktidarların, görece kısa seçim dönemlerine göre değişme ve Türk mahkemelerinin, devlet adına karar verebileceği ihtimaline karşı, bu tip projelerde yatırımcı tarafın çıkarlarını da korumak maksadıyla uluslararası tahkim mahkemesi yetkili kılınmıştır.

Tahkim mahkemesi kapsamına alınan ve kamu kredi kaynaklarından faydalanma imkânı tanınan projeleri devletleştirmek ise yeni gelen iktidarın elindeki siyasi ve iktisadi konjonktürel imkânlara ve kamu yararının yüksek çıkarlarıyla çelişen durumların olup olmadığı hususlarına bağlıdır.

Yeni iktidar döneminde nihayet tarafsızlık ve bağımsızlık kazanacak olan Türkiye Cumhuriyeti mahkemeleri, AKP-Beşli Çete bağlantısını ortaya koyduğunda ve kamu adına halk yararına olacak kararları verdiğinde, sabit hukuki olgu ve normlar doğrultusunda gerçekleştirilecek "devletleştirme" sürecinin somut sonucu, esasen yurttaşların ve gelecek nesillerin üzerindeki finansal ve bağıntılı olarak politik yükün ortadan kaldırılması olacaktır.

Kamu-Özel İşbirliği adı altında, aslında ülkenin özkaynakları ile yapılması olanaklı olan projelerinin döviz cinsinden fahiş fiyatlar ve uzun dönem borçlanmalarla yaptırılmasının yanı sıra, iktidarın dış politikadaki sorumsuz tercihleri, ekonomideki yanlış politikaları; döviz kurunun artmasına neden olarak halkımız üzerine, döviz garantili bu projelerin, kasten aşırı fiyatlandırılarak yönetici zümreye ciddi bir nemalanma imkânı sağlanmasına ve biçare halkın parasını peşinen kendi cebinden ödemiş olduğu söz konusu işlerden istifade ederken mükerrer olarak ayrıca ücretlendirilmesine sebep olmaktadır.

Tüm bu döviz garantili projeler, devletin yönetiminin şirketleşmesinin önünü açan politikalardır. Kamu yönetimi açısından yönetim ve işletmecilik anlayışı çok uzun zamandır tartışılagelen bir konudur. İşletmecilik anlayışında devletin zarar etmemesi amaçlanmaktadır ve sosyal fayda göz önünde bulundurulmamaktadır. Yönetim açısından en önemli husus ise kamu yararıdır. Kamu yararının göz önünde bulundurulmaması ve devletin bir özel şirket anlayışıyla yönetilmesi sonucunda iktidarlar bu projeleri kendilerine yük olarak görmekte ve projelerden elde edeceği sosyal faydaya bakmamakta ve iktidarları süresince zarar etmeme anlayışındadırlar; ancak bu zarar sürdürülebilir bir zarar değildir ve gelecek kuşaklara çok büyük bir zarar olarak kalmaktadır. 49 yıllık, 24 yıllık, 29 yıllık, 12 yıllık gibi uzun süreli yapılan bu anlaşmalar halkın üzerine büyük bir yük getirmenin yanında devletin iç çekirdeğindeki anlayışı da değiştirmektedir. 1980'lerden itibaren kamu ve özel işletmecilik anlayışının amaçlarının birbirlerinden farklı olarak görülmeyeceği ifade edilse de bugün gelinen süreçte bunların aslında birbirinden oldukça farklı olduğu kanıtlanmaya başlanmıştır. Diğer ülkeler de kendilerine oldukça yük getiren, bu devasa adı verilen, mega proje adı verilen projeler hakkında devletleştirme yolunu tartışmaya açmıştır.

Oldukça önemli kamu hizmetlerinin özel teşebbüsler altında olması kamu yönetimi anlayışının artık müşteri odaklı bir yönetim anlayışı çerçevesinde şekillenmesi sonucudur, ancak kamu hizmetinden yararlanan vatandaşların bir müşteri olarak görülmesi çok sorunlu bir durumdur. Kamu hizmetlerine vergi ödeviyle katılan vatandaşlar, özel teşebbüsün sunduğu kamu hizmetlerine müşteri statüsünde katılmamaktadırlar. Vatandaşların katıldığı statü yine kamu hizmetlerinden yararlanan kişi, kişiler statüsüdür çünkü devlet kamu hizmetini tamamen de olsa özel girişime bırakmamaktadır ve sadece özel girişimlere kamu hizmetinin gördürülmesi hususunda imtiyaz tanımaktadır. Bu devletin kamu hizmetini kendi eliyle görmesinin yanı sıra hizmetin tamamının özel kesime gördürülmesidir yani bir başka farklı yöntemdir. Bu nedenle de vatandaşın müşteri olarak görülmesi sorunludur çünkü hâlâ kamu hizmetinden faydalanmaktadır. Buna bakıldığında kamu yararının arka plana atılıp yalnızca kâr odaklı bir anlayışın temel alınması hem kamuya hem de vatandaşa oldukça zararlıdır. Bu mega adı verilen, devasa adı verilen projelerin aslında bir kamu hizmeti olduğu gerçeği unutularak bu kamu hizmetlerinin işletmesinin imtiyaz sözleşmeleriyle 49 yıllığına uluslararası firmalara bırakılması Türkiye Cumhuriyeti'ni, Osmanlı İmparatorluğu'nun son zamanlarında olduğu gibi bir nevi kapitülasyonlara mahkûm etmektedir. Kamu hizmetini devletin kendi eliyle sunmadan bunları uluslararası özel şirketlerin eline bırakması, vatandaşlarını kamu yararı çerçevesinde değil müşteri çerçevesinde değerlendirmesine sebep olmaktadır. Bu durumun etki-tepki sürecine bakıldığında devletin rolünün değiştiği ve kamu hizmetindeki yapısal temel hususların yalnızca kâr odaklı ekonomik bir çeper içinde değerlendirildiği görünmektedir.[19] Bunun sonucunda açıkça geniş bir kesimi ilgilendiren toplumsal hizmetler artık uluslararası özel firmaların lehine düzenlenmektedir. Kamuyu ilgilendiren bu toplumsal hizmetlerin uluslararası özel firmalar tarafından verilmesi ve denetleyici bir sistemin söz konusu olmaması, devletin kamusallık işlevinin giderek azaldığının ve özel firmalarla vatandaşın baş başa bırakıldığının göstergesidir. Anayasanın 48. maddesine bakıldığında,

---

19 Selime Güzelsarı (2004), "Kamu Yönetimi Disiplininde Yeni Kamu İşletmeciliği ve Yönetişim Yaklaşımları", AÜ SBF-GETA Tartışma Metinleri, No. 66, s. 3

"Devlet özel teşebbüslerin milli ekonominin gereklerine ve sosyal amaçlara uygun yürümesini, güvenlik ve kararlılık içinde çalışmasını sağlayacak tedbirleri alır" denilmektedir; ancak 4875 sayılı Doğrudan Yabancı Yatırımlar Kanunu'na bakıldığında anayasada belirtilen özellikte bir tedbirin öngörülmediği gözükmektedir.[20] Bu tedbirlerin alınmaması demek, beşli çetenin istediği gibi at sürmesi demektir.

İmtiyaz sözleşmelerinden, yatırım sözleşmelerinden doğabilecek uyuşmazlıklar bir idare ve özel kişi arasında gerçekleştiğinden dolayı bu uyuşmazlıkların niteliğinin idari olması beklenmektedir, ancak getirilen değişikliklerle beraber bu uyuşmazlıklar özel hukuk sözleşmesi olarak nitelendirilmektedir; ancak bu değişiklikler sözleşmelerin ismini özel hukuk sözleşmesi olarak değiştirse de çekirdek kısmı hâlâ idari niteliktedir. Yapılan hizmetin bir kamu hizmeti olması, kamusallığı barındırması, kamu yararını ilgilendiren bir husus olması sonucunda sözleşmenin idari niteliği açıkça belirgindir.[21] Doğrudan Yabancı Yatırımlar Kanunu'nda devletleştirmeyle ilgili olan kısma bakıldığında, kamu yararı gerektirmedikçe ve karşılıkları ödenmedikçe yatırımların devletleştirilemeyeceği ve kamulaştırılamayacağı belirtilmiştir. Bugüne bakıldığında hem yabancıların hem de beşli çete şirketlerinin halkın üzerine büyük bir yük getiren yatırımları, kamu yararını göz önünde tutmayan ve yalnızca kamu üzerinden kâr amacı elde etmeyi düşünen anlayıştadır. Kamu yararını göz önünde tutan ve devletin yapısal kurgusunda şirketleştirmeyi geri plana atan ve sosyal faydayı savunan bir zihniyete, anlayışa yönelmek gerekmektedir.

Kamu hizmetlerini gören bu özel teşebbüslerin zararına katlanan, onların ekonomik verimliliğine kâr olarak katkıda bulunmak zorunda bırakılan vatandaşlar devletin korumasından yoksun bırakıldığından ötürü buna bir milli güvenlik sorunu olarak da bakılabilir. Türkiye Cumhuriyeti devleti, beşli

---

20 Ahmet Alpay Dikmen ve Onur Karahanoğulları (2002), "Doğrudan Yabancı Yatırımlar Kanun Tasarısı Hakkında Değerlendirme" http://80.251.40.59/politics.ankara.edu.tr/karahan/makaleler/dogrudanyabanciyatirim.pdf, s.7
21 Ahmet Alpay Dikmen ve Onur Karahanoğulları (2002), "Doğrudan Yabancı Yatırımlar Kanun Tasarısı Hakkında Değerlendirme" http://80.251.40.59/politics.ankara.edu.tr/karahan/makaleler/dogrudanyabanciyatirim.pdf, s. 9

çetenin veya uluslararası firmaların kalkınması için bir araç değildir. Türkiye Cumhuriyeti devleti, piyasa aktörlerinin güvenini sağlamak için bağımsızlığını ipotek ettirecek bir devlet de değildir. Vatandaşının üzerine bu kadar yük bırakmak, bugünkü iktidarın piyasa aktörlerini vatandaşın üstünde görmesinden kaynaklanmaktadır. Piyasa aktörleri vatandaşı değil, kendi ceplerini düşünmektedirler ancak devletin iç çekirdeğinin asıl meselesi kamunun yararıdır. Kamunun yararının sağlanması için kamunun üzerinde bu kadar yük barındırmak ve piyasa aktörlerini kurtarmaya çalışmak kolay olandır. Zor olan ise özel teşebbüslerin kamu yararının gerektirdiği ölçüde devletleştirilmesi ve devletin yapısal kurgusuna dönüştür. Türkiye'deki beşli çetenin kamu hizmetlerinin örgütlenmesinde bu kadar aktif rol alması, sermaye aktarımının belirli bir kesime yapıldığının göstergesidir.

1961 Anayasası'nda devletleştirme, 39. maddede şu şekilde düzenlenmiştir: "Kamu hizmeti niteliği taşıyan özel teşebbüsler kamu yararının gerektirdiği hallerde, gerçek karşılığı kanunda gösterilen şekilde ödenmek şartıyla devletleştirilebilir. Kanunun taksitle ödemeyi öngördüğü hallerde, ödeme süresi on yılı aşamaz ve taksitler eşit olarak ödenir; bu taksitler, kanunla gösterilen faiz haddine bağlanır."

Bugünkü Anayasaya bakıldığında bu hükümde çok farklılık bulunmadığı açıktır, ancak gerekçeye bakıldığında bugüne ışık tutması için önemlidir. Maddenin gerekçesinde "Anayasamız özel teşebbüsü kaide olarak kabul etmiş ve ticaret, sanayi ve her alanda çalışma ve faaliyet hürriyetini genel surette ilan etmiştir. Fakat, fertlerin mesleklerini seçme hürriyetine ve iktisadi alanda faaliyette bulunabilme hakkına sahip olmaları, toplum için hayati önemi olan meslek kollarının belli şartlar altında sosyalleştirilmesine ve belli teşebbüslerin millileştirilmesine engel olamaz. Bu ihtimallerin kabul edilmesi, özel teşebbüs esasının ve meslek hürriyetinin haklı ve lüzumlu istisnaları sayılmak gerekir. Millileştirme yoluna gidilebilmesi için birkaç şartın bir arada gerçekleşmesi gerekmektedir. Faaliyet ve teşebbüsün kamu hizmeti niteliği alması şarttır. Bu da kâfi değildir. Ayrıca milli menfaatlerin sosyalleştirilmeyi gerektirmesi lazımdır. Nihayet kanundaki usullere uymak ve bedelinin de yine kanundaki esas ve şekillere göre ödenmesi lazımdır" denilerek devletleştirmeye ilişkin herhangi bir sınırlama getirilmemiş, sadece devletleştirmenin kurallarına uyulması gerektiği belirtilmiştir. Madde gerekçesinde kamu yararının açıkça ağır bastığı belirgindir, çünkü özel teşebbüsün hürriyetinin kural olduğu ancak kamuyu esas alan ve zarara sokmayan bir anlayışın hâkim olması gerektiği açıkça belirtilmiştir.

99 Anayasa değişikliğinin Anayasa Komisyonu raporu incelendiğinde, dönemin ilgili bakanı kamu yararı kavramının toplumsal görüşe göre değişken olduğunu ifade etmiştir ancak kamu yararı asli olarak değişken, dönüştürülebilen bir kavram değildir. Kamu yararı kavramı, her gelen iktidarın değiştirebileceği, bir başka konuma çekebileceği bir kavram değildir. Kamu yararı kavramı halkın hem sosyal hem de ekonomik faydasını temel alan yapısal bir kavramdır. Yine dönemin ilgili bakanı, kamu hizmetlerinin mutlaka kamu eli ile yürütülmesine gerek olmadığını ve kamu hizmetlerinin özel kişiler eliyle de yürütülebilmesinin mümkün olduğunu söyleyerek imtiyaz sözleşmelerine selam çakmaktadır. Aynı zamanda yap-işlet-devret modellemesine ilişkin anayasal dayanak olduğunu ifade ediyor. 99 değişiklikleri ve zamanla gerekli mevzuat hükümlerinin değiştirilmesiyle, şirketleşmenin ve özelleştirmelerin önünün açılmasıyla ileride meydana gelecek zararların hesaplaması yapılmamış ve günlük kaygılarla hareket edilmiştir.

Devletleştirmenin konusu kamu hizmeti niteliği taşıyan özel mülkiyette bulunan teşebbüslerdir. Devletleştirmenin yapılabilmesi için bakılması gereken iki husus anayasa ve kanunlarda düzenlenmiştir. 3082 sayılı Kamu Yararının Zorunlu Kıldığı Hallerde Kamu Hizmeti Niteliği Taşıyan Özel Teşebbüslerin Devletleştirilmesi Usul ve Esasları Hakkında Kanun devletleştirmeyi belirli şartlara bağlamıştır. Bu şartlara bakmadan önce kamu hizmeti niteliği taşıyan özel mülkiyette bulunan teşebbüslere bakmak gerekmektedir. Bunlar daha çok büyük yatırımlarla ilgilidir. Örneğin ulaşım alanındaki demiryolları, otobanlar, havalimanları hep bu kategoriye girmektedir. Bakıldığında 22 yıl işletilecek olan Osmangazi Köprüsü, Çanakkale Köprüsü, 25 yıl işletilecek olan İstanbul Havalimanı, 10 yıl işletilecek olan Kuzey Marmara Otoyolu ulaşım alanındaki özel teşebbüslerdendir.

Aslında sadece ulaşım alanındaki demiryolları, otobanlar da değil, en temel kamu hizmetlerinden olan sağlık hizmetlerinin, şehir hastaneleri adı altında kamu-özel işbirliği yoluyla 49 yıllık işletmelerinin verilmesi de bu kategoriye girmektedir. Şehir hastanelerinin birçoğu yap-işlet-devret modeliyle yapılmış ve yapılmaktadır. Özel teşebbüslerin birçoğu uzun yıllar işletme hakkına sahip olacaktır. Örneğin 49 yıl sonra teslim edilmesi planlanan bir şehir hastanesindeki yıpranma payı, eskime payı yapıldığı andaki durumdan oldukça farklı olacaktır, ancak yine de bu yıpranmalardan özel teşebbüsler sorumlu olmayacaklardır. Bu durumda da yap-işlet-devret değil, kullan-yıprat-at modeli olacaktır.

3082 sayılı Kamu Yararının Zorunlu Kıldığı Hallerde Kamu Hizmeti Niteliği Taşıyan Özel Teşebbüslerin Devletleştirilmesi Usul ve Esasları Hakkında Kanun'un 2. maddesinde devletleştirmenin şartları belirtilmiştir. Buna göre:

a) Devletleştirilecek özel teşebbüsün yaptığı hizmet veya üretimin ülke çapında kamu ihtiyacına hitap etmesi.

b) Bu hizmet veya üretimin, kontrol, rekabet, ikame veya başka yollardan sağlama imkânının bulunmaması.

c) Hizmet veya üretimin yavaşlatılması veya durdurulması halinde kamunun büyük zarar görmesi.

Bunlar devletleştirmenin kanundaki şartlarıdır. Devletleştirmenin neden gerekli olduğu tartışması önümüzdeki yılların en önemli konularından biri olacaktır. Birçok ülkede kamu-özel işbirliğinin devletleştirilmesi tartışılmaktadır. Ülkemizde de Sayıştay raporları incelendiğinde, yapılan ihalelerde ve ihale sonrası projelerin muhasebeleştirilmesindeki eksiklikler ve tutarsızlıklar, halkın üzerine önemli ölçüde ekonomik yük getirmekte olduğunu göstermektedir. Bu ekonomik yük, iktidarın kamu mallarını, kamu kaynaklarını özel şirketlere peşkeş çekmesiyle orantılıdır. Hesaplama yapmadan, planlama yapmadan döviz kurları üzerinden yapılan ve kur sabitlemesinin yapılmadığı projeler her gün vatandaşın cebinden fazladan para çıkmasına sebebiyet vermektedir ve Hazine'nin garanti verdiği bu işletmeler neredeyse vatandaşın cebini haraca bağlamış gözükmektedir.

Ne yapılmalı kısmına gelindiğinde ise Anayasamızın 48. maddesinde "Devlet, özel teşebbüslerin milli ekonominin gereklerine ve sosyal amaçlarına uygun yürümesini, güvenlik ve kararlılık içinde çalışmasını sağlayacak tedbirler alır" denilmektedir. Özel teşebbüsler milli ekonominin gereklerine aykırı şekilde çalışıyorsa alınacak tedbirler nedir? Milli ekonominin gerekleri halkın refah düzeyini artırmak ve kamu yararını göz önüne almak olduğuna göre alınacak tedbirler de bu şekilde yapılmalıdır, ancak alınan tedbirler yetersizse bu durumda ne yapılabilecek sorusu gündeme gelecektir. Bu durumda da kamu yararı gereği devletleştirme asli önceliğimiz olacaktır. Özel firmaların katlandığı finansman maliyetiyle kamu kesiminin katlandığı finansman maliyetikarşılaştırıldığında terazinin ağır basan kısmı kamu kesiminin finansman maliyetidir. Kamu kesiminin finansman maliyetinin daha fazla olması, milli ekonominin gereklerinin ve sosyal amaçlarının uygun yürümediğini göstermektedir.

2019 yılında Birleşik Krallık'ta İşçi Partisi'nin yayımladığı "Bringing Energy Home" başlıklı raporu, Birleşik Krallık'ın enerji, iletim ve dağıtım tesislerinin kamulaştırılmasıyla ilgili önermelerde bulunuyor. Mevcut yapıdaki değişimle birlikte Ulusal Enerji Ajansı oluşturarak çoklu yapılarla yönetme arzusu bulunuyor. Bu önermede bulunulmasının en önemli sebebi, böyle büyük yatırımların kamunun mülkiyetinde bulunmasının getirdiği değerdir. Yatırımların kısa vadede ülkeye kattıklarının değil, uzun vadede ülkeye kattığı değer önemlidir. Kısa vadede getireceği değerler iktidarların ekmeğine yağ sürerken, çarkların dönmemeye başlaması durumunda halkın üzerine bugünkü gibi büyük yükler binecektir. Ayrıca yatırımlardan yararlanan kullanıcıların yalnızca kullanım maliyetlerine katlanması gerekmektedir, çünkü kamu yararı bunu gerektirir. Devletin temel içgüdüsü kâr güdüsüyle hareket etmek değil, kamu yararını sağlamak için sosyal faydayı ön plana almasıdır.

Raporda devletleştirmenin yolunun yasama organından geçtiği belirtilmiştir. Buna benzer olarak da devletleştirme, kanunla yapıldığından dolayı sistem ne kadar önünü tıkasa da yasama organının önemi hâlâ haizdir. Devletleştirme yapılırken varlıkların durumu ve yatırımlar yapılırken devletin sağladığı vergi muafiyetleri, sübvansiyonlar gibi sermaye aktarımının hepsinin hesaba katılması gerekmektedir, çünkü ancak böylelikle kamudan alınan kamuya geri dönebilecektir.[22] Ancak bilindiği gibi yap-işlet-devret modellemelerinde yapılan sözleşmelerin birçoğu kamuoyuyla ticari sır denilerek paylaşılmamaktadır. Anayasamızın 125. maddesine getirilen tahkim yoluyla birlikte devletleştirme yolunun tıkanmaya çalışıldığı ve tahkim yolunun piyasa lehine olduğu açık olmasına rağmen, gerekli temellendirmeler oluştuğunda devletleştirmelerin önünün açık olduğu barizdir.

Tahkim özel bir yargılama biçimidir. Büyük yatırımlarda yapılan sözleşmelere ilişkin olarak öngörülen tahkim yolunda taraflar arasındaki uyuşmazlıklar giderilebilmektedir, ancak bu büyük yatırımlardan faydalanan kamu hizmeti kullanıcıları bundan zarar gördüğünde onu temsil eden devletin hukuksal kimliği de zarar görmektedir.

İktidar değiştiğinde ve iktidara geldiğimizde öncelikle incelenmesi gereken hususlar idarenin sözleşme yaparken yaptığı işlemler olmalıdır. "Özel hukuk sözleşmeleri olsun, idari sözleşmeler olsun idare, idari kararlardan oluşan bir sürecin sonucunda sözleşme kurabilir."[23] Buna göre sözleşme yapılırken gerekli hukuki temellendirmelerin incelenerek sözleşmelerdeki hukuka aykırılıklar devletleştirmenin önünü açmada önemli temellendirmeler olacaktır. Unutulmamalıdır ki bu sözleşmeler idarenin serbest iradesi ile oluşturulacak ve ipotek edilecek bir karar ile oluşamaz. Devlet, belirli bir zümreyi ya da iktidarı değil, halkı temsil etmektedir.

Anayasa Mahkemesi'nin 20 Mart 1996 yılında *Resmî Gazete*'de yayımladığı 1994/71 esas sayılı, 1995/23 sayılı kararı ile köprü, tünel, baraj, içme ve kullanma suyu, arıtma tesisi, kanalizasyon, otoyol, demiryolu, deniz ve hava limanları yapımı ve işletilmesi ve benzeri etkinlikler kamu hizmeti olarak nitelendirilmektedir. Nedenini de bu hizmetlerin toplumun ortak gereksinimlerini karşıladığı ve kamu yararı için yapılan düzenli ve sürekli etkinlikler olarak adlandırmasından anlayabiliyoruz.

Anayasa Mahkemesi, bir başka kararında ise hukuk devletinde idare ve kişi fark etmeksizin ahde vefa ilkesi gereğince

---

22 https://www.labour.org.uk/wp-content/uploads/2019/03/Bringing-Energy-Home-2019.pdf s. 18
23 Onur Karahanoğulları, (2019) İdari Yargı İdarenin Hukuka Zorlanması (Yargı Kararlarına Dayalı Bir İnceleme), Ankara, s. 131

sözleşme özgürlüğünün korunması gerektiğine karar vermiş ve bu yüzden de idarenin sözleşmeleri yasayla sona erdiremeyeceğini ileri sürmüştür, ancak idare, gerçek ve özel hukuk tüzel kişileri gibi bir iradeye sahip değildir. İdare, kamu gücü, kamu ayrıcalıkları ve kamu parasını kullandığı için gerçek ve özel hukuk tüzel kişileri gibi özgür bir irade ile hareket etmemektedir. Bu durumda yasa ile aslında kamu hizmeti düzenlenmektedir. Kamu hizmetinin hiç işlemediği ya da kamu hizmeti işlenirken devlete fazladan yük getirdiği durumlarda yine ahde vefa ilkesi göz önünde bulundurulup halkın üstüne fazladan bir yük bindirmek gerekli midir sorusunu sormak gerekmektedir.

Gerçekleştirilen ya da hayata geçirilecek bu tarz kamu projelerinin gerek finansman büyüklüğü gerekse de kazancın yıllara dayanan sürekliliği, bu işlerin kapitalist sistemden beslenen rant odakları için paha biçilemez fırsatlar olarak algılanmasına neden olmaktadır. Projeler haliyle büyük olunca, karşımıza doğal sonuç olarak çıkan yolsuzluk ve usulsüzlükler de haliyle devasa boyutlar ve en üst makamlar mertebesinde olmaktadır. Yolsuzluk ve usulsüzlük olaylarının detaylarını ve Türk halkının organize biçimde nasıl soyulduğunu ise kitabımızdaki usulsüzlük bölümünde görebilirsiniz.

9.1.1. Uluslararası Tahkim Mahkemesi Nedir ve Nasıl Çalışır?

Uluslararası Tahkim Mahkemesi ile akıllara çoğunlukla Avrupa İnsan Hakları Mahkemesi (AİHM) ve Uluslararası Ceza Mahkemesi (UCM) gibi dünyada alanındaki tek bir mahkeme gelse de dünyada Uluslararası Tahkim Mahkemesi adında veya başka bir isimle bu alanda görev yapan tek bir mahkeme bulunmamaktadır. Uluslararası uyuşmazlıkları çözen tahkimler bir mahkeme değildir ve burada klasik anlamda bir yargılamadan bahsetmek mümkün değildir. Anlaşmazlık durumunda, alanında uzman kişilere başvurulmaktadır ve aradaki uyuşmazlığı onların çözmesi beklenmektedir.

9.1.2. Tahkime Hangi Şartlarda Kimler Başvurabilir?

Tahkim, özellikle ticari ve yatırım uyuşmazlıklarının çözümünde uygulanan bir yöntem olarak karşımıza çıkmaktadır.

Tahkime başvurulabilmesi için ortada bir tahkim sözleşmesi ve en az iki tarafa ihtiyaç var. Bu taraflar gerçek kişi veya tüzel kişi olabilir. Taraflar ticari veya yatırım anlaşmaları yaparken ileride yaşanabilecek bir ihtilafın mahkeme yoluyla değil tahkim yoluyla çözülmesini istediklerini belirterek bir tahkim sözleşmesinde uzlaşırlar.

Bu sözleşme ana anlaşmanın bir parçası olabileceği gibi ayrı bir sözleşme de olabilir. Tahkim şartları yatırım anlaşmalarının içinde zaten yer alır. Tahkime başvurulabilmesi için en az iki tarafın kabul ettiği bir tahkim sözleşmesi olmalıdır. Bu, iki devlet arasında olabilir, sadece şirketler ve kişiler arasında olabilir ve de şirket ile devlet arasında olabilir.

9.1.3. Dünyada Öne Çıkan Tahkim Kurulları

Kurumsal tahkimlerin başında Milletlerarası Ticaret Odası (ICC) bünyesinde faaliyet gösteren Tahkim Divanı gelmektedir. Bu kurum, Milletlerarası Tahkim Divanı adıyla faaliyet gösterir. Bunun dışında dünyada öne çıkan başlıca tahkim kurumları şunlardır: Dünya Bankası bünyesinde faaliyet gösteren Uluslararası Yatırım Anlaşmazlıklarının Çözüm Merkezi (ICSID), Londra Uluslararası Tahkim Mahkemesi (LCIA), Stockholm Ticaret Odası Tahkim Enstitüsü, Rusya Federasyonu Ticaret ve Sanayi Odası Uluslararası Tahkim Mahkemesi (ICAC), Avusturya Federal Ekonomi Odası Uluslararası Tahkim Merkezi (VIAC), Dünya Fikri Mülkiyet Örgütü Tahkim Mahkemesi (WIPO) ve Spor Tahkim Mahkemesi (CAS).

9.1.3.1. Londra Uluslararası Tahkim Mahkemesi (LCIA)

Londra Uluslararası Tahkim Mahkemesi'nin (LCIA) idari merkezi Londra'dadır. LCIA, konumları veya hukuk sistemleri ne olursa olsun, tüm taraflar için uyuşmazlık çözümü işlemleri için bir forum sağlayan uluslararası bir kurumdur.

5 Nisan 1883'te, Londra Şehri Ortak Konseyi Mahkemesi, yerel ve özellikle uluslararası ticari uyuşmazlıkların tahkimine yönelik bir mahkeme kurulması için öneriler hazırlamak üzere bir komite kurdu. Bu özelliğiyle, Londra Uluslararası Tahkim Mahkemesi, en eski tahkim mahkemelerinden birisi olma özelliğini de taşımaktadır.

Araç geçiş garantili Yap-İşlet-Devret uygulama sözleşmelerinin ve Kamu-Özel İşbirliği sözleşmelerinin "ticari sır" kapsamına alınarak, kamuoyundan gizlendiğini, kanunların satır aralarında görmekteyiz. Bu sözleşmeler için herhangi bir uyuşmazlık oluşursa İngiliz yasaları ve Londra Uluslararası Tahkim Mahkemesi (LCIA) yetkili kılınacak ve Türk kanunları uygulanamayacaktır.

9.1.3.2. Londra Uluslararası Tahkim Mahkemesi Masrafları ve Süreleri

Londra Uluslararası Tahkim Mahkemesi'nde tahkim maliyeti genellikle aşağıdaki gibi bölünür:

Mahkeme ücretleri şu bölümleri içerir:

- Hakemler tarafından ücretlendirilen saatlik ücretler (şu an GBP olarak sınırlı 450);
- Tahkim mahkemesinin sekreterinin hizmet masrafları (varsa); ve
- Diğer ücretler (iptal ücretleri veya bir düzeltme muhtırası için).

İdari masraflar bu bölümleri içerir:

- Tahkim talebinde bulunmak için kayıt ücreti (şu anda GBP olarak ayarlandı, 1.750);
- Sekreterliğin saatlik oranları; ve
- Ek ücret % 5 (toplam tahkim mahkemesi ücretlerinin yüzdesi).

Mahkeme ve Sekreterlik hizmetleri saatlik bir sistem üzerinden ücretlendirilir. Bu, maliyetin belirli bir tahkim yargılamasında çalışmak için harcanan gerçek zamana dayanacağı anlamına gelir. Bu, büyük miktarda uyuşmazlığı içeren basit uyuşmazlıkların, daha küçük bir meblağa sahip benzer uyuşmazlıklardan daha pahalı olmayacağını garanti etmeyi amaçlamaktadır.

Belirli bir LCIA tahkiminin ücretlendirmesinin nasıl yapılacağını bilmek zor olsa da, Yunanistan-Yugoslavya İkili Yatırım Anlaşması, ortalama maliyetlerle ilgili istatistikleri gösterir. Burada; yasal ücretler ve uzman ücretleri bulunmamaktadır. Ortalama LCIA tahkimi 16 ay sürmektedir.

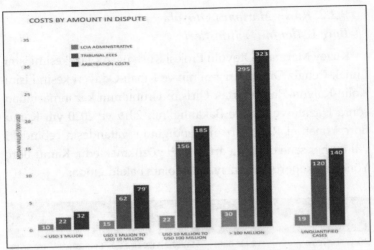

Tablo: LCIA Tahkim Ortalama Ücreti

9.2. Devletleştirmenin Hedefi Ne Olmalı?

9.2.1. Kuzey Marmara Otoyolu:

Kuzey Marmara Otoyolu Projesi Kurtköy-Akyazı kesimi işini Limak-Cengiz Ortak Girişim Grubu, Kınalı-Odayeri kesimi işini ise Kolin İnşaat-Kalyon-Hasen Ortak Girişim Grubu kazanmıştır.

Anadolu Yakası'nda, kazanan ortaklığın 6 yıl 9 ay 12 gün süre ile Limak-Cengiz Ortak Girişim Grubu olduğu açıklanmıştır. Bu sözleşmenin Mayıs 2016'da imzalandığı göz önünde bulundurulduğunda, Cengiz-Limak işletimi, 2023 yılında son bulacaktır.

Avrupa Yakası'nda kazanan ortaklığın, 7 yıl 9 ay 12 gün süre ile Kolin-Kalyon-Hasen Ortak Girişim Grubu olduğu açıklanmıştır. Bu sözleşmenin Mayıs 2016'da imzalandığı göz önüne alındığında, Kolin-Kalyon-Hasen işletimi 2024 yılında son bulacaktır.

Bir sonraki Türkiye Cumhurbaşkanlığı seçiminin, Türkiye cumhurbaşkanını belirlemek için en geç 25 Haziran 2023 tarihinde yapılacağını göz önünde bulundurduğumuzda ve Londra Uluslararası Tahkim Mahkemesi'nin de ortalama olarak 16 ay içerisinde bir davayı karara bağladığı ortadayken, iktidarın, en geç 2023 yılında değiştiği düşünüldüğünde bile, adil yargılamaların yapılıp, pazarlık masasında devletleştirme için yeterli süre kalmayacaktır. Devletleştirme kapsamında, Kuzey Marmara Otoyolu'nun yer almayacağı; sözleşmeler incelendiğinde, ortadadır.

9.2.2. Kuzey Marmara Otoyolu
Borç Üstlenim Taahhütleri

Kuzey Marmara Otoyolu Projesi Kurtköy-Akyazı kesimi işini Limak-Cengiz Ortak Girişimi'nin ve Kınalı-Odayeri kesimi işini Kolin-Kalyon-Hasen Ortak Girişim Grubu'nun kazanmasından sonra Hazine ve Maliye Bakanlığı'nın 2019 ve 2020 yılı Kamu Borç Yönetimi Raporları incelendiğinde, vatandaşın cebindeki yükün her sene daha da arttırıldığı gözükmektedir. Kamu Borç Yönetimi Raporu'na yansıyan tablolara bakıldığında:

Proje Adı	KÖİ Modeli	Borç Üstlenim Anlaşması Tarihi	Toplam Proje Maliyeti	Kredi Tutarı	Kredi Tutarı (ABD Doları)
Avrasya Tüneli Projesi	Yap-İşlet-Devret	11.12.2012	$ 1.239.863.000	$ 960.000.000	960.000.000
Kuzey Marmara Otoyolu Odayeri-Paşaköy (3. Boğaz Köprüsü Dahil) Kesimi ve Ek İşleri	Yap-İşlet-Devret	İlk Finansman 13.05.2014	$ 3.456.244.239	$ 2.318.000.000	2.318.000.000
		İlave Finansman 11.03.2016		$ 420.000.000	420.000.000
Gebze-Orhangazi-İzmir (İzmit Körfez Geçişi ve Bağlantı Yolları Dahil) Otoyolu	Yap-İşlet-Devret	05.06.2015	$ 6.312.392.047	$ 4.956.312.328	4.956.312.328
Kuzey Marmara Otoyolu Kınalı-Odayeri Kesimi	Yap-İşlet-Devret	22.12.2017	$ 1.334.675.727	$ 1.040.000.000	1.040.000.000
Kuzey Marmara Otoyolu Kurtköy-Akyazı Kesimi	Yap-İşlet-Devret	22.12.2017	$ 2.212.342.572	$ 1.634.000.000	1.634.000.000
Çanakkale-Malkara Otoyolu (1915 Çanakkale Köprüsü Dahil)	Yap-İşlet-Devret	16.03.2018	€ 3.159.721.036	€ 2.265.000.000	2.799.993.000
Ankara-Niğde Otoyolu	Yap-İşlet-Devret	07.06.2018	€ 1.462.628.902	€ 1.114.962.012	1.310.749.341
				Toplam	**15.439.054.669**

* 31.12.2018 tarihi itibarıyla

Şekil 1 – 2019 Kamu Borç Yönetimi Raporu'ndaki İlgili Tablo

Yap-İşlet-Devret modeliyle yapılan proje kapsamında proje sahibi idare ile projeyi gerçekleştirecek olan şirket yani beşli çeteden biri arasında düzenlenen sözleşmelerin süresinden önce feshedilmesi ve tesisin kamuya devredilmesi durumunda, fesih tarihine kadar yapılan işler için kullanılmış olan dış finansmanın kamu tarafından üstlenilmesi ile borç üstlenim taahhütleri devreye girmektedir. Bundan dolayı da devletleştirmenin önünü tıkamak için ilgili borç üstlenim taahhütleri yapılmaktadır. Bu açıdan bakıldığında 31.12.2018 tarihi itibarıyla yalnızca Kuzey Marmara Otoyolu Kurtköy-Akyazı kesimi işini alan Limak-Cengiz Ortak Girişimi için 2 milyar 212 milyon 342 bin 572 dolarlık bir borç üstlenim taahhüdü söz konusudur. Yine Kuzey Marmara Otoyolu Kurtköy-Akyazı kesimi işini alan Kolin-Kalyon-Hasen Ortak Girişim Grubu için 1 milyar 334 milyon 675 bin 727 dolarlık bir borç üstlenim taahhüdü söz konusudur. Yine bir sonraki tabloya bakıldığında ise:

Proje Adı	KÖİ Modeli	Borç Üstlenim Anlaşması Tarihi	Toplam Proje Maliyeti	Kredi Tutarı	Kredi Tutarı (ABD Doları)
Avrasya Tüneli Projesi	Yap-İşlet-Devret	11.12.2012	$ 1.239.863.000	$ 960.000.000	960.000.000
Kuzey Marmara Otoyolu Odayeri-Paşaköy (3. Boğaz Köprüsü Dahil) Kesimi ve Ek İşleri	Yap-İşlet-Devret	İlk Finansman 13.05.2014	$ 3.456.244.239	$ 2.318.000.000	2.318.000.000
		İlave Finansman 11.03.2016		$ 420.000.000	420.000.000
Gebze-Orhangazi-İzmir (İzmit Körfez Geçişi ve Bağlantı Yolları Dahil) Otoyolu	Yap-İşlet-Devret	05.06.2015	$ 6.312.392.047	$ 4.956.312.328	4.956.312.328
Çanakkale-Malkara Otoyolu (1915 Çanakkale Köprüsü Dahil)	Yap-İşlet-Devret	16.03.2018	€ 3.159.721.036	€ 2.265.000.000	2.799.993.000
Ankara-Niğde Otoyolu	Yap-İşlet-Devret	07.06.2018	€ 1.462.628.902	€ 1.114.962.012	1.310.749.341
Kuzey Marmara Otoyolu Kurtköy-Akyazı Kesimi	Yap-İşlet-Devret	16.09.2019	$3.661.656.404	$2.840.000.000	2.840.000.000
Kuzey Marmara Otoyolu Kınalı-Odayeri Kesimi	Yap-İşlet-Devret	16.09.2019	$2.072.257.009	$1.595.000.000	1.595.000.000
				Toplam	17.200.054.669

* 31.12.2019 tarihi itibarıyla

Şekil 2 -2020 Kamu Borç Yönetimi Raporu'ndaki İlgili Tablo

31.12.2018 tarihi itibarıyla yalnızca Kuzey Marmara Otoyolu Kurtköy-Akyazı kesimi işini alan Limak-Cengiz Ortak Girişimi için 2 milyar 212 milyon 342 bin 572 dolarlık bir borç üstlenim taahhüdü varken 31.12.2019 tarihi itibarıyla aynı iş için 3 milyar 661 milyon 656 bin 404 dolarlık bir borç üstlenim taahhüdü söz konusudur. Yani bir senede yaklaşık 1.5 milyar dolarlık bir borç üstlenim taahhüdü altına daha girilmiştir. Yine Kuzey Marmara Otoyolu Kurtköy-Akyazı kesimi işini alan Kolin-Kalyon-Hasen Ortak Girişim Grubu için 1 milyar 334 milyon 675 bin 727 dolarlık bir borç üstlenim taahhüdü söz konusuyken 31.12.2019 tarihi itibarıyla 2 milyar 72 milyon 257 bin dolarlık bir borç üstlenim taahhüdü söz konusudur. Her iki borç üstlenim taahhüdünün artışına bakıldığında, toplamda yalnızca bir senede 2 milyar 200 milyon civarı Amerikan doları vatandaşın cebinden güvence olarak bu şirketlere verilmiştir. Kurtköy-Akyazı kesimi ve Kınalı-Odayeri kesimi için ilk borç üstlenim anlaşması tarihi 22.12.2017 olmasına rağmen 16.09.2019 tarihinde yeniden anlaşma yapılması, bu yolların daha sonra kamuya geçirileceği düşünüldüğü için firmaya verilecek olan rant güvencesi midir?

9.2.3. İstanbul Havalimanı:

Yeni havalimanı için yapılan ihaleyi 3 Mayıs 2013'te İGA yatırımcılarının oluşturduğu Cengiz, Mapa, Limak, Kolin, Kalyon Ortak Girişim Grubu (OGG) cumhuriyet tarihinin en yüksek teklifi olan 22.152 milyar avroluk bir teklif ile kazanmıştır. İGA'nın 2019 yıl sonu itibarıyla ortaklık yapısı şu şekildedir:

- % 35 Kalyon Havacılık ve İnşaat A.Ş.,
- % 25 Cengiz İnşaat Sanayi ve Ticaret A.Ş.,
- % 20 Mapa İnşaat ve Ticaret A.Ş. ve
- % 20 Limak İnşaat Sanayi ve Ticaret A.Ş.

İhalenin ardından, projenin temeli 7 Haziran 2014 tarihinde atılmıştır. 6 saat süren 96 turlu ihaleden devlete, KDV dahil 26 milyar 142 milyon avro gelir çıkmıştır.

İstanbul Yeni Havalimanı'nın resmi açılışı, 29 Ekim 2018 tarihinde yapılmıştır.

Istanbul Grand Airport'un (IGA), 2019'da 25 yıllığına işletmeye başladığı İstanbul Havalimanı için kamuya yıllık 1.33 milyar dolar ödeme gerçekleştirmesi gerekiyor.

İstanbul Havalimanı İçin DHMİ'nin Verdiği Yolcu Gelir Garantisi (Euro)

Toplam 6.3 Milyar Euro

Yıl	Euro
2019	316.351.370
2020	333.847.140
2021	350.793.880
2022	367.279.855
2023	540.582.936
2024	563.060.583
2025	585.105.273
2026	606.750.008
2027	628.020.180
2028	648.935.580
2029	669.511.824
2030	689.761.373

SÖZCÜ.com.tr

Tablo: İstanbul Havalimanı İçin DHMİ'nin Verdiği Yolcu Gelir Garantisi

İstanbul Havalimanı'nda yolcu servis ücretleri; dış hat giden yolcu başına 20 avro, transfer giden yolcu başına 5 avro ve iç hat giden yolcu başına 3 avro olarak tahsil edilmektedir.

6 Nisan 2019'da hizmete giren havalimanı, 31 Aralık 2019'a kadar geçen sürede 52 milyon yolcuya hizmet vermiş ve 2019'da yolcu hizmet geliri 255.5 milyon avro olarak açıklanmıştır. DHMİ'nin 9 aylık dönem için garanti ettiği 233.1 milyon avronun üzerine çıkıldığı için aradaki fark olan 22.4 milyon avro İGA tarafından DHMİ'ye ödenmiştir.

Ancak 2020 yılında pandemi nedeniyle tablo tersine dönmüştür. 2020 yılında İstanbul Havalimanı sadece 23.4 milyon yolcuya hizmet vermiştir. Bu durumda, DHMİ tarafından İGA'ya ödenmesi gereken para yaklaşık 230 milyon avro olmuştur.

2019'da 208 milyon olan Türkiye genelindeki havalimanlarında hizmet verilen toplam yolcu sayısı, 2020'de yüzde 60.8 düşüşle 81 milyona geriledi. DHMİ'nin tahminleri ise bu sayının 2021'de 122 milyon, 2022'de 178 milyon, 2023'te 203 milyon olacağı yönünde.

YIL	İÇ HATLAR	DIŞ HATLAR	TOPLAM
2018	65.006	30.199	95.035
2019	12.574.641	39.434.579	52.009.220
2020	7.414. 437	15.994.695	23.409.132
2021 (Nisan Sonu)	1.974.426	5.617.097	7.591.523

Tablo: İstanbul Havalimanı Toplam Uçan Yolcu Sayısı

Buradaki en büyük risk ise bu havalimanını yapan firmalara kredinin devlet bankaları tarafından verilmiş olmasıdır. Herhangi olumsuz bir durumda, devlet bankaları yani Türkiye ekonomisi etkilenecektir. İstanbul Yeni Havalimanı'nda doğrudan gelir garantisinin olmaması ve kredinin devlet bankaları tarafından verilmesi, buradaki firmaların devlete her sene avro cinsinden ödeme yapacak olması, burada yapılacak devletleştirme için engel teşkil etmektedir.

9.3. Devletleştirmeye İlişkin Tartışma

Bilindiği gibi yap-işlet-devret modeliyle yapılan, idare ile yerli sermaye arasında veya yabancı sermaye arasında yapılacak

113

olan sözleşmeler özel hukuk hükümlerine tabi olmaktadır. Devletin sunduğu kamu hizmetlerinin ve yatırımların giderek piyasalaşması sonucu özel şirketler kendi lehlerine olarak gördükleri uluslararası tahkim yolunu seçerler, ancak sözleşmelerin içeriğine bakıldığında yapılan hizmetin bir kamu hizmeti olduğu belirgindir. Devletin asli görevlerinden biri olan kamu hizmetinin özel firmalara veriliyor olması ve güvencesinin devletin altında olmaması gibi durumlarla karşılaşıldığında büyük problemler ortaya çıkabilir. AKP'nin politikalarına bakıldığında yerli ve yabancı sermayelerin gerçekleştirdiği yatırımlar ve hizmetler kamu hizmeti niteliğindedir. Bu nedenle de kamunun temsilcisi yasama organına büyük bir iş düşmektedir çünkü hizmetin kamusallığına karar verecek olan Meclistir.

Yap-işlet-devret sözleşmeleriyle imtiyaz sözleşmeleri arasında benzerlik bulunsa da nitelik bakımından birbirinden farklıdır. 3996 sayılı "Bazı Yatırım ve Hizmetlerin Yap-İşlet-Devret Modeli Çerçevesinde Yaptırılması Hakkında Kanun" yap-işlet-devret sözleşmelerinin hukuki çerçevesinin özel hukuka bağlı olduğunu saptamıştır, ancak verilen hizmetin kamu hizmeti niteliğinde olması idare hukukunu da ilgilendirebilecektir.

İmtiyaz sözleşmelerine ilke olarak bakıldığında, devlet ile imtiyaz sahibi arasında doğacak olan uyuşmazlıkların idari yargıda görülmesi gerekmektedir ancak istisnalar istisnası bir ülke olduğumuz için sermayeleşme ve piyasalaşma çerçevesinde yeni istisnaları anayasal çerçevede getirdik. 1999'daki Anayasa değişikliğiyle Anayasanın 125. maddesinde milletlerarası tahkim yolu açıldı. Bunun sonucunda ise devletleştirme yolunun tıkanmaya çalışıldığı ve batık bile olsa özel firmaların kurtarılacağı güvencesiyle hareket edilen bir piyasa mekanizması kuruldu. "Milletlerarası tahkim yoluna gidilebilmesi için Anayasanın 125'inci maddesinde öngörülen "yabancılık unsuru", 4501 sayılı Yasada, "sözleşmeye taraf kurulu veya kurulacak şirket ortaklarından en az birinin yabancı sermayeyi teşvik mevzuatı hükümlerine göre yabancı menşeli olması veya sözleşmenin uygulanabilmesi için yurtdışı kaynaklı sermaye veya kredi veya teminat sözleşmelerinin akdedilmesinin gerekli olması hallerinden biri" olarak tanımlamaktadır.[24] Buna göre bu

---

24 Şeref Gözübüyük, (2010), *Yönetsel Yargı*, Ankara, s. 148

beşli çetenin yabancılık unsuru taşıması mevzuat hükümlerine uydurulmuştur. Nasıl ve neden uydurulduğuna gelindiğinde ise sözleşmenin uygulanabilmesi için yurtdışı kaynaklı sermaye veya kredi ile bu yatırımları ve hizmetleri sağladığı açıktır. Hatta sırf bu yüzden yapacakları olan yatırımlarda ve hizmetlerde kredi alamadıkları için işler durma noktasına gelmiş ve yavaşlamıştır. Hem kamu kaynaklarını hem de kamu mallarını kullanan bu firmalar verdikleri hizmetlerde de oldukça yüksek fiyatlandırmalar yaparak vatandaşın kullanım hakkını ücretlendirmektedirler. Her ne kadar imtiyaz sözleşmelerinde görevli mahkemeler özel mahkemeler olsa da devletin gözetim ve denetim yükümlülüğünü yerine getirmemesi sonucu zarara uğrayan kullanıcıların idari mahkemelere başvurabilme olanağının var olması gerekmektedir.

Türkiye Cumhuriyeti Devleti ile kamuoyunda beşli yandaş şirket olarak bilinen şirketler arasında yapılan sözleşmelerin şeffaf, rekabetçi gibi temel ilkelere sahip olan bir kamu ihalesiyle elde edilmesi gerekmektedir. Hukuksal olarak bu anlamda elde edilmeyerek yapılan sözleşmelerin yolsuzlukla kazanılmış olduğu aşikârdır. Bu durumda idarenin yöntemli olması gereken işlemlerinden en önemlisinin sakatlanacağını ileri sürebiliriz. Eğer ki bu sözleşmelere imkân sağlayan bu hazırlık işlemleri uygunsuz bir şekilde yapılmışsa sözleşmenin feshinin haklılığı tartışılmaya açılacaktır. Bu şirketlerle yapılan bazı anlaşmalarda temel ihale usullerinin kullanılmadığı ve kamu yararının göz önünde bulundurulmadığı açık olarak gözükmektedir.

Devletin, Kamu-Özel İşbirliği çerçevesinde yapmış olduğu ihalelerde, herhangi bir yolsuzluk, usulsüzlük, rüşvet vs. gibi durumlar tespit edildiğinde elbette uluslararası tahkime gidilecek ve deliller ortaya konulduğunda söz konusu projeler devletleştirilecektir. Ancak söz konusu anlaşmalardaki yolsuzlukları AKP iktidarının araştırmayacağı herkesçe bilinen bir gerçektir. Dolayısıyla AKP döneminde devletleştirme yapılmasını beklemek de hayalcilikten öte bir şey değildir.

İktidar el değiştirdiğinde, Türkiye Cumhuriyeti Devleti ihale süreçlerinde yapılan yolsuzlukları uluslararası tahkime taşıyacaktır. Tahkim bir yargılama yaparak tarafları dinleyecek ve bir karara varacaktır.

Örneğin Kenya Devleti'yle, İngiltere'de merkezi bulunan World Duty Free şirketi arasında görülen ve "World Duty Free v Kenya" diye ünlenen tahkim yargılaması yapıldı. World Duty Free, Kenya'nın Nairobi ve Mombassa havalimanlarındaki gümrüksüz parfüm satış mağazalarını işleten bir şirketti. O dönem Kenya Devlet Başkanı Daniel Arap Moi'ydi. İngiliz merkezli şirket, satış mağazalarını açmak için Kenya Devlet Başkanı'na 2 milyon dolar rüşvet vermişti. Daha sonra Daniel Arap Moi iktidarı son bulunca bu olay yargıya taşındı ve Kenya, söz konusu mağazaları kamulaştırdı. World Duty Free şirketi olayı uluslararası tahkime taşıdı. Uluslararası tahkim yolsuzluk yapıldığı gerekçesiyle yapılan sözleşmenin yok olduğu hükmüne vardı ve davayı Kenya Devleti kazanmış oldu. Benzer bir durum Özbekistan'da yaşandı.

Cumhurbaşkanı Erdoğan'ın dediği gibi Kamu-Özel İşbirliği kapsamında yaptıkları işlerden dolayı şirketlerin paralarını söke söke alması o kadar da kolay değil. Kaldı ki özellikle kamuoyunda beşli yandaş olarak tanınan şirketlerin AKP iktidarına ne kadar yakın olduğu aşikârdır. Özellikle bu şirketlerin gerekli olmadığı halde birçok ihaleyi 21/b kapsamında pazarlık usulü ile aldığı bilinmektedir. Kamu özel işbirliği çerçevesinde yapılan projeler kapsamındaki sözleşmelerde, ihale süreçlerinde yapılan yolsuzluklar ve usulsüzlükler ortaya konulduğunda devletleştirme yapılması mümkündür.

Ayrıca milletlerarası hakem kararlarının ülkemizde sonuç doğurabilmesi için tanıma ve tenfiz kurallarının yerine getirilmesi gerekmektedir. Örneğin Türkiye, New York Sözleşmesi'nin 1. maddesine çekince koymuştur. Buna göre New York Sözleşmesi'nin uygulanması ancak ticari nitelikteki uyuşmazlıklar bakımından geçerlidir. Eğer ki yukarıda bahsedilen bu çekirdek öz, niteliği itibarıyla idariliği sağlarsa bu uyuşmazlıklar ticari nitelikte olmayacağı ve idari nitelikte olacağı için verilecek hakem kararı Türkiye'de icra kabiliyeti kazanmayacaktır. Yakında tüm dünyada kamulaştırma ve devletleştirmenin gereklilikleri bir kez daha tartışılmaya açılacak ve neo-liberal politikaların getirileri ve götürüleri arasında bir çıkış yolu aranacaktır. Örneğin Almanya'da, 2021 yılının eylül ayında milli iktisadın gerekleri doğrultusunda ve artan konut fiyatlarının düşük gelirli ailelere baskıda bulunması dolayısıyla ülkede önemli bir emlak şirketi olarak görülen "Deutsche Wohnen" şirketinin Berlin'deki binlerce konutunu kamulaştırmak için referandum yoluna gidildi. Yapılan referandumda yüzde 56.4 oyla kamulaştırma yolu açıldı. Bu durumda devletlerin en temel görevlerinin kamuyu koruyup kollamaları yani çekirdek hizmetlerini kendi bünyesinde sunmaları ve yine onların ihtiyaçlarına cevap vermeleri olduğunu görüyoruz. Almanya, vatandaşının en temel ihtiyaçlarından olan barınma ihtiyacını gidermek için bu yola başvurabiliyor. Bu durum da dünyada bir devletleştirme ve kamulaştırma hayaletinin gezdiğini bizlere gösteriyor. Kendi tarihimize bakıldığında cumhuriyetin ilk yıllarında şehirlerimizdeki ulaşım hizmetlerinin, su hizmetlerinin, elektrik hizmetlerinin yabancı imtiyazlar yoluyla gerçekleştirildiğini biliyoruz, ancak 1930 yılında çıkarılan 1580 sayılı Belediye Kanunu ile imtiyazların belediyeleştirilmesi yoluna gidilmişti. Bunun asıl amacı, fiziken kazanılan bağımsızlığın ekonomik anlamda da uygulanmasıdır ve bunun günümüzde de sürdürülebilir olması gerekmektedir. Tüm bunlara bakıldığında, yapılması gerekenin kamu yararını önceleyen bir anlayış doğrultusu olması gerektiği açıktır.

Sözleşmelerin hazırlık aşamalarının dikkate alınması, ihalelerin yolsuz bir şekilde yapılıp yapılmadığının detaylıca ve önemli bir hukuki altyapıyla incelenmesi, kamu yararının gerektirdikleri, milli iktisadın gerektirdikleri, tüm bu devletleştirme çerçevesinde önemlidir. Unutulmasın ki bir oldubitti yöntemiyle bunların hiçbiri gerçekleştirilmeyecek, önemli hukuksal çalışmalarla bir süreç halinde yürütülecektir. Bu anlamda Türkiye Cumhuriyeti'nin menfaatleri doğrultusunda, kamuyu kollar bir vaziyette devlete yük getirmeden bu işlemlerin planlaması ve icrası uygulanacaktır.

ONUNCU BÖLÜM
2020 Sayıştay Raporuna Göre Kamu İhale Kanunu'ndaki Usulsüzlükler

10.1 Genel Bakış

4734 sayılı Kamu İhale Kanunu'nun 1'inci maddesinde, kanunun amacı ve kapsamı belirtilmiştir. Buna göre, kamu hukukuna tabi olan, kamu kaynağını kullanan, kamu otoritesinin denetimi altında olan kurum ve kuruluşların yapacakları ihalelerdeki esaslar düzenlenmiştir. Buna göre ihale gerçekleştirecek olan idareler bu kanundaki hükümlere uymak zorundadırlar. 4734 sayılı Kamu İhale Kanunu'nun 5. maddesinde de ihalelerde uyulması gereken temel ilkeler sayılmıştır. Bunlar; saydamlık yani aleniyet ilkesi, rekabet ilkesi, sözleşmeyi yapmak isteyen kişilerde belirli yeteneklerin bulunmasına ilişkin ilke, gizlilik ilkesi, eşit muamele ilkesi, kamuoyu denetim ilkesi gibi ilkelerdir.

Kamu kurum ve kuruluşları bu kanunun 18'inci maddesi gereğince ihtiyaç duyduğu alanlarda mal ve hizmet alımlarının yanı sıra yapım işleri ihalelerinde açık ihale usulü, belli istekliler arasında ihale usulü ve pazarlık usulü kullanabilecektir. Ancak yine Kamu İhale Kanunu'na göre asli yani temel ihale usulleri ile özel ihale usulleri arasında farklılıklar sayılmıştır. Buna göre Kamu İhale Kanunu'na göre temel ihale usulleri, açık ihale usulü ile belli istekliler arasında ihale usulüdür. Bunlar temel ihale usulü olmasının sebebi, katılımcılığı, rekabeti, şeffaflığı ve diğer ilkeleri dikkate alan usul olmalarıdır. Diğer ihale usulleri ise ancak kanunda belirtilen özel hallerde kullanılabilecektir. Belli istekliler arasında ihale usulü, idarece yapılacak ön değerlendirme aşamasını geçen ve idarece davet edilen isteklilerin teklif verebileceği usulü anlatmaktadır. Kanunun 20'nci maddesinde şu şekilde düzenlenmiştir: "Belli istekliler arasında ihale usulü, yapılacak ön yeterlik değerlendirmesi sonucunda idarece davet edilen isteklilerin teklif verebildiği usuldür. Yapım işleri, hizmet ve mal alım ihalelerinden işin özelliğinin uzmanlık ve/veya ileri teknoloji gerektirmesi nedeniyle açık ihale usulünün uygulanamadığı işlerin ihalesi ile yaklaşık maliyeti eşik değerin yarısını aşan yapım işi ihaleleri bu usule göre yaptırılabilir."

Pazarlık usulü ise ancak kanunda belirtilen özel şartların gerçekleşmesi halinde kullanılabilmektedir. İdarelerin en çok kullandığı pazarlık usulü yöntemi 21/b olmuştur. 21/b'nin kanunda düzenleme şekli şu şekildedir: "Doğal afetler, salgın hastalıklar, can veya mal kaybı tehlikesi gibi ani ve beklenmeyen veya yapım tekniği açısından özellik arz eden veya yapı veya can ve mal güvenliğinin sağlanması açısından ivedilikle yapılması gerekliliği idarece belirlenen hallerde veyahut idare tarafından önceden öngörülemeyen olayların ortaya çıkması üzerine ihalenin ivedi olarak yapılmasının zorunlu olması."

İdarelerin ihaleye çıkış süreci yöntemli olmak zorundadır, çünkü bu ihalelere çıkış sürecinde bir ön hazırlık süreci vardır ve bunlar idarenin tek yanlı iradesiyle oluşmaktadırlar. Buna göre idareler, ihale süreçlerini oldukça kapsamlı ele almalıdırlar ancak rapora yansıyan hususlara bakıldığında bu usulde sürdürülmediği görülecektir.

10.2. Ulaştırma ve Altyapı Bakanlığı

10.2.1. Sabiha Gökçen Havalimanı İhalesi Konusu

Sabiha Gökçen Havalimanı Raylı Sistem Bağlantısı İnşaat ve Elektromekanik Sistemler, Temin, Montaj ve İşletmeye Alma İşleri Sözleşmesi kapsamında yapımı devam etmekte olan kent içi raylı sistem hattı yapımı işinde, proje değişiklikleri nedeniyle yaptırılmasına ihtiyaç duyulan ilave işler söz konusu iş kapsamında olmasına rağmen herhangi bir iş artışına gidilmeksizin pazarlık usulüyle aynı yükleniciye ilk sözleşme fiyatlarından daha yüksek fiyatlarda ihale edilmiştir.

Normalde bu işin ayrı bir iş olarak ihale edilmesi için Kamu İhale Sözleşmeleri Kanunu'nun 24. maddesi gereğince gerekli şartları sağlaması gerekmektedir.

Buna göre, mal ve hizmet alımlarıyla yapım sözleşmelerinde, öngörülemeyen durumlar nedeniyle bir iş artışının zorunlu olması halinde, artışa konu olan iş;

a) Sözleşmeye esas proje içinde kalması,

b) İdareyi külfete sokmaksızın asıl işten ayrılmasının teknik veya ekonomik olarak mümkün olmaması gibi gerekli şartlar söz konusudur.

Bu şartların sağlanması halinde de birim fiyat teklif almak suretiyle ihale edilen mal ve hizmet alımlarıyla yapım işleri sözleşmesinde yüzde 20'sine kadar oran dahilinde, süre hariç sözleşme ve ihale dokümanındaki hükümler çerçevesinde aynı yükleniciye yaptırılabilir, hükmü vardır.

Sözleşme bedeli 169.500.810,80 avro olan Sabiha Gökçen Havalimanı Raylı Sistem Bağlantısı İnşaat ve Elektromekanik Sistemler Temin, Montaj ve İşletmeye Alma İşleri (Esas İş) Sözleşmesi kapsamında 33.900.162,16 avro tutarındaki ilave işlerin Esas İş'e ait sözleşme fiyatlarıyla aynı yükleniciye yaptırılabilmesi mümkündür.

Ancak dikkat ederseniz 21/b kapsamında "Sabiha Gökçen Metrosu Yaya Bağlantı Tünelleri ve Kuyruk Tüneli İnşaatı İşi" (İlave İş) ihalesi de esas işin yüklenicisine verilmiş ve 379.910.374,28 TL tutarında ayrı bir sözleşme imzalanmıştır. Şimdi yüzde 20 oranında bu iş herhangi bir ek götürü sağlamadan yaptırılabilecekken ek sözleşme ile bu paraların bir şirkete veriliyor olması düşündürücüdür.

Söz konusu "ilave işler"e ilişkin yapım işi ihalesinin ihale dokümanı belgeleri arasında yer alan yaklaşık maliyet ve birim fiyat teklif cetveli ile ihale eki kesin projeler incelendiğinde, ihalesi yapılan ilave işlerin, "esas iş" kapsamındaki proje değişiklikleri sonucunda yapılmasına İdarece karar verilen ilave işlerden ibaret olduğu anlaşılmaktadır.

İş Kaleminin Adı	Birim (Br)	Esas İşe Ait Sözleşme Birim Fiyatı (TL/Br)ª	İlave İşe Ait Sözleşme Birim Fiyatı (TL/Br)	Oransal Fiyat Artışı (%)	İş Kaleminin İlave İş Sözleşme Bedeli (TL)	İş Kaleminin Bedelinin İlave Sözleşme Bedeli İçindeki Ağırlığı (%)
Kazı Yapılması	m³	57,04	75	31,48	1.562.172,00	0,41
Nervürlü Demir (BÇ IIIa) ve Düz Demir (BÇ I)	ton	3.941,55	17.138,00	334,8	12.065.117,72	3,18
Rendeli Düz ve Eğri Kalıp	m²	517,19	572	10,6	3.059.225,88	0,81
Demirli C30 Beton İmali ve Dökülmesi	m³	540,01	754	39,63	4.947.220,20	1,3
L=4 m Kaya Bulonu	adet	296,63	850	186,56	3.744.250,00	0,99
L=6 m Kaya Bulonu	adet	365,08	2.450,00	571,09	276.850,00	0,07

125 mm Delik İçine 14 mm Kalınlığında BÇIIIa ile Zemin Çivisi Teşkili	m	0,76	560	73.528	7.079.520,00	1,86
125 mm Delik İçine 26 mm Kalınlığında BÇIIIa ile Zemin Çivisi Teşkili	m	0,76	575	75.500	17.595.000,00	4,63
Tünelde Su Yalıtımı	m²	38,03	170	347,03	5.269.804,50	1,39
NATM Tünel Kazısı	m³	665,51	1.432,00	115,17	83.435.766,40	21,96
Tünellerde Püskürtme Beton	m³	395,5	1.900,00	380,4	17.886.324,50	4,71
Çelik İksa	ton	57,04	29.500,00	51.615	10.627.375,00	2,8
Tünel İç Kaplama Kalıbı (radye-kemer,nişler, şaft)	m²	30,42	333	994,56	8.110.781,10	2,13
Tünel Kaplama Betonu (radye, kemer, nişler) C 30	m³	258,6	790	205,49	11.072.225,25	2,91
BÇIVb Tünel Donatısı	ton	2.023,14	7.270,00	259,34	6.070.159,20	1,6
Nervürlü Demir (BÇ IIIa) ve/veya Düz Demir (BÇ I)	ton	7.782,79	18.600,00	138,99	8.842.347,00	2,33
Umbrella Arch Yapılması	m	3,04	3.380,00	110.999	114.075.000,00	30,03
				TOPLAM	315.719.138,75	83,1

Şekil 1 - İlave İşlere İlişkin Sayıştay'ın Verdiği Tablo

Yukarıdaki tablo detaylı olarak incelendiğinde ilave iş kapsamında aynı iş kalemlerine ilk sözleşmedeki fiyatlara göre daha yüksek fiyatlar ödenerek ihale edilmesi kamuyu daha büyük bir külfete sokmaktadır.

"NATM Tünel Kazısı" ve "Umbrella Arch Yapılması" iş kalemlerinin, ilave işin sözleşme bedelinin yüzde 52'sini oluşturduğu ve bu iki iş kalemi kapsamında yapılan imalatlar için ilave iş kapsamında sırasıyla 2.15 kat ve 1.111 kat daha yüksek fiyatlardan ödemeler yapılmak durumunda kalındığı görülmektedir.

NATM Tünel Kazısı'na bakıldığında esas işten ilave işe geçişte fiyatı yüzde 115 artmıştır. Aynı şekilde Umbrella Arch Yapılması'na bakıldığında da fiyatı esas işe göre yine yüzde 110 artmıştır.

Sonuç olarak esas işin genişletilip yapılması olanaklıyken idarece bu işin ihaleye çıkılarak yapılması idareyi oldukça fazla ekonomik külfete sokmuştur. Ayrıca bu metro yapımı devam ederken bir göçüğe sebep olduğu ve işçilerin yaralandığı bilgisi de mevcuttur.

Ulaştırma Bakanlığı'nın Sayıştay'a bu konuda verdiği cevap ise oldukça komik olmuştur: İlave işlerin ilk sözleşme bedelinin yüzde 40'ından fazla olması ve söz konusu metro bağlantı hattının bir an önce hizmete alınabilmesi adına ilk işte iş artışına gidilmeksizin ayrı bir ihaleyle yapıldığını ileri sürmüştür.

Ancak Sayıştay'ın raporu incelendiğinde ilave işlerin ilk sözleşme bedelinin yüzde 40'ından fazla olmadığı ve yüzde 20'yi geçmediğidir. Hatta Bakanlık, ilave imalatların değerinin ilk sözleşmeye esas bedelden hesaplanmadığını, ilave ihaledeki bedelden hesaplandığını söyleyerek resmen kamuyu yanıltmaktadır. Çünkü Sayıştay'a göre ilave işler için iş artışı hesap edilirken ilk sözleşmede yer alan fiyatların kullanılması mevzuatın öngördüğü bir zorunluluktur.

Ek olarak yine Sabiha Gökçen Havalimanı Raylı Sistem Bağlantısı İnşaat ve Elektromekanik Sistemler Temin, Montaj ve İşletmeye Alma İşleri'ne "Ölçümler ve Değerlendirmeler" kalemi ile kuyruk tüneli elektromekanik işlerinin ayrıca dahil edilmiş olduğunu Sayıştay tespit etmiştir.

5.10.2021 17:08 İhale Arama - EKAP (Kamu İhale Kurumu)

SONUÇ İLANI
İNŞAAT VE ELEKTROMEKANİK SİSTEMLERİ İŞİ YAPTIRILACAKTIR
ALTYAPI YATIRIMLARI GENEL MÜDÜRLÜĞÜ ULAŞTIRMA, DENİZCİLİK VE HABERLEŞME BAKANLIĞI MÜSTEŞARLIK

İhale kayıt numarası	**: 2014/128538**
1- İhalenin	
a) Tarihi	: 04.12.2014
b) Türü	: Yapım işi
c) Usulü	: Açık
d) Yaklaşık Maliyeti	: 651.783.345,01 TRY
2- İhale konusu yapım işinin	
a) Adı	: SABİHA GÖKÇEN HAVALİMANI RAYLI SİSTEM BAĞLANTISI İNŞAAT VE ELEKTROMEKANİK SİSTEMLERİ TEMİN, MONTAJ VE İŞLETMEYE ALMA İŞLERİ
b) Yapılacağı yer	: İstanbul
c) Süresi	: 1080
3- Teklifler	
a) Doküman Satın Alan Sayısı	: 28
b) Dokümanı EKAP üzerinden e-imza kullanarak indiren sayısı	: 0
c) Toplam Teklif Sayısı	: 13
d) Toplam Geçerli Teklif Sayısı	: 9
e) Yerli istekli lehine fiyat avantajı uygulaması	: Uygulanmıştır / % 15
4- Sözleşmenin	
a) Tarihi	: 04.03.2015
b) Bedeli	: 169.500.810,80 EUR
c) Süresi	: 14.03.2015 - 26.02.2018
d) Yüklenicisi	: GÜLERMAK AĞIR SANAYİİNŞAAT VE TAAHHÜT A.Ş., YSE YAPI SANAYİ VE TİCARET A.Ş. Ortak Girişimi
e) Yüklenicinin uyruğu	: Türkiye

Kamuoyuna saygıyla duyurulur.
Yazdır

Şekil 2 - Sabiha Gökçen Havalimanı'ndaki İşe İlişkin İhale Belgesi

Sözleşmenin "Sözleşmenin ekleri" başlıklı 8'inci maddesinde yer alan; "Sözleşme, ekindeki ihale dokümanı ve diğer belgelerle bir bütündür, İdareyi ve Yükleniciyi bağlar" hükmüne istinaden, ihale eki birim fiyat tarifleri ve cetveli ile ön ve kesin projeler ihale dokümanı kapsamında yer alan belgelerdendir ve bu nedenle sözleşmenin taraflarını bağlayıcı niteliktedir.

"Ölçümler ve Değerlendirmeler" başlıklı iş kaleminin birim fiyat tarifi; "Jeoteknik ölçümler ve değerlendirmelerin hat ve depo sahasında yapılacak, projede ve Teknik Şartname'de gösterilen tüm jeoteknik ölçümlerin belirlenen aralıklarla yapılması ve değerlendirilmesi için tüm enstrümanların temini (eğilme ölçerler hariç) belirli aralıklarla kalibrasyonu, malzeme, işçilik, ekipman, bilgisayar, hazır programlar, sonuçların dokümante edilmesi, ölçü noktalarının emniyeti ve korunması, jeoteknik uzmanları ve diğer tüm işler dahil, Madde 2.1 şartlarında grup fiyatıdır. Kazısı tamamlanmış tünel uzunlukları ile diğer kazı kübajlarının, toplam tünel uzunluğu ve toplam kazı kübajına oranı esas alınarak yapılır. Gece vardiyalarında ve resmi tatil günlerinde yapılacak ölçümlerle 3 aya kadar herhangi bir nedenle durdurulan inşaat faaliyetleri sırasındaki ölçümler için herhangi bir bedel ödenmez. Ölçüm faaliyetlerine başlanmamış ise hiçbir ödeme yapılmaz. İşteki artış ve azalışlardan dolayı ilave ve kesinti yapılmaz. Ancak işin Yüklenici kusuru dışında 3 aydan daha fazla durdurulması ve bu süre içerisinde jeoteknik ölçümlere devam edilmesi halinde toplam bedele, durulan sürenin Tamamlama Süresi'ne oranı kadar ilave yapılır. Yüklenici ölçümler ve değerlendirmeleri, aylık raporlar şeklinde İdare ve Mühendis'e sunacaktır" şeklinde sözleşmede düzenlenmiştir.

Yani ölçümler ve değerlendirmeler için teknik şartnamesinde ve sözleşme tasarısında belirtilmesine rağmen Sabiha Gökçen Raylı Sistem bağlantısı yapım işi sözleşmesi kapsamında 31.10.2018 tarihinde düzenlenen 10. Hakediş ile "Ölçüm ve Değerlendirmeler" iş kalemi kapsamındaki işler yapılarak teklif bedeli olan 2.250.000,00 avronun tamamı yükleniciye ödenmiştir.

Metro hattı yapım işine ait sözleşmenin eklerinden olan Birim Fiyat Tarifleri'nde bahse konu iş kaleminin kapsamına giren jeoteknik ölçüm ve değerlendirmelerde bir iş artışı gerçekleşmiş olsa bile söz konusu ilave işler için yükleniciye ayrıca bir bedel ödenmeyeceği belirtilmiş ancak aynı projenin devamı olan 12.05.2020 tarihinde 2020/192934 İKN ile gerçekleştirilen "Sabiha Gökçen Metrosu Yaya Tünelleri ve Kuyruk Tüneli İnşaatı İşi" ihalesi kapsamına söz konusu iş kaleminin de dahil edildiği ve belirtilen iş kaleminin birim fiyatının 3.500.000,00 TL olarak belirlendiği görülmektedir.

Anılan ilave işe ait ("204 Kuyruk Tünelleri Elektromekanik İşleri" başlıklı iş grubuna) sözleşme eki Birim Fiyat Teklif Cetveli'nin "2.4 Kuyruk Tüneli Elektromekanik İşleri" başlığı altında yer verilen iş kalemlerinin toplam bedeli ise 2.984.320,00 TL olarak belirlenmiştir. Bu durumda tekrar tekrar bir ödeme gerçekleştirildiği için kamu kaynakları etkili ve verimli bir şekilde kullanılmamış ve idareye oldukça fazla bir şekilde ekonomik külfet yüklenmiştir.

Yukarıda gösterdiğimiz ihale dokümanı kapsamında yer alan birim fiyat tarifinde açıkça "işteki artış ve azalışlardan dolayı ilave ve kesinti yapılmaz" cümlesi dikkate alınmayarak bir sermaye aktarımı, rant aktarımı söz konusu olmuştur. Ayrıca bu ihaleler, EKAP sisteminde gözükmemektedir. Yani İdare hem 2.250.000 avroyu ödemiş hem de yeni sözleşmeye göre yüksek miktarda bir ödeme daha yapacaktır. Bakanlık ise cevabında henüz ödeme yapılmadığını ve ödemeler konusunda bu hususun dikkate alınacağını ifade etse de özel firma bu konuda hukuk yollarına başvurarak sözleşme bedelinin tahsil edilmesi yoluna gidebilecektir. Bu da kamuya daha da fazladan külfet oluşturacaktır. Son olarak Sayıştay'a göre söz konusu metro bağlantı hattı yapımı işi kapsamında yaptırılmasına ihtiyaç duyulan ilave işlere yönelik gerçekleştirilen "Sabiha Gökçen Metrosu Yaya Bağlantı Tünelleri ve Kuyruk Tüneli İnşaatı İşi" ihalesi ve sözleşmesi kapsamında da yer alan ilgili iş kalemlerine ait bedellerin ödenmemesinin sağlanması gerekmektedir.

10.2.2. Gerekli Şartlar Oluşmadığı Halde Pazarlık Usulüyle Yapılan İşler

Tablo 9 : Gerekli Şartlar Oluşmadığı Halde Pazarlık Usulüyle İhalesi Yapılan İşlerin Listesi

Sıra	İşin Adı	İhaleyi Yapan Birim	Sözleşme Tarihi	Sözleşme Tutarı (TL)
1	Bakanlık Hizmet Binalarının Muhtelif Bakım, Onarım ve İnşaat İşleri	Destek Hizmetleri Dairesi Başkanlığı	27.10.2020	10.310.750,00
2	Mersin-Adana-Osmaniye-Gaziantep Yüksek Standartlı Demiryolu Hattı	AYGM Demiryolu Yapım Dairesi Başkanlığı	14.08.2020	6.749.818.806,18
3	Mersin-Adana-Osmaniye-Gaziantep Yüksek Standartlı Demiryolu Hattı Kontrollük, Danışmalık ve Mühendislik Hizmetleri	AYGM Demiryolu Yapım Dairesi Başkanlığı	06.11.2020	203.936.911,40
4	Bandırma-Bursa-Yenişehir-Osmaneli Yüksek Standartlı Demiryolu Hattı İnşaatı ile Elektromekanik Sistemlerin Temini	AYGM Demiryolu Yapım Dairesi Başkanlığı	17.09.2020	9.449.995.833,94
5	Kayseri-Anafartalar-YHT Tramvay Hattı İnşaatı ve Elektromekanik Sistemleri ile Araç Temin, Montaj ve İşletmeye Alma İşleri	AYGM Kentiçi Raylı Sistemler Yapım Dairesi Başkanlığı	29.09.2020	376.493.000,00
6	Kayseri-Anafartalar-YHT Tramvay Hattı İnşaatı ve Elektromekanik Sistemleri ile Araç Temin, Montaj ve İşletmeye Alma İşleri Müşavirlik Hizmetleri İşi	AYGM Kentiçi Raylı Sistemler Yapım Dairesi Başkanlığı	26.11.2020	16.499.230,00
7	İstanbul Yeni Havalimanı Metrosu 176 Aracı Temini ve İşletmeye Alma İşi	AYGM Kentiçi Raylı Sistemler Yapım Dairesi Başkanlığı	10.01.2020	1.545.280.000,00
8	Ulaştırma ve Alt Yapı Bakanlığı Kapalı Otopark ve Halı Saha Düzenleme İnşaatı işi	AYGM Hava Meydanları Yapım Dairesi Başkanlığı	05.02.2020	13.450.000,00
9	Rize İyidere Lojistik Limanı İnşaatı İşi	AYGM Limanlar ve Kıyı Yapıları Yapım Dairesi Başkanlığı	19.08.2020	1.370.106.020,20

Şekil 3 - Pazarlık Usulü ile Yapılan İhalelere İlişkin Sayıştay'ın Verdiği Tablo

Ulaştırma Bakanlığı'nın, Kamu İhale Kanunu'nun istisna maddelerinden olan 21/b maddesinin şartları oluşmadığı halde birçok ihaleyi pazarlık usulü olan 21/b üzerinden verdiği görülmektedir. Kanunun hem özüne hem de ruhuna aykırı bir şekilde hareket eden idare, saydamlığı, rekabeti, eşit muameleyi ve güvenilirliği yani kanuna hâkim olan temel ilkeleri zedelemiştir.

10.2.2-a. Bakanlık Hizmet Binalarının Muhtelif Bakım, Onarım ve İnşaat İşleri- Sözleşme tutarı 10 milyon TL.

10.2.2-b. Mersin-Adana-Osmaniye-Gaziantep Yüksek Standartlı Demiryolu Hattı İnşaatı İşi ile Elektromekanik Sistemlerin Temini yapım işi ve söz konusu iş için alınan Kontrollük, Danışmalık ve Mühendislik Hizmetleri hizmet alımı işi 4734 sayılı Kanunun 21'inci maddesinin (b) bendine göre pazarlık usulüyle ihale edilerek sözleşmeye bağlanmıştır.

Daha önce TCDD tarafından ihalesi yapılmış ve yapımına başlanılmış ancak tasfiye edilerek AYGM tarafından tekrar ihaleye çıkılmıştır. TCDD tarafından daha önceden açık ihale usulüyle yapılan ihalelerin tasfiye edilerek yeniden AYGM tarafından adrese teslim şekilde yapılması söz konusudur.

İLAN TARİHİ	16.06.2020
İDARE ADI	ALTYAPI YATIRIMLARI GENEL MÜDÜRLÜĞÜ ULAŞTIRMA VE ALTYAPI BAKANLIĞI BAKAN YARDIMCILIKLARI
İHALE ADI	Mersin-Adana- Osmaniye- Gaziantep Yüksek Standartlı Demiryolu Hattı İnşaatı ile Elektromekanik Sistemlerinin Temini
İK NO	2020/277245
TARİH / SAAT	İlk Teklif: 14.07.2020 - 10:30 İkinci Teklif: 14.07.2020 - 14:00

SIRA NO	FİRMA ADI	İLK TEKLİF EDİLEN FİYAT	İKİNCİ TEKLİF EDİLEN FİYAT
1	REC ULUSLARARASI	7.070.571.415,16 TL	6.749.818.806,15 TL
2	LİMAK	7.101.236.770,71 TL	6.860.802.242,51 TL
3	KALYON	6.953.303.734,31 TL	6.903.255.895,93 TL
4	İNTEKAR - EKPET - SİLAHTAROĞLU - STRONYSNAB	7.201.468.977,97 TL	ELENDİ
5	NUROL	TEŞEKKÜR	TEŞEKKÜR

Şekil 4 - Mersin-Adana-Osmaniye-Gaziantep YHT İhale Belgesi

Mersin-Adana-Osmaniye-Gaziantep Yüksek Standartlı Demiryolu Hattı İnşaatı ile Elektromekanik sistemlerin temini ihalesini "REC Uluslararası" firması kazanmıştır. Bu firma Rönesans Holding'in bir firmasıdır. Rönesans Holding'in adının Pandora Papers'ta off-shore şirketlerine, vergi cennetlerine para kaçırmayla geçtiği ortaya çıkmıştır.

10.2.2-c. Sayıştay'a göre "16.03.2018 tarih ve 2018/11363 sayılı Bakanlar Kurulu Kararı ile Bakanlık tarafından üstlenilmesine karar verilen ve 28.02.2019 tarihinde yatırım programına alınan söz konusu iş için, 09.07.2020 tarihinde pazarlık usulü ile ihaleye çıkılabilmesine ihale yetkilisi tarafından ihale oluru verilmiştir. İhale onay tarihi ile işin yatırım programına alınma tarihi arasında geçen süre göz önüne alındığında önceden öngörülemeyen bir durumun oluşmadığı değerlendirilmektedir."

SONUÇ İLANI
KAYSERİ ANAFARTALAR-YHT TRAMVAY HATTI KONTROLLÜK VE DANIŞMANLIK HİZMETLERİ
ALTYAPI YATIRIMLARI GENEL MÜDÜRLÜĞÜ ULAŞTIRMA VE ALTYAPI BAKANLIĞI BAKAN YARDIMCILIKLARI

İhale kayıt numarası	: 2020/522718
1- İhalenin	
a) Tarihi	: 14.10.2020
b) Türü	: Hizmet alımı
c) Usulü	: Pazarlık (MD 21 B)
d) Pazarlık Usulünün Seçilme Gerekçesi	: Doğal afetler, salgın hastalıklar, can veya mal kaybı tehlikesi gibi ani ve beklenmeyen veya yapım tekniği açısından özellik arz eden veya yapı veya can ve mal güvenliğinin sağlanması açısından ivedilikle yapılması gerekliliği idarece belirlenen hallerde veyahut idare tarafından önceden öngörülemeyen olayların ortaya çıkması üzerine ihalenin ivedi olarak yapılmasının zorunlu olması.
e) Yaklaşık Maliyeti	: 18.362.228,50 TRY
2- İhale konusu hizmetin	
a) Adı	: KAYSERİ ANAFARTALAR-YHT TRAMVAY HATTI KONTROLLÜK VE DANIŞMANLIK HİZMETLERİ
b) Yapılacağı yer	: Kayseri
c) Süresi	: 30 aydır
3- Teklifler	
a) Doküman Satın Alan Sayısı	: 6
b) Dokümanı EKAP üzerinden e-imza kullanarak indiren sayısı	: 6
c) Toplam Teklif Sayısı	: 4
d) Toplam Geçerli Teklif Sayısı	: 4
e) Yerli istekli lehine fiyat avantajı uygulaması	: Uygulanmamıştır
4- Sözleşmenin	
a) Tarihi	: 26.11.2020
b) Bedeli	: 16.499.230,00 TRY
c) Süresi	: 30.11.2020 - 30.05.2023
d) Yüklenici	: KMG PROJE MÜHENDİSLİK MÜŞAVİRLİK BİLŞ.TEKN.LTD.ŞTİ., KPM PROJE ANONİM ŞİRKETİ İş Ortaklığı
e) Yüklenicinin uyruğu	: Türkiye
f) Yüklenicinin adresi	: Kazım Özalp Mah. Kırçiçeği Sokak 7/7 06700 ÇANKAYA/ANKARA

Kamuoyuna saygıyla duyurulur.
Yazdır

Şekil 5 - Kayseri Anafartalar YHT Kontrollük ve Danışmanlık Hizmeti İhale Belgesi

10.2.2-ç. AYGM Kentiçi Raylı Sistemler Yapım Dairesi Başkanlığı tarafından İstanbul Yeni Havalimanı Metrosu 176 Araç Alımı işi, pazarlık usulü olan 21/b'ye göre yapılmıştır.

İhale onay belgesine bakıldığında Gayrettepe-Havalimanı Metro Hattının 2020 yılı sonunda açılması bekleniyordu ancak 21.10.2019 tarihinde AYGM tarafından süre uzatımı kararı verilmiş ve yeni işin bitim tarihi olarak da 18.09.2021 belirlenmiştir. Ancak 18 Eylül'de bile hâlâ metronun açılmadığı gözükmektedir. Ulaştırma Bakanı'nın 6 Eylül'de yaptığı açıklamaya göre Kasım 2021'de daha ilk sinyalizasyon test sürüşleri yapılacağı belirtilmiştir. Buna göre herhangi bir ivediliği bulunmayan bu proje söz konusuyken önceden öngörülemeyen olaylar ortaya çıkmadığı halde bu ihalenin pazarlık usulüyle yapılması açıkça mevzuat hükümlerine aykırıdır.

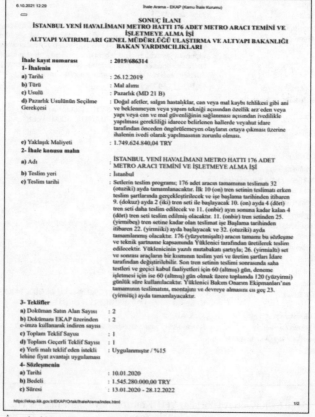

Şekil 6 - İstanbul Yeni Havalimanı Metro Hattı 176 Adet Metro Aracı Temininin İhale Belgesi

Aynı zamanda Ulaştırma Bakanı Adil Karaismailoğlu, projede yer alacak araçların temininde maksimum yerlilik şartı uygulanacağını ve metro hattında kullanılacak 136 aracın en az yüzde 60'ının yerli olacağını iddia etmektedir, ancak ihaleye bakıldığında şirketin Çin uyruklu CRRC Zhuzhou Locomotive Co. Ltd. Türkiye temsilciliği tarafından kazanıldığı gözükmektedir. Ancak ihale konusu malın CRRC Zhuzhou Locomotive firmasının kabul etmesi şartıyla, 26. Tren seti ve sonrası araçların bir kısmının teslim yeri ve üretim şartları Ulaştırma Bakanlığı tarafından değiştirilebilecek, ancak yerli araç vs.'ye ilişkin herhangi bir bilgilendirme söz konusu değil. Aynı zamanda pazarlık usulü olduğu için de teknik şartname paylaşılmamıştır.

10.2.2-d. AYGM Hava Meydanları Yapım Dairesi Başkanlığı tarafından UAB Kapalı Otopark ve Halı Saha Düzenleme İnşaatı işi de pazarlık usulü olan 21/b ile yapılmıştır. Gerekçe de ihalenin ivedi olarak yapılması gereğidir. Halı saha veya kapalı otopark yapmanın önceden öngörülemeyen bir durumla ne ilgisi olduğunu Sayıştay raporlarında açıkça dile getirmektedir.

6.10.2021 13:05	İhale Arama - EKAP (Kamu İhale Kurumu)

SONUÇ İLANI
ULAŞTIRMA VE ALTYAPI BAKANLIĞI KAPALI OTOPARK VE HALI SAHA DÜZENLEME İNŞAATI İŞİ
ALTYAPI YATIRIMLARI GENEL MÜDÜRLÜĞÜ ULAŞTIRMA VE ALTYAPI BAKANLIĞI BAKAN YARDIMCILIKLARI

İhale kayıt numarası	: **2019/709079**
1- İhalenin	
a) Tarihi	: 30.12.2019
b) Türü	: Yapım işi
c) Usulü	: Pazarlık (MD 21 B)
d) Pazarlık Usulünün Seçilme Gerekçesi	: Doğal afetler, salgın hastalıklar, can veya mal kaybı tehlikesi gibi ani ve beklenmeyen veya yapım tekniği açısından özellik arz eden veya yapı veya can ve mal güvenliğinin sağlanması açısından ivedilikle yapılması gerekliliği idarece belirlenen hallerde veyahut idare tarafından önceden öngörülemeyen olayların ortaya çıkması üzerine ihalenin ivedi olarak yapılmasının zorunlu olması.
e) Yaklaşık Maliyeti	: 15.196.697,27 TRY
2- İhale konusu yapım işinin	
a) Adı	: ULAŞTIRMA VE ALTYAPI BAKANLIĞI KAPALI OTOPARK VE HALI SAHA DÜZENLEME İNŞAATI İŞİ
b) Yapılacağı yer	: Ulaştırma ve Altyapı Bakanlığı Sitesi / ANKARA
c) Süresi	: 270
3- Teklifler	
a) Doküman Satın Alan Sayısı	: 5
b) Dokümanı EKAP üzerinden e-imza kullanarak indiren sayısı	: 5
c) Toplam Teklif Sayısı	: 4
d) Toplam Geçerli Teklif Sayısı	: 3
e) Yerli istekli lehine fiyat avantajı uygulaması	: Uygulanmamıştır
4- Sözleşmenin	
a) Tarihi	: 05.02.2020
b) Bedeli	: 13.450.000,00 TRY
c) Süresi	: 18.02.2020 - 14.11.2020
d) Yüklenicisi	: TOPTAŞ İNŞAAT TİCARET VE SANAYİ LİMİTED ŞİRKETİ
e) Yüklenicinin uyruğu	: Türkiye
f) Yüklenicinin adresi	: MEBUSEVLER MAH. ERGİN SK. 14 / 2 TANDOGAN 06580 ÇANKAYA/ANKARA

Kamuoyuna saygıyla duyurulur.
Yazdır

Şekil 7- Kapalı Otopark ve Halı Saha İnşaatının İhale Belgesi

10.2.2-e. AYGM Limanlar ve Kıyı Yapıları Yapım Dairesi Başkanlığı tarafından Rize İyidere Lojistik Limanı İnşaatı işi de pazarlık usulü olan 21/b ile yapılmıştır.

Yaklaşık maliyeti 1 milyar 719 milyon lira olan ihale, duyuru ilanı bile verilmeden özel olarak davet edilen şirketler arasında gerçekleştirildi. Projenin değeri 953 milyon lira olarak hesaplandı. Bilindiği gibi beşli çeteden biri olan ve dünyada en çok ihale alan 10 şirketten biri olan Cengiz Holding, bu ihaleyi almıştır.

SONUÇ İLANI
RİZE İYİDERE LOJİSTİK LİMANI İNŞAATI
ALTYAPI YATIRIMLARI GENEL MÜDÜRLÜĞÜ ULAŞTIRMA VE ALTYAPI BAKANLIĞI BAKAN YARDIMCILIKLARI

İhale kayıt numarası	: 2020/351872
1- İhalenin	
a) Tarihi	: 16.07.2020
b) Türü	: Yapım işi
c) Usulü	: Pazarlık (MD 21 B)
d) Pazarlık Usulünün Seçilme Gerekçesi	: Doğal afetler, salgın hastalıklar, can veya mal kaybı tehlikesi gibi ani ve beklenmeyen veya yapım tekniği açısından özellik arz eden veya yapı veya can ve mal güvenliğinin sağlanması açısından ivedilikle yapılması gerekliliği idarece belirlenen hallerde veyahut idare tarafından önceden öngörülemeyen olayların ortaya çıkması üzerine ihalenin ivedi olarak yapılmasının zorunlu olması.
e) Yaklaşık Maliyeti	: 1.719.780.618,18 TRY
2- İhale konusu yapım işinin	
a) Adı	: RİZE İYİDERE LOJİSTİK LİMANI İNŞAATI
b) Yapılacağı yer	: İyidere / RİZE
c) Süresi	: 1200
3- Teklifler	
a) Doküman Satın Alan Sayısı	: 6
b) Dokümanı EKAP üzerinden e-imza kullanarak indiren sayısı	: 6
c) Toplam Teklif Sayısı	: 5
d) Toplam Geçerli Teklif Sayısı	: 4
e) Yerli istekli lehine fiyat avantajı uygulaması	: Uygulanmamıştır
4- Sözleşmenin	
a) Tarihi	: 19.08.2020
b) Bedeli	: 1.370.106.030,20 TRY
c) Süresi	: 28.08.2020 - 11.12.2023
d) Yüklenicisi	: CENGİZ İNŞAAT SANAYİ VE TİCARET A.Ş., YAPI VE YAPI İNŞAAT TAAHHÜT SANAYİ VE TİCARET ANONİM ŞİRKETİ İş Ortaklığı
e) Yüklenicinin uyruğu	: Türkiye
f) Yüklenicinin adresi	: ALTUNİZADE MAH. KISIKLI CAD. 37 34662 ÜSKÜDAR/ İSTANBUL

Kamuoyuna saygıyla duyurulur.
Yazdır

Şekil 8 - Rize İyidere Lojistik Limanı İnşaatı İhale Belgesi

Sponsor	Country of Origin	Investment (USD million)	# of projects
Limak Holding	Turkey	48,405	17
Cengiz Holding	Turkey	42,095	9
Kolin Group	Turkey	40,420	12
MNG Holding	Turkey	17,822	2
IC Holding	Turkey	15,523	10
Astaldi SpA	Italy	13,533	7
Kalyon Group	Turkey	12,197	2
Ozaltin	Turkey	5,207	6
TAV Airports Holding Co.	Turkey	4,711	9
Sabancı Holding	Turkey	4,346	11

Şekil 9 - Dünyada En Çok Kamu İhalesi Alan Şirketler

10.2.2-f. Bandırma-Bursa-Yenişehir-Osmaneli Yüksek Standartlı Demiryolu Hattı İnşaatı ile Elektromekanik Sistemlerin Temini İhalesini, 9 milyar 449 milyon TL ile yine beşli çetenin bir üyesi olan ve Dünya Bankası'nın raporuna göre dünyada en çok kamu ihalesi alan 10 şirketten biri olan Kalyon İnşaat almıştır.

10.2.2-g. Sayıştay'a göre "AYGM Kentiçi Raylı Sistemler Yapım Dairesi Başkanlığı tarafından Bursa Emek Şehir Hastanesi Hafif Raylı Sistem Hattı ve Elektromekanik Sistemler Temin Montaj ve İşletmeye Alma İşleri, 4734 sayılı Kanunun 21'inci maddesinin (b) bendine göre pazarlık usulüyle ihale edilerek sözleşmeye bağlanmıştır". 21/b ile ihaleye çıkılmasının sebebini idare, şehir hastanesine ulaşımın acil olması ve önceden öngörülemeyen durum nedeniyle olduğunu belirtmiştir.

İhaleye davet edilmeyen davacı şirket tarafından idareye, 21/b'nin şartları oluşmadığı için Ankara 4. İdare Mahkemesi'nde dava açılmış, Ankara 4. İdare Mahkemesi de 24/12/2020 tarihinde vermiş olduğu kararla şartların oluştuğunu ifade etmiş ve hukuka aykırılık bulunmadığı sonucuna varmış ve davanın reddine karar vermiştir, ancak ihaleye davet edilmeyen davacı şirket bu kararı temyiz ederek Danıştay'a götürmüştür.

Bunun sonucunda Danıştay 13. Dairesi de 21/b şartlarının gerçekleşmediğini ve idarenin şartları sağlamadığını ileri sürerek ihalenin iptaline kesin olarak karar vermiştir.

Bu ihaleyi "Söğüt İnşaat Taahhüt Petrol Madencilik Gıda Nakliyat İç ve Dış Ticaret A.Ş. ile Taşyapı İnşaat Taahhüt San. ve Tic. A.Ş. İş Ortaklığı" almıştır. Bunlar kim diye bakıldığında Söğüt İnşaat'ın sahibinin Melih Gökçek ile irtibatlı olduğu anlaşılmaktadır. Ankara'da dolmuşçuluk yaparken yolu Melih Gökçek ile kesişince hayatı birden değişen Mustafa Akan. Söğüt İnşaat, Ankara Büyükşehir Belediyesi'nin birçok ihalesini almıştır. "Belediyeye ait otobüs garajını 20 milyon TL'ye satın alan ve ardından imar planında ABB Meclisi'nin kararıyla değişiklik yapılarak haksız emsal kullandırıldığı tespit edilen Söğüt İnşaat, sadece sekiz belediye ihalesiyle sermayesini katlayarak artırdı." 324 tane ABB ihalesinin değeri 28 milyar TL iken Söğüt İnşaat, 12 milyar TL'lik kısmını aldı. Aynı zamanda Gökçek dönemindeki belediyenin içme suyu, kanalizasyon ve asfalt ihalelerinin büyük çoğunluğunu aldı. Söğüt İnşaat, haksız emsal kullandığı arazilere Metromall AVM ve Metromall Konutlarını yaptı. Söğüt Havacılık şirketinin de sahibi olan Mustafa Akan, 2017 yılında İçişleri Bakanı olan Süleyman Soylu'ya uçak kiralamıştı.

Şekil 10 - Söğüt İnşaat ve Söğüt Havacılık'ın Sahibi Mustafa Akan

Taşyapı İnşaat'ın sahibi Emrullah Turanlı ile Cumhurbaşkanı Erdoğan'ın ise aralarında yakın ilişki olduğu iddia edilmektedir. Bir zamanlar yolsuzluk ve rüşvet iddialarıyla gözaltına alınan Emrullah Turanlı, rüşvet verdiğini itiraf ettiği halde son 10 yıl içerisinde yüklü miktarda kamu ihalesi almıştır. 2023 yılında bitmesi planlanan Sırbistan-Bosna Hersek Karayolunu da Taşyapı İnşaat almış ve hatta Cumhurbaşkanı Recep Tayyip Erdoğan da mutabakat muhtırasında bulunmuştur.

Şekil 11 - Emrullah Turanlı ve Recep Tayyip Erdoğan Sırbistan-Bosna Hersek Karayolu Anlaşması Sırasında

Taşyapı İnşaat sadece ülkedeki kamu ihalelerini almakla kalmamış, hatta yavru vatan dediğimiz Kuzey Kıbrıs Türk Cumhuriyeti'ndeki D850 Karayolu da Taşyapı İnşaat'a verilmiştir. Daha da vahimi, projenin uygulanması için gerekli finansman ihtiyacının, Türkiye Cumhuriyeti Hükümeti ile KKTC Hükümeti arasında İktisadi ve Mali İşbirliği Anlaşmaları kapsamında Ankara kaynaklı KKTC Karayolları Master Plan Uygulama Projesi ödeneğinden karşılanacak olmasıdır. Emrullah Turanlı, Kuzey Kıbrıs Türk Cumhuriyeti'nde AKP Genel Başkanı Erdoğan'a "uğurlu ellerinizle yapamayacağınız hiçbir şey yoktur" demiştir. Yine Çevre ve Şehircilik Bakanlığı'na bağlı Toplu Konut İdaresi Başkanlığı (TOKİ) 6 Kasım 2020 tarihinde,

"Maraş Bölgesi Çevre Düzenlemesi ve Yol Yapım İşi" adı altında bir ihale düzenledi. İhale, 12 milyon 517 bin TL'ye yine Taşyapı İnşaat Şirketi'ne verildi.

Bu bilgileri verdikten sonra Bursa'daki ihale yolsuzluğuna geri dönelim. Dikkat ederseniz sözleşme tarihi, 03.12.2020 ve sözleşme bedeli 1 milyar 607 milyon TL'dir. Danıştay'ın ihaleyi kesin olarak iptal ettiği tarih ise 23/02/2021 tarihidir, ancak İdare, Danıştay'ın ihaleyi kesin olarak iptal etmesine karşın 03/03/2021 tarihinde Bursa Emek-Şehir Hastanesi Hafif Raylı Sistem Hattı Kontrollük ve Danışmanlık Hizmetleri ihalesine çıkmıştır. 19/04/2021 tarihinde ihalenin sonuç ilanı yayımlanmıştır. Sonuç ilanına bakıldığında 72 milyon TL'lik bir bedel ile "Altaş Altyapı Uluslararası Mühendislik Müşavirlik A.Ş." ihaleyi almıştır. Asıl ihale iptal edildiği halde danışmanlık ve kontrollük amacıyla ihaleye çıkılması başlı başına büyük bir sorundur. Yapılan her ihale hukuk terminolojisinde birbirinden bağımsız olsa da yapım ihalesinin iptal edilmesi ivedilik şartının ortadan kalkmasına sebebiyet verecektir. Bunun sonucunda da 05.04.2021 tarihinde kontrollük ve danışmanlık hizmetleri ihalesinin 21/b ile gerçekleşmesi, ivedilik şartının ve gerekli şartların oluşmaması nedeniyle hukuka aykırıdır. Ayrıca ek olarak Kontrollük ihalesi işinin teknik adı danışmanlık hizmet alımıdır. Kamu İhale Kanunu'nun 48. maddesine göre, "Mimarlık ve mühendislik, etüt ve proje, harita ve kadastro, her ölçekte imar planı, imar uygulama, ÇED raporu hazırlanması, plan, yazılım geliştirme, tasarım, teknik şartname hazırlanması, denetim ve kontrolörlük gibi teknik, mali, hukuki veya benzeri alanlardaki hizmetler, danışmanlık hizmet sunucularından alınır. Danışmanlık hizmetleri, bu bölümde yer alan hükümlere uygun olarak sadece belli istekliler arasında ihale usulü ile ihale edilir. (Değişik son cümle: 31/3/2012-6288/6 md.) Ancak yaklaşık maliyeti 13'üncü maddenin (b) bendinin (2) numaralı alt bendinde hizmet alımları için öngörülen üst limit tutarının dört katının altında kalan danışmanlık hizmetleri, hizmet alımı ihalesiyle gerçekleştirilebilir."

Buna göre kontrollük ve danışmanlık hizmeti alımının ancak belli istekliler arasında ihale edilmesi gerekmektedir ancak bunun 21/b ile yapılması açıkça mevzuata ve hukuka aykırılık teşkil etmektedir.

SONUÇ İLANI
BURSA EMEK-ŞEHİR HASTANESİ HAFİF RAYLI SİSTEM HATTI KONTROLLÜK VE DANIŞMANLIK HİZMETLERİ
ALTYAPI YATIRIMLARI GENEL MÜDÜRLÜĞÜ ULAŞTIRMA VE ALTYAPI BAKANLIĞI BAKAN YARDIMCILIKLARI

İhale kayıt numarası : 2021/106563

1- İhalenin

a) Tarihi : 03.03.2021

b) Türü : Hizmet alımı

c) Usulü : Pazarlık (MD 21 B)

d) Pazarlık Usulünün Seçilme Gerekçesi : Doğal afetler, salgın hastalıklar, can veya mal kaybı tehlikesi gibi ani ve beklenmeyen veya yapım tekniği açısından özellik arz eden veya yapı veya can ve mal güvenliğinin sağlanması açısından ivedilikle yapılması gerekliliği idarece belirlenen hallerde veyahut idare tarafından önceden öngörülemeyen olayların ortaya çıkması üzerine ihalenin ivedi olarak yapılmasının zorunlu olması.

e) Yaklaşık Maliyeti : 78.308.344,00 TRY

2- İhale konusu hizmetin

a) Adı : BURSA EMEK-ŞEHİR HASTANESİ HAFİF RAYLI SİSTEM HATTI KONTROLLÜK VE DANIŞMANLIK HİZMETLERİ

b) Yapılacağı yer : Bursa

c) Süresi : 48 aydır

3- Teklifler

a) Doküman Satın Alan Sayısı : 7

b) Dokümanı EKAP üzerinden e-imza kullanarak indiren sayısı : 7

c) Toplam Teklif Sayısı : 4

d) Toplam Geçerli Teklif Sayısı : 4

e) Yerli istekli lehine fiyat avantajı uygulaması : Uygulanmamıştır

4- Sözleşmenin

a) Tarihi : 05.04.2021

b) Bedeli : 71.999.610,40 TRY

c) Süresi : 01.12.2021 - 01.12.2025

d) Yüklenici : ALTAŞ ALTYAPI ULUSLARARASI MÜHENDİSLİK MÜŞAVİRLİK ANONİM ŞİRKETİ

e) Yüklenicinin uyruğu : Türkiye

f) Yüklenicinin adresi : TOZKOPARAN MAH. HALDUN TANER SK. ALPARSLAN SİTESİ 27 / 18 34173 GÜNGÖREN/İSTANBUL

Kamuoyuna saygıyla duyurulur.
Yazdır

Şekil 12 - Bursa Emek-Şehir Hastanesi Danışmanlık ve Kontrollük Hizmeti İhale Belgesi

SONUÇ İLANI
BURSA EMEK-ŞEHİR HASTANESİ HAFİF RAYLI SİSTEM HATTI İNŞAAT VE ELEKTROMEKANİK SİSTEMLER TEMİN, MONTAJ VE İŞLETMEYE ALMA İŞLERİ ALTYAPI YATIRIMLARI GENEL MÜDÜRLÜĞÜ ULAŞTIRMA VE ALTYAPI BAKANLIĞI BAKAN YARDIMCILIKLARI

İhale kayıt numarası	: 2020/558298
1- İhalenin	
a) Tarihi	: 27.10.2020
b) Türü	: Yapım işi
c) Usulü	: Pazarlık (MD 21 B)
d) Pazarlık Usulünün Seçilme Gerekçesi	: Doğal afetler, salgın hastalıklar, can veya mal kaybı tehlikesi gibi ani ve beklenmeyen veya yapım tekniği açısından özellik arz eden veya yapı veya can ve mal güvenliğinin sağlanması açısından ivedilikle yapılması gerekliliği idarece belirlenen hallerde veyahut idare tarafından önceden öngörülemeyen olayların ortaya çıkması üzerine ihalenin ivedi olarak yapılmasının zorunlu olması.
e) Yaklaşık Maliyeti	: 1.787.026.747,90 TRY
2- İhale konusu yapım işinin	
a) Adı	BURSA EMEK-ŞEHİR HASTANESİ HAFİF RAYLI SİSTEM HATTI İNŞAAT VE ELEKTROMEKANİK SİSTEMLER TEMİN, MONTAJ VE İŞLETMEYE ALMA İŞLERİ
b) Yapılacağı yer	: BURSA
c) Süresi	: 1460
3- Teklifler	
a) Doküman Satın Alan Sayısı	: 6
b) Dokümanı EKAP üzerinden e-imza kullanarak indiren sayısı	: 6
c) Toplam Teklif Sayısı	: 4
d) Toplam Geçerli Teklif Sayısı	: 4
e) Yerli istekli lehine fiyat avantajı uygulaması	: Uygulanmıştır / % 15
4- Sözleşmenin	
a) Tarihi	: 03.12.2020
b) Bedeli	: 1.607.824.000,00 TRY
c) Süresi	: 10.12.2020 - 08.12.2024
d) Yüklenicisi	: SÖĞÜT İNŞAAT TAAHHÜT PETROL MADENCİLİK GIDA NAKLİYAT İÇ VE DIŞ TİCARET ANONİM ŞİRKETİ, TAŞYAPI İNŞAAT TAAHHÜT SAN.VE TİC.A.Ş. İş Ortaklığı
e) Yüklenicinin uyruğu	: Türkiye
f) Yüklenicinin adresi	: VARLIK MAH. YAKACIK SOKAK NO:49 06170 YENİMAHALLE/ANKARA

Kamuoyuna saygıyla duyurulur.
Yazdır

Şekil 13 - Bursa Emek-Şehir Hastanesi'ne İlişkin Bir Başka İhale Belgesi

Yine ihaleler ile ilgili olarak Kentiçi Raylı Sistem yani metro yapımı işlerinde, ihale dokümanında yer alan projeler ile Birim Fiyat Teklif Cetvelindeki İş Kalemleri ve Miktarlarının uyumlu olmadığı Sayıştay raporunda belirtilmiştir.

4734 sayılı Kanun ve bu Kanuna dayanak alınarak hazırlanan Yapım İşleri İhaleleri Uygulama Yönetmeliği'ne göre; arsa temin edilmeden, mülkiyet, kamulaştırma ve gerekli hallerde imar işlemleri tamamlanmadan ve uygulama projeleri yapılmadan ihaleye çıkılamaz. Ancak, ihale konusu için özgün nitelikte ve karmaşık olması nedeniyle teknik ve mali özelliklerinin gerekli olan netlikte belirlenemediği durumlarda ön veya kesin proje üzerinden ihaleye çıkılabilmektedir. Uygulama projesi bulunan işlerde ise anahtar teslimi götürü bedel teklif alınmak suretiyle ihale yapılması zorunludur. Ancak doğal afetler nedeniyle uygulama projesi yapılması için yeterli süre bulunmayan işlerde ön veya kesin proje üzerinden, her türlü onarım işleri ile işin yapımı sırasında belli aşamalarda arazi ve zemin etütleri gerekmesi veya uygulamada imar ve güzergâh değişikliklerinin muhtemel olması nedenleriyle ihaleden önce uygulama projesi yapılamayan (bina işleri hariç) işlerde ise kesin proje üzerinden ihaleye çıkılabilir.

Ancak idarece, metro yapım işleri kesin proje üzerinden birim fiyat teklif almak suretiyle ihale edilmiştir.

Birim fiyat teklif alınacak yapım işlerinde:

1- Mümkün olan arazi ve zemin araştırmaları yapılmış olan, yapı elemanlarının ölçülendirilip boyutlandırıldığı, inşaat sistem ve gereçleri ile teknik özelliklerinin belirtildiği kesin proje,

2- Kesin projeye dayalı olarak, yapım işinin bünyesindeki imalat ve tesisat kalemlerinin yapılacağı yerleri gösteren mahal listeleri,

3- Her bir iş kalemi için hazırlanmış olan ve iş kaleminin adını, yapım şartlarını, ölçü şeklini, birimini, birim fiyata dahil ve hariç unsurları, ihtilafa meydan vermeyecek biçimde açıklayan birim fiyat tarifleri,

4- Her bir iş kaleminin adını ve miktarını gösteren teklif mektubu eki birim fiyat teklif cetveli,

5- İmalat kalemlerinin nitelikleri, yapım koşulları, taşıması gereken standartlar, kullanılacak malzemelerin nitelikleri ve standartları gibi teknik koşulları düzenleyen genel ve/veya özel teknik şartnameler,

6- İdarece gerekli görülen diğer teknik belgeler,

Sayıştay raporuna göre gerçekleşen fiili imalat miktarları ile esas birim fiyat teklif cetvelinde yer alan metrajlar doğru belirlenmediği ortaya çıkmaktadır.

Pozun Adı	Birim	Birim Fiyat Teklif Cetveli Miktarı (A)	Güncel İmalat Miktarı (B)	Miktar Farkı (%)	Teklif Birim Fiyatı (€) (C)	Farkın Etkisi (€) (B-A)xC
125 mm Delik İçine 14 mm Kalınlığında BÇIIIa ile Zemin Çivisi Teşkili	m	1.596	153.682	9529%	20	3.041.720,00
125 mm Delik İçine 26 mm Kalınlığında BÇIIIa ile Zemin Çivisi Teşkili	m	847	343.943,56	40507%	30	10.292.896,80
NATM Tünel Kazısı	m³	78.327	308.589,05	294%	75	17.269.653,75
Tünellerde Püskürtme Beton	m³	10.706	49.445,08	362%	85	3.292.821,80
Çelik İksa	ton	439	2.639,66	501%	1.800	3.961.188,00
1 ½" Boru süren L = 4 m	adet	1.092	5.236	379%	70	290.080,00
BÇIVb Tünel Donatısı	ton	563	2.187,51	289%	660	1.072.176,60
BÇIIIa Tünel Donatısı	ton	583	3.794,73	551%	760	2.440.914,80
Umbrella Arch Yapılması	m	1.575	250.188,45	15785%	150	37.292.017,50
			Toplam		Avro	78.953.469,25

Şekil 14 - Fiyat Teklif Cetveline İlişkin Sayıştay Tablosu

Buna göre birim fiyat cetvelindeki miktar ile fiili imalat arasında 4 ila 400 kat arasında farkların gerçekleştiği açıktır. Birim fiyat teklif cetvelindeki miktar 1.596 iken güncel imalat miktarı 153.682'dir. 153.682-1.596 yapıldığında 152.086 miktar olmaktadır. Buna göre 20 avro ile bu miktar çarpıldığında 3 milyon avro kadar bedel fazla çıkmaktadır. Diğer pozlar da incelendiğinde toplamda 78 milyon avro fazla ödeme yapıldığı ve birim fiyat teklif cetveline uygun olmadığı gözükmektedir.

Sonuç olarak bakıldığında bu metraj bilgilerinin birim fiyat teklif cetvellerine düşük aktarılması sonucu, idare sözleşme yürütülürken öngörülmeyen maliyetlerle karşılaşabilecektir.

İdare Sayıştay'a cevabında, uygulama projesi yapılamayan işlerde ön veya kesin proje üzerinden de birim fiyat teklif alma usulüyle ihaleye çıkılmasının zorunluluk teşkil ettiği, imalat miktarlarının cinsi ve miktarının tam olarak belirlenemediği, hesaplanamadığı ve metro projeleri gibi detaylı özellikler barındıran projelerde proje revizyonunun gerçekleştirilmesinin zorunlu olduğu söylenmiştir.

Birim fiyat teklif cetvelinde düşük gösterilen metraj bilgilerinin tam ve uyumlu olmaması, idarenin üzerinde daha fazla külfet bırakmasına sebebiyet vermektedir.

10.2.3. Yapım İşi ve Mal Alımı İhaleleri Sözleşmelerine "Diğer Hususlar" Hükmü Koyulmak Suretiyle İhale Konusu İş ile İlgili Olmayan Genel ve Sürekli İhtiyaçların Söz Konusu İhaleler Kapsamına Alınması

Yapım işi ve mal alımı ihaleleri sözleşmelerine "diğer hususlar" hükmü koyulmak suretiyle ihale konusu iş ile ilgili olmayan genel ve sürekli ihtiyaçların ihale üzerinden yapılmasına ilişkin mevzuata aykırı işlemler göze çarpmaktadır.

Mevzuat hükümlerinde belirtilene göre aralarında kabul edilebilir doğal bir bağlantı olduğu sürece mal alımı, hizmet alımı ve yapım işlerinin bir arada ihale edilebileceği söz konusudur ancak aralarında kabul edilebilir doğal bir bağlantı olmadığında ihale edilemeyeceği ve bunların sözleşmede yer alamayacağı açıktır.

Sayıştay raporlarına bakıldığında diğer hususlar kısmına şunlar eklenmiştir:

- Binek otomobil.
- Ofis araç ve gereçleri.
- Nitelikli ve niteliksiz personel istihdamı.
- 6245 sayılı Harcırah Kanunu'na tabi bir kısım.

Buna göre toplam 78 araç alınmış. 60 tanesi normal araçken 10 tanesi lüks araç gözükmektedir. Bunun 8 tanesi de minibüstür. Bu araçların büyük bir bölümü bakanlık merkez teşkilatınca kullanılmaktadır. Bu araçların kimlere tahsis edildiği bilinmemektedir. Bu araçlar sözleşmesi yapılan işin ifasından ziyade idarenin merkez teşkilatının genel ve sürekli ihtiyaçlarının teminine yöneliktir. Bu araçlar 2014/6425 sayılı Bakanlar Kurulu Kararı olan yabancı menşeli araçların makam ve hizmetler dışında edinilemeyeceği ve hizmet alımı yoluyla kiralanamayacağı hükmüne açıkça aykırıdır. Sayıştay raporuna göre bu araçlar yüzde 50 yerlilik oranına tabi değildir.

Daha da önemlisi 530 tane bilgisayar, 390 tane telefon, 44 tane televizyon, 25 tane projeksiyon, 97 tane yazıcı, 10 tane cilt makinesi, 12 tane evrak imha makinesi, 12 tane kesintisiz güç kaynağı, 8 tane dijital fotoğraf makinesi sözleşmesi yapılan işin ifasından farklıdır. Çok daha önemlisi bu ofis gereçlerinin taşınır kayıtları yapılmamıştır. Bu araç ve gereçlerden kimler faydalanmıştır, belirsizdir. Bu durum Sayıştay raporlarına yansımış ve Hediye Alma ve Menfaat Sağlama Yasağı'nın ihlalini göstermiştir. Bu araç ve gereçlerin birilerine verildiği Sayıştay raporlarına da açıkça yansımıştır.

Araç-Gereç/İşin Adı	Mersin-Adana YSDH *(21/b)	Bandırma-Bursa YSDH *(21/b)	Bursa-Şehir Hastanesi MT *(21/b)	İstanbul Yeni Havalimanı Metrosu Araç Alımı (21/b)	Gebze-Darıca Raylı Sistem Araç Alımı (Açık)	Toplam
Araç	15	15	10	10	10	60
Araç (Lüks-2.0-3.0lt)	5	5				10
Minibüs	4	4				8
Bilgisayar (PC)	90	90	10	15	15	220
Bilgisayar (Dizüstü)	50	50	10	20	20	150
Bilgisayar (Tablet)	60	60		20	20	160
Cep Tel. (hatlı)	70	70	10	40	40	230
Dijital Tel. (hatlı)	40	40	20	30	30	160
Telvizyon (LCD)	13	13	2	8	8	44
Projeksiyon	8	8	1	4	4	25
Yazıcı/Fotokopi Ch.	35	35	5	11	11	97
Cilt Makinası	4	4		1	1	10
Evrak İmha Mk.	6	6				12
Ups (Kesintisiz Güç Kayn.)	4	4	2	1	1	12
Dijitak Foto. Mk.	4	4				8

*YSDH: Yüksek Standartlı Demiryolu Hattı   *MT: Metro Hattı

Şekil 15 - Diğer Hususlara Eklenen Araç ve Gereçlere İlişkin Sayıştay Tablosu

Sayıştay raporuna göre, "Mersin-Adana YSDH yapım işinde; söz konusu iş kapsamında 20 otomobil (5 tanesi lüks segment, Audi A6, Volvo XC90 vs., 90 masaüstü bilgisayar, 50 dizüstü bilgisayar, 60 tablet bilgisayar, 70 cep telefonu (hatlı) talep edilmiştir. Oysa bu iş kapsamında kontrol teşkilatı genel olarak 5 kişiden oluşmaktadır. Dolayısıyla, talep edilen otomobil, ofis araçları ve diğer gereçlerin işin kapsamının çok ötesinde olduğu açıktır." Kontrol teşkilatında 5 kişi çalışmasına rağmen bu kadar harcamanın yapılması, bu araçların ve bilgisayar, tablet gibi araç gereçlerin bir başkalarına verildiği ve onlar tarafından kullanıldığı açıktır.

Tüm bu ihaleler 21/b kapsamında istisnai hüküm olan pazarlık usulüyle yapılmıştır.

Mersin-Adana Yüksek Standartlı Demiryolu Hattı'nda istisnai hüküm olan pazarlık usulü 21/b ile 3 adet mimar, 5 adet inşaat mühendisi, 3 adet elektrik mühendisi, 3 adet makine mühendisi, 5 adet teknisyen, 8 adet ofis elemanı, 4 adet bilgisayar operatörü, 2 adet sekreter, 6 adet arşivci, 12 adet servis elemanı ve 10 adet şoför temin edilmiştir. Toplamda 61 adet nitelikli veya niteliksiz personelin alımı ihale usulüyle gerçekleşmiştir. Yalnızca burada değil, Bandırma-Bursa YSDH'de, Kocaeli Şehir Hastanesi'nde, Kayseri-Anafartalar Tren Hattı'nda, Bursa Şehir Hastanesi Metro Hattı'nda, İstanbul Yeni Havalimanı Metrosu Araç Alımı'nda, Gebze Darıca Raylı Sistem Araç Alımı'nda toplamda 129 personel ihale kapsamında temin edilmiştir.

İşin Adı / Personel	Mimar	İnşaat Mh.	Elektrik Mh.	Makine Mh.	Teknisyen	Ofis Elm.	Bilgisayar Oprt.	Sekreter (İng)	Arşivci	Servis Elm.	Şoför	Toplam
Mersin-Adana YSDH* (21/b)	3	5	3	3	5	8	4	2	6	12	10	61
Bandırma-Bursa YSDH* (21/b)	3	5	3	3	5	8	4	2	6	12	10	61
Kocaeli-Şehir Hastanesi TH* (21/b)						1	1			2	2	6
Kayseri-Anafartalar TH* (21/b)						1	1			2	2	6
Bursa-Şehir Hastanesi MT* (21/b)						1	1		1	3		6
İstanbul Yeni Havalimanı Metrosu Araç Alımı (21/b)	4				4	4		4		4	5	25
Gebze-Darıca Raylı Sistem Araç Alımı (Açık)	4				4	4		4		4	5	25
TOPLAM	14	10	6	6	18	27	11	12	13	39	34	

YSDH: Yüksek Standartlı Demiryolu Hattı   MT: Metro Hattı

Şekil 16 - Personel Teminine İlişkin Sayıştay Tablosu

Tüm bunlar incelendiğinde mal alımı ve yapım işleri sözleşmesine ek olarak diğer hususlar ile alınan bu personel, ilişkili oldukları sözleşmeler kapsamındaki işlerde çalışmamaktadırlar. Kamu personel politikasında oldukça sakıncalı olan bu durum karşısında idare, bunu genel bir istihdam politikası olarak yerine getirmektedir.

10.2.3-a. Yapım İşi ve Mal Alımı İhaleleriyle Temin Edilen Harcırah Kanunu'na Tabi İşler

İdarelerin gerçekleştireceği Yapım İşi ve Mal Alımı sözleşmelerinin "Diğer Hususlar" kısmı incelendiğinde, yöneticilerin görev ve yetkilerini kötüye kullandığına ilişkin saptamalar yapılabilmektedir.

Yurtdışı ve yurtiçi gezilerinin, uçak biletlerinin, konaklama, ulaşım bedellerinin, teknik inceleme gezilerinin yükleniciler tarafından karşılanacağı bilgisi vardır. Buna göre "Yüklenici, işin yapımında çalışan idare elemanlarının yapım sırasında, en son teknolojik uygulamaları yerinde görmesi ve bilgilenmesi amacıyla 300 adam-gün yurtdışında olmak üzere teknik inceleme gezileri düzenleyecektir. Bu gezilere katılacak idare elemanlarının her türlü iaşe, ibate, ulaşım vb. giderleri yüklenicinin sorumluluğundadır" ifadeleri sözleşmelerde yer almaktadır.

İşin Adı	Cins	Miktar	İlgili Doküman Hükmü
Mersin-Adana YSDH*(21/b)	Yurt dışı	300 Adam/Gün	Yüklenici, işin yapımında çalışan İdare elemanlarının yapım sırasında, en son teknolojik uygulamaları yerinde görmesi ve bilgilenmesi amacıyla 300 adam-gün yurt dışında olmak üzere teknik inceleme gezileri düzenleyecektir. Bu gezilere katılacak İdare elemanlarının her türlü iaşe, ibate, ulaşım vb. giderleri Yüklenicinin sorumluluğundadır.
	Yurt içi	250 Adam/Gün	Yüklenici 250 km uzak mesafeden gelen tüm kontrol/kabul personelinin (uçak ve transfer dahil) tüm ulaşım, konaklama, iaşe ve ibate bedellerini karşılayacak personeli layıkıyla ağırlayacaktır.
Bandırma-Bursa YSDH* (21/b)	Yurt dışı	300 Adam/Gün	Yüklenici, işin yapımında çalışan İdare elemanlarının yapım sırasında, en son teknolojik uygulamaları yerinde görmesi ve bilgilenmesi amacıyla 300 adam-gün yurt dışında olmak üzere teknik inceleme gezileri düzenleyecektir. Bu gezilere katılacak İdare elemanlarının her türlü iaşe, ibate, ulaşım vb. giderleri Yüklenicinin sorumluluğundadır.
	Yurt içi	250 Adam/Gün	Yüklenici 250 km uzak mesafeden gelen tüm kontrol/kabul personelinin (uçak ve transfer dahil) tüm ulaşım, konaklama, iaşe ve ibate bedellerini karşılayacak personeli layıkıyla ağırlayacaktır.
Bursa-Şehir Hastanesi MT*(21/b)	Yurt dışı	100 Adam/Gün	Yüklenici, işin yapımında çalışan İdare elemanlarının yapım sırasında, en son teknolojik uygulamaları yerinde görmesi ve bilgilenmesi amacıyla 100 adam-gün yurt dışında olmak üzere teknik inceleme gezileri düzenleyecektir. Bu gezilere katılacak İdare elemanlarının her türlü iaşe, ibate, ulaşım vb. giderleri Yüklenicinin sorumluluğundadır.
	Yurt içi	Sınır Yok	Yüklenici 200 km uzak mesafeden gelen tüm kontrol/kabul personelinin (uçak ve transfer dahil) tüm ulaşım, konaklama, iaşe ve ibate bedellerini karşılayacak personeli layıkıyla ağırlayacaktır.
İstanbul Yeni Havalimanı Metrosu Araç Alımı (21/b)	Yurt dışı	200 Adam/Gün	Yüklenici, işin yapımında çalışan İdare elemanlarının yapım sırasında, en son teknolojik uygulamaları yerinde görmesi ve bilgilenmesi amacıyla 200 adam-gün yurt dışında olmak üzere teknik inceleme gezileri düzenleyecektir. Bu gezilere katılacak İdare elemanlarının her türlü iaşe, ibate, ulaşım vb. giderleri Yüklenicinin sorumluluğundadır.
Gebze-Darıca Raylı Sistem Araç Alımı (Açık)	Yurt dışı	200 Adam/Gün	Yüklenici, işin yapımında çalışan İdare elemanlarının yapım sırasında, en son teknolojik uygulamaları yerinde görmesi ve bilgilenmesi amacıyla 200 adam-gün yurt dışında olmak üzere teknik inceleme gezileri düzenleyecektir. Bu gezilere katılacak İdare elemanlarının her türlü iaşe, ibate, ulaşım vb. giderleri Yüklenicinin sorumluluğundadır.

Şekil 17 - Yurtdışı ve Yurtiçi İaşe, İbate, Ulaşım Giderlerine İlişkin Sayıştay Tablosu

Bu durum da açıkça "Hediye Alma ve Menfaat Yasağı" ihlalini doğurmaktadır. Bu durumda kamu görevlisi sadakat bağını devlete karşı sürdüremeyecek ve tarafsızlığını, güvenilirliğini yükleniciye karşı yerine getirecektir. Anayasaya sadakat bağıyla bağlı olmakla yükümlü olan kamu görevlilerinin görevlerini yapmasını ve alınacak kararlarında etkili olmasını sağlayacak yurtiçi, yurtdışı gezilerinin yapılması, görevlerinden çıkar sağladıklarını göstermektedir. Bu durum açık olarak hem Anayasa hem de ilgili mevzuatın ihlalini oluşturmaktadır. Bu durum kamu görevlisine hediye verilmesini ve görev sebebiyle çıkar sağlamasını sağlamaktadır.

Sayıştay da raporunda her türlü ulaşım, iaşe, ibate ve konaklama giderleri karşılanacak idare personelinin, yüklenicinin yaptığı işin denetim ve kontrolünde görevli olduğu ve dolayısıyla işlerinin icrası anlamında yüklenici ile aralarında çıkar çatışması olduğunu belirtmiş ve bu hükümlerin ne etik sözleşmeyle ne de ilgili mevzuatla bağdaştığını söylemiştir.

10.2.4. İhale Edilen Yapım İşinin Tamamının Alt Yükleniciye Yaptırılması

Bayburt-Gümüşhane Havalimanı Altyapı ve Müteferrik İşler İnşaatı yapım işinde yüklenici firma, "Onur Taahhüt Taşımacılık İnşaat Ticaret ve Sanayi Anonim Şirketi, İmaj Altyapı Üst Yapı Sanayi ve Ticaret Anonim Şirketi İş Ortaklığı" olarak gözükmektedir.

Yapım işleri genel şartnamesine göre işin tamamının hiçbir suretle alt yüklenicilere yaptırılamayacağı hüküm altına alınmıştır.

SONUÇ İLANI
HAVALİMANI ALTYAPI VE MÜTEFERRİK İŞ YAPTIRILACAKTIR
ALTYAPI YATIRIMLARI GENEL MÜDÜRLÜĞÜ ULAŞTIRMA, DENİZCİLİK VE HABERLEŞME BAKANLIĞI MÜSTEŞARLIK

İhale kayıt numarası	: 2017/661138
1- İhalenin	
a) Tarihi	: 16.01.2018
b) Türü	: Yapım işi
c) Usulü	: Açık
d) Yaklaşık Maliyeti	: 190.438.256,29 TRY
2- İhale konusu yapım işinin	
a) Adı	: BAYBURT-GÜMÜŞHANE HAVALİMANI ALTYAPI VE MÜTEFERRİK İŞLER İNŞAATI İŞİ
b) Yapılacağı yer	: Salyazı-Köse/GÜMÜŞHANE
c) Süresi	: 750
3- Teklifler	
a) Doküman Satın Alan Sayısı	: 72
b) Dokümanı EKAP üzerinden e-imza kullanarak indiren sayısı	: 72
c) Toplam Teklif Sayısı	: 24
d) Toplam Geçerli Teklif Sayısı	: 24
e) Yerli istekli lehine fiyat avantajı uygulaması	: Uygulanmıştır / % 15
4- Sözleşmenin	
a) Tarihi	: 27.02.2018
b) Bedeli	: 174.748.099,75 TRY
c) Süresi	: 13.03.2018 - 31.03.2020
d) Yüklenicisi	: ONUR TAAHHÜT TAŞIMACILIK İNŞAAT TİCARET VE SANAYİ ANONİM ŞİRKETİ, İMAJ ALTYAPI ÜST YAPI SANAYİ VE TİCARET ANONİM ŞİRKETİ İş Ortaklığı
e) Yüklenicinin uyruğu	: Türkiye
f) Yüklenicinin adresi	: İLKBAHAR MAH. 612 SK. 12 06550
Kamuoyuna saygıyla duyurulur.	
Yazdır	

Şekil 18 - Bayburt Havalimanı İhale Belgesi

Söz konusu yapım işi, İdare tarafından 190.438.256,29 TL olarak hazırlanan yaklaşık maliyet üzerinden 16.01.2018 tarihinde 174.748.099,75 TL bedelle ihale edilmiş ve 27.02.2018 tarihinde sözleşmesi imzalanmıştır.

İşe ait Sözleşme'nin 15.1 ve 15.2'nci maddeleri ile Sözleşme'nin eki İdari Şartname'nin 18.1'inci maddelerinde; ihale konusu işte İdarenin onayı ile alt yüklenici çalıştırılabileceği; ancak, işin tamamının alt yüklenicilere yaptırılamayacağı ve alt yüklenicilerin yaptıkları işlerle ilgili sorumluluklarının yüklenicinin sorumluluğunu ortadan kaldırmayacağı düzenlenmiştir.

Alt Yüklenici Sözleşmesi'nin "Sözleşme bedeli" başlıklı 6'ncı maddesinin, yüklenici sözleşmesi kapsamındaki 156.929.798,50 TL tutarındaki (% 89.80 oranında) işlerin YİGŞ 20.1-10 maddeleri, işe ait Sözleşme'nin 15.1 ve 15.2 maddeleri ile İdari Şartname'nin 18.1'inci maddesi gereğince yaptırılmasına olur verilmiştir.

Yani 156.929.798,50 TL ile alt yüklenici ihaleyi üstlenmiştir. Bu durumda Onur Taahhüt ve İmaj Altyapı İş Ortaklığı, hiçbir iş yapmadan, sözleşmeyi alt yükleniciye yükleyerek 17.818.301,25 TL kazanacaktır.

Yüklenici firma işin tamamını ihale bedeli olan 174.748.099,75 TL tutarının %10.20 indirim oranına karşılık gelen 156.929.798,50 TL bedelle Alt Yüklenici Sözleşmesi imzalamak suretiyle yaptırmaktadır.

Bu durum sözleşmenin devri olduğu için 4735 sayılı Kamu İhale Sözleşmeleri Kanunu'nun sözleşme devrine ilişkin hükümlerinin uygulanması gerekmektedir.

4735 sayılı Kamu İhale Sözleşmeleri Kanunu'nun 20. maddesine göre, "Sözleşmenin devri Madde 16- Sözleşme, zorunlu hallerde ihale yetkilisinin yazılı izni ile başkasına devredilebilir. Ancak, devir alacaklarda ilk ihaledeki şartların aranması zorunludur. Ayrıca, isim ve statü değişikliği gereği yapılan devirler hariç olmak üzere, bir sözleşmenin devredildiği tarihi takip eden üç yıl içinde aynı yüklenici tarafından başka bir sözleşme devredilemez veya devir alınamaz. İzinsiz devredilen veya devir alınan veya bir sözleşmenin devredildiği tarihi takip eden üç yıl içinde devredilen veya devir alınan sözleşmeler feshedilerek, devreden ve devir alanlar hakkında 20, 22 ve 26'ncı madde hükümleri uygulanır."

Ayrıca Sayıştay raporlarına bakıldığında Alt Yüklenici Sözleşmesi'ne dahil olmadığı iddia edilen işlerin asıl yüklenici veya başka bir alt yükleniciye yaptırıldığına ilişkin herhangi bir belge de ileri sürülememiştir.

10.2.5. Danışmanlık Hizmet Alım İhalelerinin Piyasa Rayiç Bedelden Fazla Olması

İdare tarafından gerçekleştirilen danışmanlık hizmet alım ihalelerinin piyasa rayiç bedellerinden fazla olduğu Sayıştay raporlarında açıkça gözükmektedir. İdarenin kontrollük, danışmanlık ve mühendislik hizmetleri alımı işleri kapsamında, mevzuata uygun olmayan şekilde, idarenin genel ve sürekli ihtiyaçlarının karşılanması amacıyla personel istihdam edildiği gözükmektedir.

Mimarlık ve mühendislik, etüt ve proje, harita ve kadastro, her ölçekte imar planı, imar uygulama, Çevresel Etki Değerlendirme (ÇED) raporu hazırlanması, plan, yazılım geliştirme, tasarım, teknik şartname hazırlanması, denetim ve kontrolörlük gibi teknik, mali, hukuki veya benzeri alanlardaki hizmetler, danışmanlık hizmeti olarak tanımlanmış.

2020 yılı içerisinde yapılan Bursa Emek- Şehir Hastanesi Hafif Raylı Sistem Hattı Kontrollük ve Danışmanlık Hizmetleri Alımı işi, Konya Raylı sistem Hatları I. Etap için Kontrollük ve Danışmanlık Hizmetleri Alımı işi ve Mersin-Adana-Osmaniye Gaziantep Yüksek Standartlı Demiryolu Hattı İnşaatı için Kontrollük, Danışmanlık ve Mühendislik Hizmetleri Alımı işleri, 4734 sayılı Kanunun 48'inci maddesi kapsamında yer alan danışmanlık hizmet alımlarıdır.

Danışmanlık Hizmet Alımı İhaleleri Uygulama Yönetmeliği'ne göre, ihale konusu işte çalıştırılması öngörülen teknik personelin sayısı ve niteliklerinin idari şartnamede düzenlenmesi gerekmektedir.

Danışmanın, sorumlu müdür dahil istihdam edeceği teknik personelin her birinin adının, unvanının, iş tanımının, asgari niteliğinin ve çalışma süresinin sözleşmede belirtilmesi zorunludur.

Normalde belirlenmesi gereken asgari nitelikler belirtilmediği için vasıfsız personel bu ihaleler aracılığıyla işe alınmıştır. İhale konusu işin uzmanlığını gerektirirken vasıfsız personelin alınması ihalelerdeki yolsuzluğu göstermektedir.

Büro Teknisyeni, Arşiv Teknisyeni, Bilgisayar Teknisyeni ve PR Teknisyeni pozisyonunda bulunan kişilerin, İdarenin merkez ve taşra teşkilatında genel idari işlerde sürekli olarak istihdam edildiği görülmüştür.

Bir de bu istihdam edilen kişiler, idarenin genel ve sürekli ihtiyaçları için çalıştırılmaktadır. Sonuç olarak bakıldığında işin amacı ve kapsamı dışında idarenin genel ve sürekli ihtiyaçlarına yönelik bir istihdam politikası yaratılmaktadır.

Anayasa m.128'e göre "Devletin, kamu iktisadi teşebbüsleri ve diğer kamu tüzelkişilerinin genel idare esaslarına göre yürütmekle yükümlü oldukları kamu hizmetlerinin gerektirdiği asli ve sürekli görevler, memurlar ve diğer kamu görevlileri eliyle görülür."

Bu görevlere bakıldığında asli ve sürekli görevler memurlar ve diğer kamu görevlileri eliyle yürütülmesi gerekirken uzman olmayan ve ihale yoluyla teknik personel alımıyla yürütülmesi anayasaya aykırılık teşkil etmektedir.

10.3. Aile Çalışma ve Sosyal Politikalar Bakanlığı

10.3.1. Doğrudan Temin Yönteminde Yasaklılık Sorgulaması ve EKAP Kaydı İşlemlerinin Yapılmaması

4734 sayılı Kamu İhale Kanunu'nun 22. maddesinin (d) bendine göre bazı limitler kapsamında yapılan alımlarda yasaklılık kontrolü yapılması gerekmektedir. Buna göre (d) bendindeki parasal limitler dahilinde yapılan alımlarda, alım yapılacak gerçek veya tüzel kişinin Kamu İhale Kurumu'nun internet sayfasındaki yasaklılar listesinde bulunup bulunmadığının kontrol edilmesi ve yasaklı olduğunun belirlenmesi durumunda söz konusu gerçek veya tüzel kişiden alım yapılmaması gerekmektedir. İdare, bu kontrolü Elektronik Kamu Alımları Platformu'ndan (EKAP) yapabilmektedir.

Sayıştay'ın yaptığı incelemelere göre Aile Çalışma ve Sosyal Politikalar Bakanlığı doğrudan temin yoluyla yapılan alımlarda EKAP üzerinden yasaklılar listesini incelememiştir. Yasaklılık kontrolünün yapılmaması sonucunda doğrudan temin yoluyla yapılan alımlarda ihaleye fesat karıştıran veya devleti hülle yaparak kandırmaya çalışanlar ile iş yapılmış gözükmektedir.

Aynı zamanda Kamu İhale Tebliği'nin Elektronik Kamu Alımları Platformu üzerinden yapılacak diğer işlemleri düzenleyen 30.9.2'nci maddesine göre doğrudan temin yoluyla yapılan alımların, takip eden ayın onuncu gününe kadar "Doğrudan Temin Kayıt Formu" doldurularak Elektronik Kamu Alımları Platformu üzerinden kayıt altına alınması gerekmektedir.

Doğrudan temin yoluyla yapılan bu alımlarda şeffaflık ilkesi gereğince Kamu İhale Genel Tebliği hükümlerine uyulması gerekmektedir.

10.3.2. Kamu İhale Kanunu'ndan İstisna Tutulmayan Bazı Mal Alımlarının İstisna Kapsamında Değerlendirilerek Türksat A.Ş.'den Temin Edilmesi

Aile Çalışma ve Sosyal Politikalar Bakanlığı, Kamu İhale Kanunu kapsamında olan bazı mal alımlarını 406 sayılı Telgraf ve Telefon Kanunu'nda belirtilen istisna hükmü kapsamında değerlendirerek ihale yapmamış ve bu mal alımları Türksat A.Ş.'den temin etmiştir.

Buna göre temel ihale usulü olan açık ihale usulü veya belli istekliler arasında ihale usulünün kullanılması gerekmekteyken Kamu İhale Kanunu'na başka kanunlar tarafından getirilen istisnalar kullanılmıştır.

Buna göre, "... 4/1/2002 tarihli ve 4734 sayılı Kamu İhale Kanunu kapsamındaki idareler, e-devlet ile ilgili bilgi ve iletişim teknolojileri hizmetleri kapsamında, Türksat A.Ş.'den doğrudan yapacakları hizmet alımları yönünden, 4734 sayılı Kamu İhale Kanunu'na tabi değildir."

406 sayılı kanunla e-devlet ile ilgili bilgi ve iletişim teknolojileri hizmetleri kapsamında Türksat A.Ş.'den yapılacak hizmet alımları Kamu İhale Kanunu'ndan istisna tutulmuştur ancak mal alımları istisna kapsamında değildir.

Aile Çalışma ve Sosyal Politikalar Bakanlığı'nın, Sayıştay'ın gerekli evrakları incelemesi sonucunda; mal alımı niteliğindeki atak önleme cihazı, yönlendirici (router) cihazı, güvenlik duvarı cihazı ve lisansı, bant genişliği yönetim cihazı, rack tipi sunucu alımı ve bilgi güvenliğinin sağlanmasına yönelik bazı lisansların teminini Kamu İhale Kanunu'na uymaksızın doğrudan Türksat A.Ş.'den temin ettiği ortaya çıkmıştır.

Bu durum açık olarak rekabette eşitlik ilkesine aykırılık teşkil etmektedir.

10.4. Adalet Bakanlığı

10.4.1. Limitler Kapsamında Yapılan Doğrudan Temin Alımlarında Yasaklılık Kontrolünün Yapılmaması

4734 sayılı Kamu İhale Kanunu'nun 22. maddesinin (d) bendine göre bazı limitler kapsamında yapılan alımlarda yasaklılık kontrolü yapılması gerekmektedir. Buna göre (d) bendindeki parasal limitler dahilinde yapılan alımlarda, alım yapılacak gerçek veya tüzel kişinin Kamu İhale Kurumu'nun internet sayfasındaki yasaklılar listesinde bulunup bulunmadığının kontrol edilmesi ve yasaklı olduğunun belirlenmesi durumunda söz konusu gerçek veya tüzel kişiden alım yapılmaması gerekmektedir. İdare, bu kontrolü Elektronik Kamu Alımları Platformu'ndan (EKAP) yapabilmektedir.

Sayıştay'ın yaptığı incelemelere göre Adalet Bakanlığı, yani devlet tüzel kişiliği içerisinde adaletin tesis edilmesini sağlamakla mükellef olan bakanlık, doğrudan temin yoluyla yapılan alımlarda EKAP üzerinden yasaklılar listesini incelememiştir. Yasaklılık kontrolünün yapılmaması sonucunda doğrudan temin yoluyla yapılan alımlarda ihaleye fesat karıştıran veya devleti hülle yaparak kandırmaya çalışanlar ile iş yapılmış gözükmektedir.

10.4.2. Bazı Danışmanlık Hizmetleri Niteliğindeki İşlerdeki Hatalı Uygulamalara İlişkin

Hizmet alım usulüyle ihalesi gerçekleştirilen danışmanlık hizmet alım ihalelerinde teknik personelin niteliklerine yer verilmemiştir. Ayrıca Sayıştay raporuna göre "Yapım işlerinin yürürlükte olan mevzuat ile fen ve sanat kurallarına uygun olarak inşaatına yönelik teknik esaslarının belirlendiği, hizmet alımı yöntemiyle ihalesi yapılan danışmanlık hizmet işlerinin; jeolojik etüd çalışmaları, zemin deneyleri, proje hesap ve çizimleri ile teknik şartnamelerinin hazırlanması çalışmalarını içermekte oldukları, bu işlerin teknik personel marifetiyle, mühendislik çalışmaları neticesinde tamamlanabilecekleri değerlendirildiğinde, danışmanlık hizmet alım usulü ile ihale edilen işlerin sözleşmelerinde belirtildiği üzere, hizmet alım usulü ile ihalesi yapılan söz konusu danışmanlık işlerinin sözleşme eki dokümanlarında da teknik elemanların nitelik ve sayıları belirtilmelidir."

İdare tarafından hizmet alımı yöntemiyle ihalesi yapılan danışmanlık hizmet işlerinde teknik elemanların niteliklerinin belirlenmemesi, kamu personel sisteminde liyakat temelli bir anlayışın olmadığının göstergelerinden bir tanesidir.

10.5. İçişleri Bakanlığı

10.5.1. Kamu İhale Mevzuatına Uyulmaksızın Protokol ile Hizmet Alımı Yapılması

İçişleri Bakanlığı İç Güvenlik Stratejileri Dairesi Başkanlığı'nca düzenlenen bazı programlar nedeniyle davet edilen misafirlerin ve geçici görevler dolayısıyla görevlendirilen personelin uçak biletleri ile havalimanı transferi taşımacılık hizmeti alımları, kamu ihale mevzuatına uyulmaksızın bir firma ile protokol düzenlenerek temin edilmiştir.

Bilindiği gibi, Kamu İhale Kanunu'na göre uygulanacak ihaleler belirlidir. Buna göre, açık ihale usulü, belli istekliler arasında ihale usulü, pazarlık usulü ve doğrudan temin yöntemiyle hizmet alımı, mal alımı vs. yapılabilmektedir.

Sayıştay raporuna göre, "14.02.2019 tarih ve 30658 sayılı *Resmî Gazete*'de yayımlanan 758 karar sayılı Cumhurbaşkanı Kararı eki 'İçişleri Bakanlığı Tarafından, 4734 Sayılı Kamu İhale Kanunu'nun 3'üncü Maddesinin (b) Bendi Kapsamında Yapılacak Alımlara İlişkin Usul ve Esaslar'ın 'Uygulanacak İhale Usulleri' başlıklı 13'üncü maddesinde bu usul ve esaslar kapsamında yapılacak alımlarda açık ihale usulü, belli istekliler arasında ihale usulü, rekabetçi müzakere usulü ve pazarlık usulünün ihale usulleri olarak uygulanacağı; 'Doğrudan Temin' başlıklı 14'üncü maddesinin ilgili bentlerinde belirtilen alımların ise doğrudan teminle yapılabileceği belirtilmiştir."

Buna göre mevzuat hükümlerine göre genel bütçeli idareler yapacakları her türlü mal ve hizmet alımları ile yapım işleri ihalelerini 4734 sayılı Kanun hükümlerine göre yürütmek zorundadır. Kanun hükümlerinde belirtilen temel ilkelerden olan rekabette açıklığın, eşit muamelenin, güvenilirliğin, gizliliğin, kamuoyu denetiminin, saydamlığın sağlanabilmesi için idareler mevzuata uymak zorundadır.

İçişleri Bakanlığı tarafından savunma, güvenlik veya istihbarat alanlarına ilişkin yapılacak mal ve hizmet alımları için ve sözleşmelerin yürütülmesi sırasında özel güvenlik tedbirleri alınması gereken veya devlet güvenliğine ilişkin temel menfaatlerin korunmasını gerektiren hallerle ilgili olan mal ve hizmet alımları için 4734 sayılı Kanunun 3. maddesinin (b) bendine dayanarak alınan 758 karar sayılı Cumhurbaşkanı Kararı uygulanabilmektedir.

Herhangi bir kanun hükmüne, mevzuat hükmüne dayanıl-maksızın veya kanun hükümlerindeki ihale usullerinin kullanılması söz konusu olmaksızın özel bir şirket ile protokol düzenlenerek temin edilmesi hukuka aykırılık teşkil etmektedir.

10.5.2. Araç Kiralama Hizmet Alımı İşinin İhale Yerine Doğrudan Teminle Yapılması

İçişleri Bakanlığı Destek Hizmetleri Dairesi Başkanlığı'nca, Bakanlık merkez teşkilatı makam ve koruma hizmetlerinde kullanılmak üzere 8 adet sürücülü araç kiralama hizmet alımı işinin ihale usulleri kullanılarak yapılması gerekirken doğrudan temin yöntemiyle gerçekleştiği Sayıştay raporlarına yansımıştır.

Doğrudan temin ile yapılan alımlar bilindiği gibi EKAP sistemine yansımamakta ve bu nedenle de kamuya açıklık ve şeffaflık ilkesinin gerekleri yerine getirilememektedir.

758 karar sayılı Cumhurbaşkanı Kararı eki, İçişleri Bakanlığı Tarafından, 4734 sayılı Kamu İhale Kanunu'nun 3'üncü Maddesinin (b) Bendi Kapsamında Yapılacak Alımlara İlişkin Usul ve Esaslar'ın "Uygulanacak İhale Usulleri" başlıklı 13'üncü maddesine göre yapılacak olan alımlarda ihale usulü olarak temel ihale usullerinin kullanılması gerekmekte olduğu belirtilmiştir. Buna göre, açık ihale usulü, belli istekliler arasında ihale usulü, rekabetçi müzakere usulü ve pazarlık usulünün kullanılması gerekmektedir. Doğrudan temin açısından bakıldığında ise önceden düşünülmesi mümkün olmayan ani ve beklenmeyen olayların ortaya çıkması üzerine ivedi olarak yapılması gerekip açık, belli istekliler arasında veya pazarlık usulü ile ihalenin uygulanması için yeterli süre bulunmayan acil ihtiyaçlara yönelik alımlarda doğrudan temin kullanılabileceği ifade edilmiştir.

Buna göre araç kiralama ihalesinin önceden düşünülmesi mümkün olmayan ani ve beklenmeyen olaylardan sayılıp sayılamayacağı tartışmalıdır, çünkü idarelerin zaten görev maksadıyla kullandıkları araçları mevcuttur. Bu durumda idarenin bu ihaleye çıkması hem kamuyu zarara uğratmakta hem de mevzuat açısından hukuka aykırılık teşkil etmektedir.

Sayıştay raporuna bu ihale şu şekilde yansımıştır: "Marka, model ve teknik özellikleri aynı ya da birbirine çok yakın olan aynı sayıdaki (8 adet) aracın idarece 12.06.2017 - 31.12.2019 tarihleri için 758 karar sayılı Cumhurbaşkanı Kararı eki Usul ve Esaslar'dan önce yürürlükte olan 01.02.2010 tarih ve 2010/87 sayılı Kararnamenin Eki Esaslar'ın 10'uncu maddesinin (c) bendine göre pazarlık usulüyle kiralandığı, bir önceki işe ait ihale işlem dosyasının incelenmesinden anlaşılmıştır."

Buna göre 2.5 yıldır pazarlık usulüyle temin edilen hizmet alımı işinin, doğrudan temin yöntemiyle ivedilik şartının sağlandığından dolayı gerçekleştiği iddia edilmektedir. Bu durum da açıkça idarenin kamuyu yanlış bilgilendirmesidir, çünkü 2020 yılı için yapılması gereken araç kiralama hizmet alım işi, önceden planlama yapılarak yapılmalıydı çünkü bu durumun ortaya çıkacağı öngörülmekteydi.

10.5.3. Doğrudan Teminle Gerçekleştirilen ve Teslimi Belli Bir Süreyi Gerektiren Hizmet Alımlarında Sözleşme İmzalanmaması

İçişleri Bakanlığı Nüfus ve Vatandaşlık İşleri Genel Müdürlüğünce doğrudan teminle gerçekleştirilen ve teslimi belli bir süreyi gerektiren tadilat, bakım ve onarım, büyük onarım vb. hizmet alımlarını sözleşmeye bağlamamıştır.

Doğrudan temin, Kamu İhale Kanunu'nda belirtilen nitelikteki ihtiyaçların karşılanması amacıyla kolaylık sağlanması için getirilen bir yöntemdir. Doğrudan temin yöntemiyle alımı gerçekleştirilecek malın teslimi veya hizmetin ya da yapım işinin belli bir süreyi gerektirmesi durumunda, alımın bir sözleşmeye bağlanması zorunludur, ancak bir defada yapılacak alımlarda sözleşme yapılmasının idarelerin takdirinde olduğu belirtilmiştir. Yine bilindiği gibi takdir yetkisi keyfiyetle kullanılabilecek bir yetki de değildir. İdare takdiri nitelikte bir yetkim var diyerek ben bu kararı alıyorum diyemez. Bu durumda yine tesis edilecek işlemlerde yöntemli ve sebepli bir yol izlenmesi gerekmektedir. Buna göre idare benim takdirimde diyerek istediği kararı alamayacaktır.

Nüfus ve Vatandaşlık İşleri Genel Müdürlüğü'nün, tabloda listelenmiş olan ve doğrudan teminle gerçekleştirilen, teslimi belli bir süreyi gerektiren tadilat, bakım ve onarım vb. hizmet alımlarını sözleşmeye bağlamadığı gözükmektedir.

Tüm bunlar incelendiğinde idarenin, doğrudan temin yöntemiyle gerçekleştirdiği bu mal veya hizmet alımlarının ya da yapım işinin belli bir süreyi gerektirmesi durumunda mutlaka sözleşme yapması gerekmektedir. İdare her zaman resen icra kuvvetini kullanabilecek olsa da sözleşme yapıldığı takdirde karşısındaki özel şirketi sözleşme yoluyla mal veya hizmet ya da yapım işlerinin yerine getirilmesi için sözleşme hükümlerini uygulayabilecek ve şirketi hukuka zorlayabilecektir.

Alımın Türü	Mahiyeti	Tutarı (KDV Hariç)	Yevmiye Tarihi	Yevmiye No
Hizmet (Bakım ve Onarım)	Ön müracaat güvenlik kulübesi ve polis noktası tamir ve tadilatı	38.000,00	17.12.2020	1013039
Yapım (Büyük Onarım)	B Blok 1. kat koridoruna 2 adet mutfak yapımı	74.772,00	17.12.2020	1013054
Yapım (Büyük Onarım)	Halkla İlişkiler Bürosunun Nüfus Müdürlükleri konseptine uygun şekilde yaptırılması	80.305,00	11.11.2020	875613
Hizmet (Bakım ve Onarım)	A Blok 2. kat oda ve koridorların boya yaptırılması	10.750,00	03.11.2020	848275
Hizmet (Bakım ve Onarım)	Genel Müdürlük makam katı tadilatı	41.100,00	19.10.2020	805005
Hizmet (Temizlik)	Hizmet binası dış cephe ve iç avlu dış cam temizliği yaptırılması	48.500,00	03.07.2020	467689
Hizmet (Bakım ve Onarım)	E Blok lavabolarının zeminde su izolasyonu tadilatının yapılması	19.750,00	28.05.2020	365946
Hizmet (Bakım ve Onarım)	Makam katı koridor boşluğu ve B Blok Adres Daire Başkanlığına alüminyum bölme yapılması	32.000,00	17.03.2020	219286
Hizmet (Bakım ve Onarım)	A Blok makam katı ve koridorlarına duvar kağıdı yaptırılması	25.000,00	04.11.2020	853588

Şekil 19 - Sayıştay'ın İçişleri Bakanlığı'na Yönelik Doğrudan Temin Yöntemindeki Tespitleri

10.6. Gençlik ve Spor Bakanlığı

10.6.1. Şartlar Oluşmadığı Halde Pazarlık Usulü İhale Yapılması

Gençlik ve Spor Bakanlığı, bazı yapım işlerinde pazarlık usulü olan 21/b yöntemini gerekli şartlar oluşmadığı halde kullanmıştır.

Yine bilindiği gibi pazarlık usulü olan 21/b, doğal afetler, salgın hastalıklar, can veya mal kaybı tehlikesi gibi ani ve beklenmeyen veya yapım tekniği açısından özellik arz eden veya yapı veya can ve mal güvenliğinin sağlanması açısından ivedilikle yapılması gerekliliği idarece belirlenen hallerde veyahut idare tarafından önceden öngörülemeyen olayların ortaya çıkması üzerine ihalenin ivedi olarak yapılmasının zorunlu olduğu durumlarda kullanılabilmektedir.

Yapılacak ihalelerde, ihalelerin makam olurlarında ve ihale onay belgelerinde bu usulün neden unsurunun belirtilmesi gerekmektedir. Bu neden unsuruna ilişkin olarak da kanunda belirtilen önceden öngörülemeyen olaylar olup olmadığı ve ihalenin ivedi olarak yapılmasının zorunluluğu gibi durumların doğup doğmadığının tespit edilmesi ve bu hususa ilişkin bilgi ve belgelerin de ihale onay belgesi ekine konulması gerekmektedir. Böyle bir durum söz konusu olmadığı durumda idari işlemin yöntemi nedenli olmayacak ve kamu yararını hedeflemeyecektir.

Gençlik ve Spor Bakanlığı'nın Yatırım ve İşletmeler Genel Müdürlüğü'nce 2020 yılında yapılan toplam 40 yapım ihalesinden 15 tanesi açık ihale usulüyle gerçekleştirilmişken 25 tanesi ise 21/b maddesi kapsamında temel ihale usulü olmayan yalnızca özel şartlar sağlandığında uygulanması gereken pazarlık usulü ile gerçekleştirilmiştir.

Sayıştay'ın incelemesine göre, söz konusu ihalelerin onay belgelerinde herhangi bir açık hukuki gerekçelendirmenin olmadığı ortaya çıkmıştır. Sadece kanun metninin ileri sürüldüğü için buradaki yetkililer tarafından yetkinin kötü kullanılması söz konusudur.

Ayrıca bakıldığında çeşitli sebeplerle feshedilen yapım işlerinin tamamının ikmal ihalesi 21/b kapsamında pazarlık usulü ile yapıldığı gözükmektedir. Sayıştay'a göre Yapım İşleri İhaleleri Uygulama Yönetmeliği eki Yapım İşleri Genel Şartnamesinin "Sözleşmenin feshi ve tasfiye durumları" başlıklı 47'nci maddesinin on ikinci bendinde yer alan "İdare fesih işleminden sonra işi 4734 sayılı Kanunda öngörülen usullerden herhangi biri ile ihale etmekte serbesttir" şeklindeki ifade, ikmal işlerinin tamamının 21/b kapsamında ihale edilmesini zorunlu kılmamaktadır. Gerekli hukuki gerekçelendirme yapılmamışken, gerekli şartlar oluşmamışken 21/b usulü ile idarenin yüklenici firmaları seçmesi hem mevzuata aykırılık hem de etik ilkelere aykırılık teşkil etmektedir.

Örneğin Konya'da 5. İslami Dayanışma Oyunları düzenlenmesi, 21/b usulüyle ihale edilmiştir. Bu oyunun düzenlenmesinde önceden öngörülemeyen olay nedir? Bu oyunların, idarenin iradesinden bağımsız olarak ortaya çıkan ve objektif kriterlere göre öngörülemez nitelikte olan olaylarla bir ilgisi söz konusu değildir. Oyunların düzenleneceği tarih yıllar öncesinden belliyken, ivedilik şartı oluşmamışken ve bu oyunlar kapsamında yapılacak yatırımlar önceden belliyken bu ihalenin 21/b usulüyle yapılması kuşku uyandırıcıdır.

Şekil 20 - Konya 5. İslami Dayanışma Oyunları

İslami Dayanışma Oyunları Federasyonu (ISSF) tarafından dört yılda bir organize edilen oyunlara İslam İşbirliği Teşkilatı'na (İİT) üye ülkeler katılabiliyor. Bu oyunların 4 yılda bir organize edildiği bilindiği halde ve bu oyunlara ilişkin yatırım programları söz konusuyken ve Gençlik ve Spor Bakanı bu oyuna ilişkin "hazırlıklar devam ediyor" derken ihalenin ivedi olması şartıyla 21/b usulüyle yapılması düşüncelerimizi doğrulamaktadır.

Ayrıca 100 adet Prefabrik Üstü Açık Havuz Yapım İşi ihalesi de sadece aciliyet gerekçesi ile 21/b kapsamında yapılmıştır. İdare, yöntemli, nedenli, hukuksal temeli olan kararlar almalıdır. Eğer idare aldığı kararda hukuksal kurgu içerisindeki yönteme uymazsa, işleminde neden olmazsa bu işlem hukuka aykırılık teşkil edecektir. İdarenin yalnızca aciliyet gerekçesiyle 100 adet Prefabrik Üstü Açık Havuz Yapım işini 21/b usulüyle ihale etmesi açıkça hukuka aykırılık teşkil etmektedir çünkü bu işin önceden öngörülemeyen nitelikte bir olayla uzaktan yakından ilgisi yoktur.

21.10.2021 00:11   İhale Arama - EKAP (Kamu İhale Kurumu)

SONUÇ İLANI
100 ADET ÜSTÜ AÇIK PREFABRİK PANEL HAVUZ YAPIM İŞİ
YATIRIM VE İŞLETMELER GENEL MÜDÜRLÜĞÜ GENÇLİK VE SPOR BAKANLIĞI BAKAN YARDIMCILIKLARI

İhale kayıt numarası	: 2020/259383
1- İhalenin	
a) Tarihi	: 28.05.2020
b) Türü	: Yapım işi
c) Usulü	: Pazarlık (MD 21 B)
d) Pazarlık Usulünün Seçilme Gerekçesi	: Doğal afetler, salgın hastalıklar, can veya mal kaybı tehlikesi gibi ani ve beklenmeyen veya yapım tekniği açısından özellik arz eden veya yapı veya can ve mal güvenliğinin sağlanması açısından ivedilikle yapılması gerekliliği idarece belirlenen hallerde veyahut idare tarafından önceden öngörülemeyen olayların ortaya çıkması üzerine ihalenin ivedi olarak yapılmasının zorunlu olması.
e) Yaklaşık Maliyeti	: 31.199.229,17 TRY
2- İhale konusu yapım işinin	
a) Adı	: 100 ADET ÜSTÜ AÇIK PREFABRİK PANEL HAVUZ YAPIM İŞİ
b) Yapılacağı yer	: Yapılacak İller, havuz ebatları ve adetleri ekli listededir.
c) Süresi	: 60
3- Teklifler	
a) Doküman Satın Alan Sayısı	: 5
b) Dokümanı EKAP üzerinden e-imza kullanarak indiren sayısı	: 5
c) Toplam Teklif Sayısı	: 4
d) Toplam Geçerli Teklif Sayısı	: 4
e) Yerli istekli lehine fiyat avantajı uygulaması	: Uygulanmamıştır
4- Sözleşmenin	
a) Tarihi	: 10.06.2020
b) Bedeli	: 27.295.000,00 TRY
c) Süresi	: 15.06.2020 - 14.08.2020
d) Yüklenicisi	: ERCS İNŞAAT TAAHHÜT SANAYİ VE TİCARET ANONİM ŞİRKETİ, ERECE YAPI İNŞAAT MADENCİLİK TEMİZLİK TURİZM KÜLTÜREL FAALİYETLER TİCARET VE SANAYİ LİMİTED ŞİRKETİ, ALP YAPI SANAYİ İNŞAAT VE PROJE MÜŞAVİR.TİC.LTD.ŞT İş Ortaklığı
e) Yüklenicinin uyruğu	: Türkiye
f) Yüklenicinin adresi	: İLKBAHAR MAHALLESİ 602.SOKAK NO:5/5 06540 ÇANKAYA/ANKARA

Kamuoyuna saygıyla duyurulur.

Şekil 21 - 100 Adet Prefabrik Panel Havuz Yapım İşi İhale Belgesi

Yukarıdaki ihale belgesi incelendiğinde az bir kamu kaynağının harcanmadığı gözükmektedir. Buna göre idarelerin kamu kaynaklarını etkili ve verimli şekilde kullanması gerektiği kanunlarda ve diğer mevzuat hükümlerinde belirlenmiştir. Bu hususta idarenin açık ihale usulündeki kademeli işlemlerden kaçmak için kolay yöntem olan ancak özel şartlarda gerçekleşmesi mümkün olan pazarlık usulüne gitmek istediği açıktır ve bu durumda kolaylıklardan yararlanmak isteyen idare, eşit muamele, güvenilirlik, kaynakların verimli kullanımı, rekabet ortamı gibi temel ilkeleri lağvetmekte ve çiğnemektedir.

10.6.2. Uygulama Projesi ile İhale Edilen Yapım İşlerinde İş Artışının, Mevzuat ile Belirlenmiş Sınırlamalara Riayet Edilmeksizin ve İşin Tamamlanması Amacı Dışında Uygulanması

Anahtar teslim götürü bedel yapım işlerindeki projeler ihtiyaca uygun belirlenmeden keyfi şekilde hazırlanıyor ve daha sonra bedel sapmaları dolayısıyla fazladan kamu kaynağı kullanılıyor. Öngörülemeyen durum kapsamında değerlendirilmeyecek proje değişikliklerinin iş artışı kapsamında yaptırıldığı, sözleşme bedelinin yüzde 10'undan fazla oranlarda iş artışına gidilen işlerde bu durumu dengelemek amaçlı yüksek oranlarda iş eksikliği yapıldığı ve bazı işlerde yapılan değişikliklerin ihalenin niteliğini değiştirecek seviyelerde gerçekleştiği Sayıştay raporlarına yansımıştır.

Sayıştay raporuna göre, "İş artışı temelde mevcut bir işin bitirilmesine yönelik bir uygulama olup bazı imalat kalemlerinin yapılabilmesi için yapılması gereken imalatlardan vazgeçilmesi düzenlemenin bu temel mantığına aykırılık teşkil etmektedir. Birçok yapım işinde iş artışına esas teşkil eden imalat kalemlerinin çoğunlukla aynı iş kalemleri olduğu görülmüştür. Bu durum esasen iş kalemlerinin proje aşamasında ihtiyaca uygun belirlenmediği, dolayısıyla projelerin sağlıklı hazırlanmadığı anlamına gelmektedir."

Ancak rapora yansıyan en önemli bilgilerden birisi, iş artışı kapsamında yapılan imalat değişikliklerinin şartname kapsamında değerlendirilemeyecek derecede keyfi proje değişikliklerinden kaynaklandığını yansıtmasıdır. Bununla birlikte imalat kalemlerinde yaşanan değişiklikler, yüklenicilere süre uzatımı hakkı verilmesini, işin sözleşme süresinde bitirilememesini ve yatırımların planlanan tarihlerde hizmete sokulamaması sorunlarını beraberinde getirmiştir. Bu durumda işin sözleşme süresinde bitirilmemesi, hizmetlerin aksaması hem kamuyu zarara uğratmış hem de yüklenici firmaların kamu malından fazladan kâr elde etmesine olanak sağlamıştır.

İşin tamamlanması amacıyla izin verilen iş artışlarının özel şirketler lehine düzenlendiği ve kamuyu da zarara uğrattığı gözükmektedir. Bu izin verilen iş artışları işin bitiş tarihlerinin sürekli olarak ertelenmesine sebep olmakta, bu yüzden de 5018 sayılı Kamu Mali Yönetimi ve Kontrol Kanunu'ndaki verimlilik ilkesinin zedelenmesine sebep olmaktadır.

Sayıştay raporlarına yansıyan bir diğer husus da, bazı yapım işlerinde gerçekleştirilen brüt iş artışlarının sözleşme bedelinin yüzde 20'sinden fazla oranlarda gerçekleşmesidir. Buna göre, "Yüklenicilerin mevcut projeler çerçevesinde teklif verdikleri göz önüne alındığında ihalesine çıkılan iş ile gerçekleştirilen iş arasında iş artışları suretiyle meydana gelen ciddi farklılaşma, isteklilerin tekliflerinin değerlendirilmesi aşamasında rekabet, saydamlık, ihtiyaçların uygun şartlarla karşılanması ve kaynakların verimli kullanılması ilkelerinin tam ve doğru olarak uygulanmasını da engellemektedir".

Sonuç olarak, anahtar teslim götürü bedel yapım işlerinde, yapılacak işe ait projelerin ihtiyaca uygun belirlenmemesi, bu işlerde yapılan keyfi proje değişiklikleri, iş artışının sadece işin tamamlanması amacıyla yapılmaması, iş azalışları ile desteklenmek suretiyle yasal sınır üzerindeki iş artışı uygulamalarının yapılmaması kamunun üzerine büyük bir külfet yüklemekle birlikte, kamu hesaplarının etkin ve verimli kullanılmamasına neden olmaktadır. Bu nedenle de kamu zararı ortaya çıkmaktadır.

10.7. Ticaret Bakanlığı

10.7.1. Süreklilik Arz Eden Bazı Hizmet Alımlarının Yine İstisnai Bir Hüküm Olan 21/B Usulüyle Yapılması

21/b bilindiği gibi idare tarafından önceden öngörülemeyen olaylar söz konusu olduğunda yani olağanüstü durumlarla karşılaşıldığında ivedilikle yerine getirilmesi gereken mal, hizmet alımı ve yapım işlerinde kullanılmaktadır.

Kamu İhale Kanunu'na göre idarelerce ihalelerin zamanında yapılması esastır, ancak ertesi mali yılda gerçekleştirilecek süreklilik arz eden mal ve hizmet alımları için bir önceki mali yıl sona ermeden ihaleye çıkılabileceği hükmü düzenlenmiştir.

Sayıştay raporuna göre, "Mevzuat hükümlerinden anlaşıla-
cağı üzere, ödeneği bulunmayan işler için ihaleye çıkılması ilke
olarak mümkün olmamakla birlikte, ertesi mali yılda gerçek-
leştirilecek ve süreklilik arz eden hizmet alımları için, ihale ile
ilgili ilan süresi ve ihale sürecinin belirli bir zaman alacağı da
dikkate alınarak, bir önceki mali yıl sona ermeden ihaleye çıkıl-
masına imkân tanınmıştır".

Ancak bu ihalelerin Kamu İhale Kanunu'nun asli usulü olan
açık ihale usulüyle yapılması gerekirken 21/b usulüyle yapıl-
dığı gözükmektedir.

İkn Yılı/Sayısı	İşin Adı	Usul	Sözleşme Tarihi	İşin Bitiş Tarihi	Sözleşme Bedeli (Kdv Hariç)
2020/1731	Bakanlık Bünyesinde 7×24 Saat Esasına Dayalı Olarak Çağrı Merkezi Hizmet Alımı	Pazarlık (21/b)	08.01.2020	01.03.2020	695.696,00

T.C. Sayıştay Başkanlığı

2020/1242	Merkez ve Taşra İdarelerinde Bilişim Sistemleri Bakım, Onarım ve Destek	Pazarlık (21/b)	14.01.2020	29.02.2020	842.000,00
2020/7013	Ticaret İl Müdürlükleri Data Hattı	Pazarlık (21/b)	21.01.2020	29.02.2020	215.322,50
2020/18261	Bakanlık Yazılımları ve Veri Ambarı Sistemleri Güncelleme ve Bakım	Pazarlık (21/b)	20.01.2020	31.03.2020	455.000,00
2020/19475	Gümrük İdareleri Data Hattı	Pazarlık (21/b)	31.01.2020	29.02.2020	929.510,09
Toplam (TL)					3.137.528,59

Şekil 22 - 21/b Usulüyle Yapılan İhalelere İlişkin Sayıştay Tablosu

10.7.1-a. Bakanlık Bünyesinde 7x24 Saat Esasına Dayalı Olarak Çağrı Merkezi Hizmet Alımı

İhale adı yukarıda verilen iş, 2020/1731 sayılı ihale numara-
sıyla kayıtlıdır. İhalenin yaklaşık maliyeti 717 bin TL olarak gö-
zükmektedir. İhale konusu hizmet, çağrı merkezi hizmeti ve 54
günlük bir hizmettir. İhaleye geçerli teklif sayısı yalnızca ikidir.
İhaleyi Albinasoft Yazılım Bilişim Teknoloji Sanayi ve Ticaret
A.Ş. 695 bin TL bedel ile kazanmıştır. Yani bu hizmetin günlüğü
12 bin 870 TL'dir.

Aşağıda ihale sonucu gözükmektedir:

15.10.2021 14:52   İhale Arama - EKAP (Kamu İhale Kurumu)

SONUÇ İLANI
BAKANLIĞIMIZ BÜNYESİNDE 7*24 SAAT ESASINA DAYALI OLARAK ÇAĞRIMERKEZİ HİZMET ALIMI
BİLGİ İŞLEM DAİRESİ BAŞKANLIĞI TİCARET BAKANLIĞI BAKAN YARDIMCILIKLARI

İhale kayıt numarası	: 2020/1731
1- İhalenin	
a) Tarihi	: 06.01.2020
b) Türü	: Hizmet alımı
c) Usulü	: Pazarlık (MD 21 B)
d) Pazarlık Usulünün Seçilme Gerekçesi	: Doğal afetler, salgın hastalıklar, can veya mal kaybı tehlikesi gibi ani ve beklenmeyen veya yapım tekniği açısından özellik arz eden veya yapı veya can ve mal güvenliğinin sağlanması açısından ivedilikle yapılması gerekliliği idarece belirlenen hallerde veyahut idare tarafından önceden öngörülemeyen olayların ortaya çıkması üzerine ihalenin ivedi olarak yapılmasının zorunlu olması.
e) Yaklaşık Maliyeti	: 717.056,26 TRY
2- İhale konusu hizmetin	
a) Adı	: BAKANLIĞIMIZ BÜNYESİNDE 7*24 SAAT ESASINA DAYALI OLARAK ÇAĞRIMERKEZİ HİZMET ALIMI
b) Yapılacağı yer	: Ankara
c) Süresi	: 54 gündür
3- Teklifler	
a) Doküman Satın Alan Sayısı	: 3
b) Dokümanı EKAP üzerinden e-imza kullanarak indiren sayısı	: 3
c) Toplam Teklif Sayısı	: 2
d) Toplam Geçerli Teklif Sayısı	: 2
e) Yerli istekli lehine fiyat avantajı uygulaması	: Uygulanmamıştır
4- Sözleşmenin	
a) Tarihi	: 08.01.2020
b) Bedeli	: 695.696,00 TRY
c) Süresi	: 08.01.2020 - 29.02.2020
d) Yüklenici	: ALBİNASOFT YAZILIM BİLİŞİM TEKNOLOJİ SANAYİ VE TİCARET ANONİM ŞİRKETİ
e) Yüklenicinin uyruğu	: Türkiye
f) Yüklenicinin adresi	: HİLAL MAH. 691 SK. 9 06550 ÇANKAYA/ANKARA

Kamuoyuna saygıyla duyurulur.
Yazdır

Şekil 23 - Çağrı Merkezi Hizmet Alımı İhale Belgesi

10.7.1-b. Merkez ve Taşra İdarelerinde Bilişim Sistemleri Bakım, Onarım ve Destek

İhale adı yukarıda verilen iş, 2020/1242 sayılı ihale numarasıyla kayıtlıdır. İhalenin yaklaşık maliyeti 1 milyon 166 bin TL olarak gözükmektedir. İhale konusu hizmet, bilişim sistemleri bakım, onarım ve destek hizmeti ve 56 günlük bir hizmettir. İhaleye geçerli teklif sayısı yalnızca ikidir. İhaleyi 4S Bilgi Teknolojileri Anonim Şirketi 842 bin TL bedel ile kazanmıştır. Yani bu hizmetin günlüğü 15 bin TL'dir.

SONUÇ İLANI
MERKEZ VE TAŞRA İDARELERİNDE BİLİŞİM SİSTEMLERİ BAKIM, ONARIM VE DESTEK BİLGİ İŞLEM DAİRESİ BAŞKANLIĞI TİCARET BAKANLIĞI BAKAN YARDIMCILIKLARI

İhale kayıt numarası	: 2020/1242
1- İhalenin	
a) Tarihi	: 07.01.2020
b) Türü	: Hizmet alımı
c) Usulü	: Pazarlık (MD 21 B)
d) Pazarlık Usulünün Seçilme Gerekçesi	: Doğal afetler, salgın hastalıklar, can veya mal kaybı tehlikesi gibi ani ve beklenmeyen veya yapım tekniği açısından özellik arz eden veya yapı veya can ve mal güvenliğinin sağlanması açısından ivedilikle yapılması gerekliliği idarece belirlenen hallerde veyahut idare tarafından önceden öngörülemeyen olayların ortaya çıkması üzerine ihalenin ivedi olarak yapılmasının zorunlu olması.
e) Yaklaşık Maliyeti	: 1.166.463,33 TRY
2- İhale konusu hizmetin	
a) Adı	: MERKEZ VE TAŞRA İDARELERİNDE BİLİŞİM SİSTEMLERİ BAKIM, ONARIM VE DESTEK
b) Yapılacağı yer	: Teknik şartnamede belirtilmiştir.
c) Süresi	: 13.01.2020 - 29.02.2020
3- Teklifler	
a) Doküman Satın Alan Sayısı	: 5
b) Dokümanı EKAP üzerinden e-imza kullanarak indiren sayısı	: 5
c) Toplam Teklif Sayısı	: 2
d) Toplam Geçerli Teklif Sayısı	: 2
e) Yerli istekli lehine fiyat avantajı uygulaması	: Uygulanmıştır / % 15
4- Sözleşmenin	
a) Tarihi	: 14.01.2020
b) Bedeli	: 842.000,00 TRY
c) Süresi	: 14.01.2020 - 29.02.2020
d) Yüklenici	: 4S BİLGİ TEKNOLOJİLERİ ANONİM ŞİRKETİ.
e) Yüklenicinin uyruğu	: Türkiye
f) Yüklenicinin adresi	: Çetin Emeç Bulvarı 1314.CADDE 40 / A 06460 ÇANKAYA/ANKARA

Kamuoyuna saygıyla duyurulur.
Yazdır

Şekil 24 - Bilişim Sistemleri Alımı İhale Belgesi

10.7.1-c. Ticaret İl Müdürlükleri Data Hakkı

İhale adı yukarıda verilen iş, 2020/7013 sayılı ihale numarasıyla kayıtlıdır. İhalenin yaklaşık maliyeti 293 bin 860 TL olarak gözükmektedir. İhale konusu hizmet, data hattı ve 43 günlük bir hizmettir. İhaleye geçerli teklif sayısı yalnızca birdir. İhaleyi Superonline İletişim Hizmetleri Anonim Şirketi 215 bin TL bedel ile kazanmıştır. Yani bu hizmetin günlüğü 5 bin TL'dir.

SONUÇ İLANI
TİCARET İL MÜDÜRLÜKLERİ DATA HATTI
BİLGİ İŞLEM DAİRESİ BAŞKANLIĞI TİCARET BAKANLIĞI BAKAN YARDIMCILIKLA

İhale kayıt numarası : 2020/7013
1- İhalenin
a) Tarihi : 10.01.2020
b) Türü : Hizmet alımı
c) Usulü : Pazarlık (MD 21 B)
d) Pazarlık Usulünün Seçilme : Doğal afetler, salgın hastalıklar, can veya mal kaybı tehlikesi gibi an
Gerekçesi   ve beklenmeyen veya yapım tekniği açısından özellik arz eden veya
   yapı veya can ve mal güvenliğinin sağlanması açısından ivedilikle
   yapılması gerekliliği idarece belirlenen hallerde veyahut idare
   tarafından önceden öngörülemeyen olayların ortaya çıkması üzerine
   ihalenin ivedi olarak yapılmasının zorunlu olması.

e) Yaklaşık Maliyeti : 293.860,90 TRY
2- İhale konusu hizmetin
a) Adı : TİCARET İL MÜDÜRLÜKLERİ DATA HATTI
b) Yapılacağı yer : Ticaret İl Müdürlükleri
c) Süresi : 16.01.2020 - 29.02.2020
3- Teklifler
a) Doküman Satın Alan Sayısı : 2
b) Dokümanı EKAP üzerinden : 2
e-imza kullanarak indiren sayısı
c) Toplam Teklif Sayısı : 1
d) Toplam Geçerli Teklif Sayısı : 1
e) Yerli istekli lehine : Uygulanmıştır / % 15
fiyat avantajı uygulaması
4- Sözleşmenin
a) Tarihi : 21.01.2020
b) Bedeli : 215.322,50 TRY
c) Süresi : 21.01.2020 - 29.02.2020
d) Yüklenici : SUPERONLİNE İLETİŞİM HİZMETLERİ ANONİM ŞİRKETİ
e) Yüklenicinin uyruğu : Türkiye
f) Yüklenicinin adresi : AYDINEVLER MAH. İNÖNÜ CAD. NO:20 OFİSPARK 34854
   MALTEPE/İSTANBUL

Kamuoyuna saygıyla duyurulur.
Yazdır

Şekil 25 - Data Hattı İhale Belgesi

10.7.1-ç. Bakanlık Yazılımları ve Veri Ambarı Sistemleri Güncelleme ve Bakım

İhale adı yukarıda verilen iş, 2020/18261 sayılı ihale numarasıyla kayıtlıdır. İhalenin yaklaşık maliyeti 583 bin TL olarak gözükmektedir. İhale konusu hizmet, yazılım ve veri ambarı sistemleri güncelleme ve bakım konusunda ve 41 günlük bir hizmettir. İhaleye geçerli teklif sayısı yalnızca birdir. İhaleyi ITECH Bilgi Teknoloji Tıbbi Cihazlar Elektronik Sanayi ve Ticaret Limited Şirketi 455 bin TL bedel ile kazanmıştır. Yani bu hizmetin günlüğü 11 bin TL'dir.

SONUÇ İLANI

BAKANLIK YAZILIMLARI VE VERİ AMBARI SİSTEMLERİ GÜNCELLEME VE BAKIM BİLGİ İŞLEM DAİRESİ BAŞKANLIĞI TİCARET BAKANLIĞI BAKAN YARDIMCILIKLARI

İhale kayıt numarası	: **2020/18261**
1- İhalenin	
a) Tarihi	: 15.01.2020
b) Türü	: Hizmet alımı
c) Usulü	: Pazarlık (MD 21 B)
d) Pazarlık Usulünün Seçilme Gerekçesi	: Doğal afetler, salgın hastalıklar, can veya mal kaybı tehlikesi gibi ani ve beklenmeyen veya yapım tekniği açısından özellik arz eden veya yapı veya can ve mal güvenliğinin sağlanması açısından ivedilikle yapılması gerekliliği idarece belirlenen hallerde veyahut idare tarafından önceden öngörülemeyen olayların ortaya çıkması üzerine ihalenin ivedi olarak yapılmasının zorunlu olması.
e) Yaklaşık Maliyeti	: 583.333,33 TRY
2- İhale konusu hizmetin	
a) Adı	BAKANLIK YAZILIMLARI VE VERİ AMBARI SİSTEMLERİ GÜNCELLEME VE BAKIM
b) Yapılacağı yer	: Ankara
c) Süresi	: 20.01.2020 - 31.03.2020
3- Teklifler	
a) Doküman Satın Alan Sayısı	: 2
b) Dokümanı EKAP üzerinden e-imza kullanarak indiren sayısı	: 2
c) Toplam Teklif Sayısı	: 1
d) Toplam Geçerli Teklif Sayısı	: 1
e) Yerli istekli lehine fiyat avantajı uygulaması	: Uygulanmamıştır
4- Sözleşmenin	
a) Tarihi	: 20.01.2020
b) Bedeli	: 455.000,00 TRY
c) Süresi	: 20.01.2020 - 31.03.2020
d) Yüklenici	: ITECH BİLGİ TEKNOLOJİ TIBBİ CİHAZLAR ELEKTRONİK SANAYİ VE TİCARET LİMİTED ŞİRKETİ.
e) Yüklenicinin uyruğu	: Türkiye
f) Yüklenicinin adresi	: ULUS Ş.TEĞMEN KALMAZ CAD 24 / 34 06000 ALTINDAĞ/ANKARA

Kamuoyuna saygıyla duyurulur.
Yazdır

Şekil 26 - Güncelleme ve Bakım İhale Belgesi

10.7.1-d. Gümrük İdareleri Data Hattı

İhale adı yukarıda verilen iş, 2020/19475 sayılı ihale numarasıyla kayıtlıdır. İhalenin yaklaşık maliyeti 1 milyon 691 bin TL olarak gözükmektedir. İhale konusu hizmet, data hattı ve 36 günlük bir hizmettir. İhaleye geçerli teklif sayısı yalnızca birdir. İhaleyi Türk Telekomünikasyon A.Ş. 929 bin TL bedel ile kazanmıştır. Yani bu hizmetin günlüğü 25 bin 800 TL'dir.

SONUÇ İLANI
GÜMRÜK İDARELERİ DATA HATTI
BİLGİ İŞLEM DAİRESİ BAŞKANLIĞI TİCARET BAKANLIĞI BAKAN YARDIMCILIKLARI

İhale kayıt numarası	: 2020/19475
1- İhalenin	
a) Tarihi	: 16.01.2020
b) Türü	: Hizmet alımı
c) Usulü	: Pazarlık (MD 21 B)
d) Pazarlık Usulünün Seçilme Gerekçesi	: Doğal afetler, salgın hastalıklar, can veya mal kaybı tehlikesi gibi ani ve beklenmeyen veya yapım tekniği açısından özellik arz eden veya yapı veya can ve mal güvenliğinin sağlanması açısından ivedilikle yapılması gerekliliği idarece belirlenen hallerde veyahut idare tarafından önceden öngörülemeyen olayların ortaya çıkması üzerine ihalenin ivedi olarak yapılmasının zorunlu olması.
e) Yaklaşık Maliyeti	: 1.691.741,38 TRY
2- İhale konusu hizmetin	
a) Adı	: GÜMRÜK İDARELERİ DATA HATTI
b) Yapılacağı yer	: Teknik şartnamede belirtilmiştir.
c) Süresi	: 21.01.2020 - 29.02.2020
3- Teklifler	
a) Dokümanı Satın Alan Sayısı	: 2
b) Dokümanı EKAP üzerinden e-imza kullanarak indiren sayısı	: 2
c) Toplam Teklif Sayısı	: 1
d) Toplam Geçerli Teklif Sayısı	: 1
e) Yerli istekli lehine fiyat avantajı uygulaması	: Uygulanmıştır / % 15
4- Sözleşmenin	
a) Tarihi	: 31.01.2020
b) Bedeli	: 929.510,09 TRY
c) Süresi	: 31.01.2020 - 29.02.2020
d) Yüklenici	: TÜRK TELEKOMÜNİKASYON ANONİM ŞİRKETİ
e) Yüklenicinin uyruğu	: Türkiye
f) Yüklenicinin adresi	: DIŞKAPI SAMSUN YOLU ÜZERİ TURGUT ÖZAL BULVARI ÖRNEK MAH. 4 06103 ALTINDAĞ/ANKARA

Kamuoyuna saygıyla duyurulur.
Yazdır

Şekil 27 - Data Hattı İhale Belgesi 2

Tüm bu ihalelere bakıldığında rekabet ilkesinin, şeffaflık ilkesinin açıkça ihlal edildiği gözükmektedir. Bu ihalelerin günlük masrafı 70 bin TL'dir ve ihalelere verilen tekliflerin ikiden fazla olmadığı anlaşılmaktadır. Bu ihalelerin önceden öngörülemeyen olaylar çerçevesinde değil, önceden öngörülerek kime verileceği belli edilmiş gözükmektedir.

10.8. Çevre ve Şehircilik Bakanlığı

10.8.1. 2886 Sayılı Devlet İhale Kanunu Kapsamında Düzenlenen İhalelerde Tahmini Bedel Tespit Edilirken Yeterli Araştırma Yapılmamıştır

Tabiat Varlıklarını Koruma Genel Müdürlüğü tarafından kiraya verilen, devletin hüküm ve tasarrufu altındaki yerlerin ihalelerinde bedel tespiti yapılırken piyasa araştırmasının yapılması gerekmektedir, ancak bu yerlerin ihaleleri söz konusuyken yeterli araştırma yapılmadığı ve bu yerlerin birçoğunu kiralayan MUÇEV Turizm Limited Şirketi tarafından hazırlattırılan gayrimenkul değerleme raporlarının kullanıldığı Sayıştay raporlarına yansımıştır.

MUÇEV Turizm Limited Şirketi incelendiğinde, birçok eski bürokratın, cumhurbaşkanı danışmanlarının, eski bakanların bulunduğu bir şirket olduğu görülmektedir. Şirket sahibine ve yöneticisine bir göz atmak gerekirse:

- Gürkan Büyükkaralı: Şirketin Genel Müdürü. Eski BELKO Genel Müdür Yardımcısı (Hakkında Belko'da yolsuzluğa karıştığı iddiasıyla dolandırıcılık, emniyeti suiistimal suçlarından dolayı 7 yıla kadar hapis istemiyle dava açılmıştı. 2008 yılındaki habere göre, "6 Mayıs 2002'de Belko'ya ait Çankaya'daki dokuz dairenin ihale yoluyla satışı kararı alınmış, Genel Müdür Murat Taşer'in kararı doğrultusunda Genel Müdür Yardımcısı Gürkan Büyükkaralı tarafından Anadolu Mesken'e satış yapılmıştır. Dairelerden biri şüpheli Rıza Aydın'ın kız kardeşi Emine Şen'e 107 bin YTL'ye satılmış, daha sonra Emine Şen tarafından 115 bin YTL'ye üçüncü şahsa devredilmiştir. Yine başka bir daire şüpheli Gürkan'ın kayınpederi Ahmet Türko'ya satılmış, daha sonra Türko tarafından 165 bin YTL'ye üçüncü şahsa devredilmiştir. Bilirkişi raporunda dairelerin toplam bedelinin 1 milyon 230 bin YTL olabileceği belirtilmiş, satış bedeli olan 750 bin YTL düşüldükten sonra aradaki farkın 480 bin YTL olduğu anlaşılmıştır".)

Şekil 28 - Gürkan Büyükkaralı ve Recep Tayyip Erdoğan

Şekil 29 - Gürkan Büyükkaralı'nın Twitter Paylaşımı

Şekil 30 - Gürkan Büyükkaralı AKP Mitinginde

Unvanı	MUÇEV TURİZM TİCARET LİMİTED ŞİRKETİ FETHİYE ŞUBESİ	Merkez / Şube	Şube
Ticari İşletme / Şirket Türü	ŞUBE	Şubenin Merkezinin MERSİS Numarası	0623035994500017
Ticaret Sicil Müdürlüğü	FETHİYE TİCARET SİCİLİ MÜDÜRLÜĞÜ	Kuruluş Tescil Tarihi	05.06.2014
MERSİS Numarası	0623035994500062	Terkin Tescil Tarihi	-
Sicil Numarası	9598	Adres	ÖLÜDENİZ MAH.KUMBURNU KUMSALI FETHİYE/MUĞLA
Vergi Numarası	6230359945	Durumu	Aktif

Yetkilileri

T.C. Kimlik Numarası	Adı Soyadı	Görevi	Temsil Şekli	Aktif / Pasif	Yetki Başlangıç Tarihi	Yetki Süresi	İşlem
3*********4	GÜRKAN BÜYÜKKARALI	Şube Müdürü	Münferiden Temsile Yetkilidir.	Aktif	05.09.2018	Sınırsız	

Şekil 31 - Şirket Sahibi Gürkan Büyükkaralı

- Caner Yıldız: Şirket yöneticisi (Muğla Vali Yardımcısı).
- Esengül Civelek: Şirketin eski yöneticisi (Eski Muğla Valisi
- Şu an Cumhurbaşkanlığı Başdanışmanı).

Şekil 32- Esengül Civelek ve Recep Tayyip Erdoğan

- Sadi Kızık: Şirket yöneticisi (Çevre ve Şehircilik Bakanlığı Strateji Geliştirme Başkanlığı Başkanı).

- Banu Aslan: Şirket yöneticisi (Çevre ve Şehircilik Bakanlığı Yapı İşleri Genel Müdürlüğü Genel Müdürü).

MUÇEV Turizm Limited Şirketi tarafından, Edirne'nin Keşan ilçesine bağlı Erikli, Yayla, Danişment ve Mecidiye köylerindeki kumsal ve kıyılarda bulunan 11 adet alan, Datça'da bulunan çoğu sahil ve kumsal, Muğla'nın Menteşe ilçesindeki 25 dönümlük ormanlık alan, Akbük koyu, Antalya'nın Alanya ilçesinde üçüncü derece doğal sit alanı olan Aysultan Kadınlar Plajı, Antalya'nın Demre İlçesi, Üçağız Mahallesi Kaş-Kekova Özel Çevre Koruma Bölgesi'nde bulunan yüzer iskele, dolgu alanı ve denizel alan gibi daha birçok alan kiralanmıştır.

Anayasamızın 43. maddesi gereğince kıyılar, devletin hüküm ve tasarrufu altındadır. Deniz, göl ve akarsu kıyılarıyla, deniz ve göllerin kıyılarını çevreleyen sahil şeritlerinden yararlanmada öncelikle kamu yararı gözetilir. Ancak MUÇEV Turizm Şirketi'nin aldığı ihalelere, kiralamalara bakıldığında kamu yararının gözetilmediği açıktır.

Datça Belediyesi ✔
@datcabelediyesi

@sokiratez67 ve @halktvcomtr adlı kullanıcılara yanıt olarak

Haber doğrudur. Hastanealtı Plajı gibi birkaç yer dışında neredeyse tüm plajlarımız bizden alınarak MUÇEV adlı şirkete verildi. Onlar yetkili kılındı. Ücretli yapan biz değiliz. Davalar sürüyor.

ÖS 10:39 · 17 Ağu 2020 · Twitter for Android

1 Retweet   5 Beğeni

Şekil 33 - Datça Belediyesi Açıklama

Sayıştay raporunda, "Tabiat Varlıkları ve Doğal Sit Alanları ile Özel Çevre Koruma Bölgelerinde Bulunan Devletin Hüküm ve Tasarrufu Altındaki Yerlerin İdaresi Hakkında Yönetmelik'in 'Tahmin edilen bedel tespiti' başlıklı 10'uncu maddesinde, kullanma izni veya kiraya vermede, tahmin edilen bedelin İdarece tespit edileceği, bedel tespit ve takdirinde, taşınmazın konumu ve özellikleri göz önünde bulundurulmak suretiyle rayiç bedelin esas alınacağı, gerektiğinde bedel veya bedelin hesabında kullanılacak fiyatların ilgili kuruluş veya bilirkişilerden de araştırılabileceği" açıkça belirtilmesine rağmen tahmin edilen bedel, piyasa araştırması idare tarafından yapılmamıştır.

Yine Sayıştay raporuna göre, "Tabiat Varlıklarını Koruma Genel Müdürlüğü'nün kiralama dosyaları üzerinde yapılan incelemede, devletin hüküm ve tasarrufu altındaki bazı taşınmazların, yukarıda adı geçen Yönetmeliğin 55'inci maddesinin dördüncü fıkrasının (c) bendi kapsamında pazarlık ile MUÇEV Turizm Limited Şirketi'ne kiraya verildiği görülmüştür".

Bu yönetmeliğin 55. maddesinin dördüncü fıkrasının (c) bendi kapsamında pazarlık usulü şunu anlatmaktadır: En az 10 yıl süreli, çevrenin ve biyolojik çeşitliliğin en uygun şekilde korunması, kullanılması, izlenmesi, proje geliştirilmesi, iyileştirilmesi ile çevre kirliliğinin önlenmesi amacı ile faaliyet gösteren vakıflara veya bu vakıfların kuruluşlarına kiraya verme.

Buna göre MUÇEV şirketi, sahilleri veya devletin hüküm ve tasarrufu altında bulunan yerleri çevre kirliliğinin önlenmesi amacı ile mi kiralamaktadır? Yoksa çevre kirliliğinin önlenmesi, biyolojik çeşitliliğin en uygun şekilde korunması maskesi altında sermaye biriktirme peşinde midir?

Anayasada özellikle belirtilen kıyılarımızın rant kapısına çevrilip birilerine peşkeş çekiliyor olması apaçık ortadayken bunlara göz yumuluyor olması, gelecekteki kuşaklara hesap veremeyecek bir iktidar olduğunu gözler önüne sermektedir.

İdare, taşınmazların ve devletin hüküm ve tasarrufu altında bulunan yerlerin değer tespitine ilişkin rapor hazırlamak zorundadır, ancak bunu gayrimenkul değerleme şirketine yaptırdığı gözükmektedir. Tam tamına 48 adet rapor hazırlanmış ve yıllık kira değeri hesaplamaları ile diğer değerleme hesapları yer almıştır. Bu raporlar taşınmazların ve diğer yerlerin bedeli tespit edilirken esas alınmış ve kira değerleri buna göre verilmiştir.

Bu 48 rapor dışında, MUÇEV Turizm Limited Şirketi tarafından 52 adet gayrimenkul değerleme raporu hazırlattırılmış ve bunların da Genel Müdürlüğün kiralama ihalelerinde temel alındığı görülmüştür. Dikkat ederseniz bu raporlar Genel Müdürlük tarafından değil, MUÇEV Turizm Limited Şirketi tarafından hazırlattırılmış ve gayrimenkul değerleme raporlarının bedellerini de bu şirket ödemiştir. Bu şirketin istediği değere göre bu raporları hazırlatmadığı ne bellidir? Bu resmen soygun düzeninin açıkça oyun olarak sergilenmesinden başka bir şey değildir.

Yine Sayıştay raporlarına şu husus yansımıştır: "Bu 52 adet raporun kapağında 'MUÇEV Turizm Değerleme Raporu' yazmakta, aynı zamanda raporların sonuç bölümünde ise 'Bu değerleme raporu müşterimiz MUÇEV Turizm Limited Şirketi onayı doğrultusunda standart rapor formatına uygun olarak hazırlanmış olup, SPK faaliyetlerinde kullanılamaz' ibaresi yer almaktadır. Yani Tabiat Varlıklarını Koruma Genel Müdürlüğü için hazırlanan 52 raporun hazırlanma ücretleri MUÇEV tarafından karşılanmıştır."

Bedelin idare tarafından tespit edilmesi gerekirken, kiralayan olan MUÇEV kendi kiralama fiyatını kendi tespit ettirmektedir. Şirket tarafından hazırlanan değerleme raporlarının dikkate alınıp idarenin kendi değerleme raporlarının temel alınmaması İdare Hukuku gereği hukuka aykırılık teşkil etmektedir, çünkü ne biçim öğesine ne de neden öğesine uygundur. Hatta ve hatta kamu yararı ölçüsü olması gerekirken bir şirketin yararı söz konusu olduğu için amaç öğesine de aykırıdır. İdarenin, idari işlem sonucunda ulaşması gereken bir kamu yararının tesis edilmesiyken burada kamu yararının hatta kamu düzeninin yanından bile geçilmemektedir.

Kira bedellerine dayanak oluşturan gayrimenkul değerleme raporlarının MUÇEV tarafından hazırlattırılması ve komisyonun bunları esas alması açıkça yolsuzluğun göstergesidir, çünkü komisyon üyeleri bu konuda teknik bilgiye sahip olmadıklarına göre genelde değerleme raporlarında yer alan tutarları baz almaktadır. Yukarıda ismi verilen şahısların iktidar ile olan ilişkileri incelendiğinde bu da ortaya çıkacaktır.

Sayıştay'ın incelemelerine göre MUÇEV tarafından gayrimenkul değerleme şirketine hazırlattırılan piyasa araştırma raporları dışında başka bir araştırmanın olmadığı da gözükmektedir.

Buna göre MUÇEV şirketi taşınmazları ve devletin hüküm ve tasarrufu altında bulunan yerleri kendi istediği fiyatlandırmayla kendi isteğine göre kiralamış gözükmektedir.

MUÇEV'e ilişkin olarak Çevre ve Şehircilik Bakanlığı'nın tanıdığı imtiyazlar yalnızca bununla bitmiyor.

Sayıştay raporuna göre, "28.12.2011 tarihli ve 28156 sayılı *Resmî Gazete*'de yayımlanan Çevre ve Şehircilik Bakanlığı Döner Sermaye İşletmesi Yönetmeliği'nin 'Yönetim Kurulunun görevleri' başlıklı 12'nci maddesinde, Bakanlığın plan ve performans programında işletmeye ilişkin yer alması gereken hususlarda önerilerde bulunmak, Bakanlığın stratejik planı ve performans programı ile uyumlu olmak üzere işletmenin yatırım programı ile bütçesinin hazırlanması sırasında uyulması gereken hususları belirlemek, İşletmenin yatırım programını, bütçesini, kesin hesabını ve mali tablolarını karara bağlamak, Bakanlıktan gelen ve işletme tarafından yürütülmesi istenilen hizmet ve proje tekliflerini inceleyerek karara bağlamak, fiyatlandırma tekliflerini karara bağlamak, bu Yönetmelik ile verilen diğer görevleri yapmak, İşletmenin idarî, malî ve teknik işlemlerinin en iyi şekilde yürütülmesi ve geliştirilmesi için gereken tedbirleri ve kararları almak, İşletmelerin kurulmasını, birleştirilmesini, devredilmesini ve tasfiyesini karara bağlamak, İşletmenin iş ve yatırım programı ile bütçesini görüşüp inceleyerek, karara bağlamak ve bütçede ödenek aktarmalarını onaylamak, maliyet bedelinin altında olmamak üzere, işletme tarafından üretilen mal ve hizmetlerin veya yapılan işlerin tarife, ücret veya birim fiyatlarını belirlemek ve gerektiğinde döner sermaye ile ilgili yönetmelik değişikliği teklifini yapmak hususları Yönetim Kurulunun görevleri olarak sayılmaktadır". Yönetim kurulunun birçok görevi vardır ancak yönetim kurulunun idare açısından temeline bakıldığında işletmenin idari, mali ve teknik işlemlerinin en iyi şekilde yürütülmesi ve geliştirilmesi için gereken tedbirleri ve kararları almak olduğu ortadadır.

Tabiat Varlıklarını Koruma Genel Müdürlüğü tarafından alınan 2020/9 sayılı karar ile birlikte "Hizmet Bedelleri Döner Sermaye İşletmesi Müdürlüğünce 12 ayı geçmemek üzere taksitlendirilebilir. Taksitlendirme durumunda Hizmet Bedelinin %18 KDV'si peşin alınır. Geriye kalan bedelin tamamına yönelik olarak teminat mektubu alınır" şeklindeki hüküm varken yönetim kurulu kararı ile MUÇEV Ltd. Şti tarafından yapılacak olan Muğla Marmaris tekne bağlama iskelesi imar planı teklifine ödenecek ücretin taksitlendirme işleminde "teminat mektubu aranmaz" şartı getirilmiştir. Buna göre MUÇEV'e özel bir imtiyaz söz konusudur ve idare, rekabet, şeffaflık, hesap verilebilirlik ilkelerine aykırı hareket ederek hukuk tanımaz bir noktaya gelmiştir. İdare, üretilen mal ve hizmet bedellerinde, işletmecilik gereği yapılması gereken indirimler hariç olmak üzere hiçbir kuruma rekabet ilkesi gereğince imtiyaz tanıyarak lehe avantaj indirimi sağlayamaz. Eğer idare herhangi bir kuruma ücretsiz veya indirimli fiyat uygularsa bu yönetmeliğe aykırı olacaktır. Bu durumda MUÇEV'e verilen bu imtiyaz hem hukuka aykırıdır hem de yolsuzluğun göstergesidir.

10.8.2. Eğitim ve Yayın Dairesi Başkanlığı Tarafından Gerçekleştirilen Hizmet Alımlarında Doğrudan Temin Parasal Sınırlarına Uyulmaması

Çevre ve Şehircilik Bakanlığı Eğitim ve Yayın Dairesi Başkanlığı tarafından doğrudan temin yöntemiyle birçok hizmet alımı yapılmıştır ancak bu alımlarda mevzuatta öngörülen parasal sınırlara uyulmamıştır. Bu durum fazlasıyla kuşku doğurucu bir durumdur.

Bilindiği gibi 4734 sayılı Kamu İhale Kanunu'nun 5. maddesine göre temel ihale usulleri belirlenmiştir. Bunlar, açık ihale usulü ve belli istekliler arasında ihale usulüdür. Buna göre tersten okuma yapıldığında diğer ihalelerin ancak ve ancak özel haller söz konusu olduğunda kullanılabileceğini anlarız.

Kanunun 22. maddesi "doğrudan temin" yöntemini düzenlemektedir. Buna göre doğrudan temin yöntemi 22. maddenin 1. fıkrasına göre, "aşağıda belirtilen hallerde ihtiyaçların ilan yapılmaksızın ve teminat alınmaksızın doğrudan temini usulüne başvurulabilir" denilmektedir. Buna göre (d) bendi incelendiğinde, "Büyükşehir belediyesi sınırları dahilinde bulunan idarelerin on beş milyar, diğer idarelerin beş milyar Türk Lirasını aşmayan ihtiyaçları ile temsil ağırlama faaliyetleri kapsamında yapılacak konaklama, seyahat ve iaşeye ilişkin alımlar" Büyükşehir belediyesi sınırları dahilinde bulunan idarelerin 15 milyar, diğer idarelerin 5 milyar Türk lirasını aşmayan ihtiyaçları, temsil ağırlama faaliyetleri kapsamında yapılacak konaklama, seyahat ve iaşeye ilişkin alımlar için doğrudan temin usulü kullanılabilecektir. Yani temel ihale usulü değil ancak bu şartlar sağlandığında kullanılabilecek bir ihale usulüdür.

2020 yılı için söz konusu tutarlara bakıldığında, büyükşehir belediyesi sınırları dahilinde bulunan idareler için bu miktar 97.008,00 TL'dir.

Buna göre idareler, bu miktar altındaki ihtiyaçları ile parasal limite tabi olmaksızın temsil ağırlama faaliyetleri kapsamında tüm konaklama, seyahat ve iaşeye ilişkin alımlar için doğrudan temin usulünden faydalanabileceklerdir, ancak temsil ve ağırlamaya ilişkin tüm giderler doğrudan temin kapsamında sayılmamış, sadece konaklama, seyahat ve iaşeye ilişkin olanlar kapsama dahil edilmiştir.

Bunun amacı da ihale yapılabilecek kadar süre bulunmayan yani hızlı ve olaya özgü olarak anında yerine getirilmesi gereken hizmet alımlarıyla ilgilidir. Sayıştay, doğrudan temin ile yapılan harcamaları incelediğinde hizmet alımlarının seyahat, konaklama ve iaşeye ilişkin olmadığını, bunların birçoğunun organizasyon hizmeti alımı olduğunu saptamıştır. 4734 sayılı Kamu İhale Kanunu'na göre temel ihale usulleriyle ihale edilmesi gereken hizmet alımlarının özel ihale usullerinden olan 22/d kapsamında temin edilmesi kamu kaynaklarının şeffaflık ilkesine, verimli kullanılıp kullanılmadığına ilişkin temel ilkelere aykırılık teşkil etmektedir.

Buna göre Eğitim ve Yayın Dairesi Başkanlığı tarafından 22/d kapsamında doğrudan temin usulüyle yapılan hizmet alımlarının mevzuata uygun olmadığı saptanmıştır. Doğrudan temin usulünde vatandaşlar EKAP üzerinden bu hizmet alımının kimden alındığını dahi öğrenememekte ve birçok sermaye aktarımı doğrudan temin yöntemiyle olmaktadır.

10.8.3. Yapım İşleri Sözleşmesi Kapsamında Kullanılan Araçlara İlişkin Tespitler

Yapı İşleri Genel Müdürlüğü tarafından imzalanan yapım işlerine ilişkin bir kısım sözleşmelerde, işlerin kontrolü kapsamında idareye araç verildiği ancak araçların kullanımına ilişkin bir kontrol mekanizması oluşturulmadığı söz konusudur.

10.8.3-a. 12.11.2018 tarihinde imzalanan Jandarma ve Sahil Güvenlik Akademisi Başkanlığı Akademik Merkez, Dekanlık ve Teknik Merkez Bina ve Tesisleri İnşaatı Yapım İşi sözleşmesinin Diğer Hususlar başlığına idarenin isteği doğrultusunda kontrollük hizmetlerinin aksatılmaması için 9 adet binek sedan, dizel, taşıt tanıma sistemli, aylık 250 lt. yakıt destekli, otomatik vitesli, minimum 1500c/1600cc, maksimum 2 yaşında araç temin edilmiştir.

SONUÇ İLANI
JANDARMA VE SAHİL GÜVENLİK AKADEMİSİ BAŞKANLIĞI, AKADEMİK MERKEZ, DEKANLIK VE TEKNİK MERKEZ BİNA VE TESİSLERİ İNŞAATI YAPIM İŞİ YAPI İŞLERİ GENEL MÜDÜRLÜĞÜ ÇEVRE VE ŞEHİRCİLİK BAKANLIĞI BAKAN YARDIMCILIKLARI

İhale kayıt numarası	: 2018/499721
1- İhalenin	
a) Tarihi	: 16.10.2018
b) Türü	: Yapım işi
c) Usulü	: Pazarlık (MD 21 C)
d) Pazarlık Usulünün Seçilme Gerekçesi	: Savunma ve güvenlikle ilgili özel durumların ortaya çıkması üzerine ihalenin ivedi olarak yapılmasının zorunlu olması.
e) Yaklaşık Maliyeti	: 470.446.183,83 TRY
2- İhale konusu yapım işinin	
a) Adı	: JANDARMA VE SAHİL GÜVENLİK AKADEMİSİ BAŞKANLIĞI, AKADEMİK MERKEZ, DEKANLIK VE TEKNİK MERKEZ BİNA VE TESİSLERİ İNŞAATI YAPIM İŞİ
b) Yapılacağı yer	: Ankara İli
c) Süresi	: 950
3- Teklifler	
a) Doküman Satın Alan Sayısı	: 10
b) Dokümanı EKAP üzerinden e-imza kullanarak indiren sayısı	: 0
c) Toplam Teklif Sayısı	: 6
d) Toplam Geçerli Teklif Sayısı	: 6
e) Yerli istekli lehine fiyat avantajı uygulaması	: Uygulanmıştır / % 15
4- Sözleşmenin	
a) Tarihi	: 12.11.2018
b) Bedeli	: 469.910.000,00 TRY
c) Süresi	: 21.11.2018 - 27.06.2021
d) Yüklenicisi	: MFA TAAHHÜT İNŞAAT VE TİCARET ANONİM ŞİRKETİ
e) Yüklenicinin uyruğu	: Türkiye
f) Yüklenicinin adresi	: BÜYÜKESAT MAH/SEMT KEMER SK. SEVİLAY APT. 12 / 2 06700 ÇANKAYA/ANKARA

Kamuoyuna saygıyla duyurulur.
Yazdır

Şekil 34 - Jandarma ve Sahil Güvenlik Akademisi Başkanlığı İhale Belgesi

İhalenin yaklaşık maliyetinin 470 milyon TL olduğu ve idarenin sözleşmeyi 469 milyon TL bedelle imzaladığı gözükmektedir. İhaleyi alan şirket *Yeniçağ* gazetesi yazarı Murat Ağırel'in haberinde, İstanbul-Kiptaş ilişkisinde adı geçen MFA Taahhüt İnşaat şirketi. Şirketin sahibi Mehmet Fatih Ağgül olarak geçerken şu anda şirket sahibi Cihan Şimşek olarak gözükmektedir, ancak dikkat ederseniz MFA, Mehmet Fatih Ağgül'ün baş harflerinden oluşmaktadır. Bu kadar tesadüf olması hiç inandırıcı değildir. Ayrıca Mehmet Fatih Ağgül ile FETÖ Terör Örgütü lideri olan Fetullah Gülen'in aile bağlantısı mevcut. Mehmet Fatih Ağgül, Fetullah Gülen'in yeğeniyle evlidir, yani Gülen ailesinin damadıdır ve halen kaçak durumdadır. Mehmet Fatih Ağgül, 2014 yılında MFA şirketindeki hisselerini kardeşi Lütfü Ağgül'e devrediyor. Lütfü Ağgül de 29 Ağustos 2016'da, hain darbe girişiminden sonra MFA'daki hisselerini Adem Atmaca'ya devrederek ortaklıktan ayrılıyor. MFA İnşaat'ın 2017 yılında kapatıldığı söylense de şu anki şirket ile isim benzerliği mi yoksa MFA İnşaat'ın devamı mı olduğu açık olmasa da bütün bağlantılar yine de burayı işaret etmektedir, çünkü şu anda ihaleyi kazanan MFA Taahhüt'e ilişkin 2018 öncesi haberler gözükmezken şirketin web sitesinde başkanın mesajı kısmında 2014 Eylül ayında yola başladıkları ifade edilmektedir.

Bir yerel gazetenin haberine göre Cihan Şimşek, 1987 Diyarbakır/Kulp doğumludur. 2014 yılı şirketin kuruluşu olduğuna göre MFA kurulduğunda Cihan Şimşek 27 yaşındadır. 4 yıllık bir şirketin 470 milyon TL'lik bir ihaleyi alabilecek seviyeye gelmesi ise eğer sıfırdan başlamış bir şirket ise gerçekten takdire şayan bir durumdur.

Sonuç olarak bu ihaleyi alan şirketin kontrol edilebilmesi yani kontrollük hizmetinin yerine getirilebilmesi için idare tarafından 9 adet belirli teknik şartları taşıyan araç istenmiştir.

10.8.3-b. Cumhurbaşkanlığı Senfoni Orkestrası Konser Salonu ve Koro Çalışma Binaları İkmal İnşaatı Sözleşmesinin "Diğer Hususlar" başlığına idarenin isteği doğrultusunda kontrol hizmeti yerine getirilmesi amacıyla 2 adet binek, sedan, dizel, taşıt tanıma sistemli, aylık 1500,00 TL yakıt destekli, otomatik vites, minimum 1600cc, maksimum 2 yaşında ve 1 adet D segment binek, sedan, dizel, taşıt tanıma sistemli, aylık 2000,00 TL yakıt destekli, otomatik vitesli, minimum 1600 cc, maksimum 2 yaşında otomobil olmak üzere 3 otomobil temin edilmiştir.

SONUÇ İLANI
CUMHURBAŞKANLIĞI SENFONİ ORKESTRASI KONSER SALONU VE KORO ÇALIŞMA BİNALARI İKMAL İNŞAATI İŞİ
YAPI İŞLERİ GENEL MÜDÜRLÜĞÜ ÇEVRE VE ŞEHİRCİLİK BAKANLIĞI MÜSTEŞARLIK

İhale kayıt numarası	: 2017/368413
1- İhalenin	
a) Tarihi	: 02.08.2017
b) Türü	: Yapım işi
c) Usulü	: Pazarlık (MD 21 B)
d) Yaklaşık Maliyeti	: 347.469.595,86 TRY
2- İhale konusu yapım işinin	
a) Adı	: CUMHURBAŞKANLIĞI SENFONİ ORKESTRASI KONSER SALONU VE KORO ÇALIŞMA BİNALARI İKMAL İNŞAATI İŞİ
b) Yapılacağı yer	: Ankara İli
c) Süresi	: 1040
3- Teklifler	
a) Doküman Satın Alan Sayısı	: 7
b) Dokümanı EKAP üzerinden e-imza kullanarak indiren sayısı	: 0
c) Toplam Teklif Sayısı	: 5
d) Toplam Geçerli Teklif Sayısı	: 4
e) Yerli istekli lehine fiyat avantajı uygulaması	: Uygulanmamıştır
4- Sözleşmenin	
a) Tarihi	: 15.09.2017
b) Bedeli	: 328.200.000,00 TRY
c) Süresi	: 25.09.2017 - 30.07.2020
d) Yüklenicisi	: ÇAĞDAN MÜHENDİSLİK MÜT.SAN.VE TİC.A.Ş., BURKAY İNŞAAT MADENCİLİK ENERJİ MÜHENDİSLİK TURİZM TEKSTİL TAAHHÜT TİCARET LİMİTED ŞİRKETİ. İş Ortaklığı
e) Yüklenicinin uyruğu	: Türkiye

Kamuoyuna saygıyla duyurulur.
Yazdır

Şekil 35 - CSO İhale Belgesi

İhale bedeli, 347 milyon 469 bin TL olarak gözükmekte olan işi Çağdan Mühendislik Müt. Burkay İnşaat Madencilik Enerji Mühendislik Turizm Tekstil Taahhüt Ticaret Limited Şirketi İş Ortaklığı 328 milyon 200 bin TL'ye almıştır. İhale yine temel ihale usulü olan açık ihale usulüyle değil, özel koşullarda yapılması gereken 21/b pazarlık usulü ile yapılmıştır. Cumhurbaşkanlığı Senfoni Orkestrası'nın binasının temeli 1997 yılında dönemin Cumhurbaşkanı Süleyman Demirel tarafından atılmıştır. Temel atıldıktan sonra inşaat yavaş da olsa devam etti ve 2010 yılında yeniden bir sözleşme yapıldı. Buna göre idare tarafından önceden öngörülemeyen hallerde ve ivedilik gereken durumlarda ve belirli olağanüstü hal ve şartlarda gerçekleşmesi gereken 21/b usulünün uygulanmasının mevzuata uygunluk hali söz konusu değildir. Ayrıca bu usulle yapılmış olan ihalede diğer hususlar kısmına eklenen 3 adet özellikli otomobilin kontrollük hizmeti için kullanılacak olması ve son model olması düşündürücüdür. Projenin yalnızca iyi teknik donanıma sahip sedan araçlarla kontrol ediliyor olması lüks ve şatafattan vazgeçilmediğini de göstermektedir.

Şekil 36 - Yaşar Kemal Erdem ve Recep Tayyip Erdoğan

Ayrıca bu ihaleyi kazanan firmalardan Burkay İnşaat'a bakıldığında en büyük hissedarın Yaşar Kemal Erdem olduğu gözükmektedir. 12 Şubat 2001 yılında kurulmuştur ve 2021 yılına gelindiğinde birçok kamu ihalesi kazanmış ve bundan dolayı da ticaret hacmini çok genişletmiş gözükmektedir.

Şekil 37 - Ankara Etlik Entegre Sağlık Kampüsü Hafriyat-Üstyapı Betonarme Kaba İnşaatının M1, M2, M3 Bloklarının Yapım İşi - sözleşme bedeli 76 milyon 920 bin TL.

Şekil 38 - Yine Türk Telekom Genel Müdürlük Ek Bina İnşaatı Yapım İşi. - sözleşme bedeli 83 milyon 250 bin lira.

Şekil 39 - Kiptaş Şile Engelliler Parkı Yapım İşi

Şekil 40 - TCDD Devlet Demiryolları İşletmesi Genel Müdürlüğü
Ankara-İzmir Hızlı Tren Projesi

10.8.3-c. Yargıtay Başkanlığı Hizmet Binası Yapım İşi Sözleşmesinin "Diğer Hususlar" başlığına idarenin isteği doğrultusunda, kontrollük hizmetlerinin aksatılmaması amacıyla 7 adet binek, sedan, dizel, taşıt tanıma sistemli, aylık 1500,00 TL yakıt destekli, otomatik vitesli, minimum 1600cc, maksimum 2 yaşında ve 1 adet D segment binek, sedan, dizel, taşıt tanıma sistemli, aylık 2000,00 TL yakıt destekli, otomatik vitesli, minimum 1600 cc, maksimum 2 yaşında 8 araç temin edilmiştir.

SONUÇ İLANI
YARGITAY BAŞKANLIĞI HİZMET BİNASI
YAPI İŞLERİ GENEL MÜDÜRLÜĞÜ ÇEVRE VE ŞEHİRCİLİK BAKANLIĞI MÜSTEŞARLIK

İhale kayıt numarası	: 2017/655251
1- İhalenin	
a) Tarihi	: 19.12.2017
b) Türü	: Yapım işi
c) Usulü	: Pazarlık (MD 21 B)
d) Pazarlık Usulünün Seçilme Gerekçesi	: Doğal afetler, salgın hastalıklar, can veya mal kaybı tehlikesi gibi ani ve beklenmeyen veya idare tarafından önceden öngörülemeyen olayların ortaya çıkması üzerine ihalenin ivedi olarak yapılmasının zorunlu olması.
e) Yaklaşık Maliyeti	: 1.037.835.084,87 TRY
2- İhale konusu yapım işinin	
a) Adı	: YARGITAY BAŞKANLIĞI HİZMET BİNASI
b) Yapılacağı yer	: Ankara İli
c) Süresi	: 1100
3- Teklifler	
a) Doküman Satın Alan Sayısı	: 7
b) Dokümanı EKAP üzerinden e-imza kullanarak indiren sayısı	: 0
c) Toplam Teklif Sayısı	: 5
d) Toplam Geçerli Teklif Sayısı	: 3
e) Yerli istekli lehine fiyat avantajı uygulaması	: Uygulanmıştır / % 15
4- Sözleşmenin	
a) Tarihi	: 29.12.2017
b) Bedeli	: 1.031.328.000,00 TRY
c) Süresi	: 08.01.2018 - 11.01.2021
d) Yüklenicisi	: REC ULUSLARARASI İNŞAAT YATIRIM SANAYİ VE TİC.A.Ş.
e) Yüklenicinin uyruğu	: Türkiye
f) Yüklenicinin adresi	: AZİZİYE MAH. PORTAKAL ÇİÇEĞİ SOK 33 06540

Kamuoyuna saygıyla duyurulur.
Yazdır

Şekil 41 - Yargıtay Binası İhale Belgesi

Yargıtay Binası Yapım İşi ihalesinin yaklaşık maliyeti 1 milyar 37 milyon 835 bin TL olarak gözükmekteyken ihaleyi REC Uluslararası İnşaat Yatırım Sanayi ve Tic. A.Ş olarak gözüken ve aldığı yolsuz ihalelerle gündeme gelen Rönesans Holding kazanmıştır. Yine büyük maliyetli olan ihalelerde hep gördüğümüz usul olan pazarlık usulü 21/b'nin burada da kullanıldığı gözükmektedir. Yine kanun hükümlerine aykırılık teşkil ederek yapılan bu ihalenin tam da yargının en üst mercilerinden biriyle ilgili olması madalyonun arka yüzünde neler karıştırıldığını düşündürmektedir. Yargıtay binasının yapım işi önceden öngörülemeyen hallerden biri midir veya olağanüstü hallerden hangisiyle bağdaşmaktadır?

Tüm bu "Diğer Hususlar" başlığına eklenen ihaleler incelendiğinde 20 adet üst model, segmentleri yüksek olan araçların idare tarafından temin edilmesinin istendiği gözükmektedir. Ayrıca söz konusu araçların kontrollük hizmetleri için idarenin isteği doğrultusunda temin edildiği belirtilmişken, araçların yıl içerisinde birçok kez inşaat mahalline bile uğramadığı ve 3 inşaatın da Ankara'da olduğu ortadayken, araçların birçok kez Ankara il sınırları dışına çıktığı görülmüştür. Buna göre bu araçlar Çeşme, Altınoluk, Akçay, Abant, Mersin gibi tatil yerlerinde yakıt alımı gerçekleşmiştir. Bu illere ve ilçelere ilişkin olarak araçların il dışına çıkmasına sebebiyet veren görevlendirme bilgileri istenmesine rağmen idare tarafından herhangi bir görevlendirme kâğıdı sunulmamıştır. Buna göre bu araçların keyfi amaçla kullanılmış olduğu ortadadır ve bu durumda kamu görevlisinin şehir dışında bu araçları kullanımı "hediye alma ve menfaat yasağı" ihlalini doğuracaktır, çünkü burada görev sebebiyle menfaat sağlanması söz konusu olmuştur ve bu kamu görevlileri hakkında adli ve idari işlem tesis edilmesi gerekmektedir.

Ayrıca idarenin kontrollük hizmeti amacıyla edindiği bu taşınır araçların sayıları ve araçlara verilen yakıt desteğinin tutarları temel alındığında ve yaklaşık maliyetler hesaba katıldığında, bu araçların yalnızca kontrollük hizmeti için de kullanılmadığı aşikâr olduğundan, kaynakların etkili ve verimli kullanılması söz konusu değildir.

Kamu Mali Yönetimi ve Kontrol Kanunu'nun "Üst Yöneticiler" başlıklı 11'inci maddesine göre, üst yöneticiler, sorumlulukları altındaki kaynakların etkili, ekonomik ve verimli şekilde elde edilmesi ve kullanımını sağlamaktan, kayıp ve kötüye kullanımın önlenmesinden, mali yönetim ve kontrol sisteminin işleyişinin gözetilmesi, izlenmesi ve bu Kanunda belirtilen görev ve sorumlulukların yerine getirilmesinden sorumludur. Buna göre araçların şehir dışına çıkışlarından ve kaynakların etkili ve verimli kullanılmamasından kaynaklı olarak üst yöneticiler hakkında idari soruşturmaların başlatılması gerekmektedir. Devletin hukuksal kurgusunda üzüm salkımına benzeyen hiyerarşik düzene uyulmaması kamu kaynaklarının yeteri kadar verimli kullanılmamasına sebebiyet vermek bir yana, idarenin genel ve sürekli işleyişinin bozulmasına sebebiyet vermektedir.

İdare, diğer hususlar başlığına eklenen bu araçlara ilişkin olarak Sayıştay'a, bu araçların yalnızca kontrollük hizmetinde kullanılmadığı, aynı zamanda deprem, sel, yangın gibi afetlerde de kullanıldığını ifade etmiştir. Ancak bu araçların ve bu araçları kullananların ne görevlendirme yazısı ne de bir başka resmi yazısı söz konusudur.

10.8.4. Mobil Laboratuvar Test Ekipmanları Alım İşine İlişkin Tespitler

Çevre ve Şehircilik Bakanlığı Yapı İşleri Genel Müdürlüğü tarafından "18 Kalem Mobil Test Laboratuvarı Cihaz ve Ekipman Alımı" ihalesi düzenlenmiştir. Bu ihalenin yaklaşık maliyeti 3 milyon 637 bin TL'dir. İdare ile CMH İnşaat Elektronik ve Bilgisayar Sistemleri Turizm Yatçılık Sanayi ve Ticaret Limited Şirketi arasında 3 milyon 300 bin TL'ye sözleşme imzalanmıştır.

Gelelim bu ihalenin usulüne; yine dile getirdiğimiz gibi 4734 sayılı Kamu İhale Kanunu'nda temel ihale usulleri, açık ihale usulü ve belli istekliler arasında ihale usulüdür. Diğer ihale usulleri ise ancak kanunda belirtilen özel şartlar yerine getirildiği takdirde kullanılabilmektedir.

Kamu İhale Kanunu'na göre pazarlık usulü ile ihaleye çıkılabilmesinin şartları belirlidir. Buna göre doğal afetler, salgın hastalıklar, can veya mal kaybı tehlikesi gibi ani ve beklenmeyen durumlar ve kanunda sayılan diğer şartların yerine getirilmesiyle birlikte pazarlık usulü ile ihaleye çıkılabileceği ifade edilmektedir. Bunlardan en önemlisi ise idare tarafından önceden öngörülemeyen olayların ortaya çıkması üzerine ihalenin ivedi olarak yaptırılmasının zorunlu olması durumudur.

Buna göre idare tarafından önceden öngörülemeyen olayın söz konusu olması için idarenin iradesinden bağımsız nitelikte olması ve ihaleye çıkılabilmesi için diğer şartların yanında, ihalenin ivedi olarak da yapılmasının zorunlu olması gerekmektedir.

İdareye göre bu usulün kullanılmasının sebebi idare tarafından önceden öngörülemeyen bir olayın söz konusu olduğu ve test ekipmanları alımı işinin ivediliği öne sürülmüştür.

Bu durumda Kamu İhale Kanunu'na hâkim olan ilkelerden olan rekabette eşitlik, şeffaflık ilkesi lağvedilmiş olacaktır.

Ayrıca yaklaşık maliyetin belirlenmesindeki fiyat araştırmasını idarenin yapması gerekmektedir. Gerçek piyasa fiyatlarının araştırılmadan idarenin ihaleye çıkması durumunda, idari işlemin temel unsurlarından olan biçim unsurunun yönteme ilişkin kısmı hatalı oluşacaktır. İhaleye ilişkin yapılan incelemede yaklaşık maliyet için teklif alınan 3 firma ile pazarlık usulü olarak ihaleye davet edilen 3 firmanın aynı olduğu ve yaklaşık maliyetin de buna göre tespit edildiği ortaya çıkmıştır.

Buna göre Yapı İşleri Genel Müdürlüğü tarafından düzenlenen ihalede, yaklaşık maliyet için teklif alınan firmalar ile ihaleye davet edilen firmaların aynı olması durumunda, firmaların yaklaşık maliyete ilişkin bilgi sahibi olarak ihaleye girmelerine ve tekliflerini buna göre oluşturmalarına imkân vermektedir. İhale belgesi incelendiğinde yaklaşık maliyet ile ihale sonucu imzalanan sözleşme bedelinin birbirine çok yakın olduğu ortaya çıkacaktır. Buna göre yaklaşık maliyetin gizli olması ilkesi, ihalelerde rekabetin ve saydamlığın sağlanması ilkesi ihlal edilmiştir.

SONUÇ İLANI
18 KALEM MOBİL TEST LABORATUVARI CİHAZ VE EKİPMAN ALIMI
YAPI İŞLERİ GENEL MÜDÜRLÜĞÜ ÇEVRE VE ŞEHİRCİLİK BAKANLIĞI BAKAN
YARDIMCILIKLARI

İhale kayıt numarası : 2019/545320

1- İhalenin

a) Tarihi : 31.10.2019

b) Türü : Mal alımı

c) Usulü : Pazarlık (MD 21 B)

d) Pazarlık Usulünün Seçilme Gerekçesi : Doğal afetler, salgın hastalıklar, can veya mal kaybı tehlikesi gibi ani ve beklenmeyen veya idare tarafından önceden öngörülemeyen olayların ortaya çıkması üzerine ihalenin ivedi olarak yapılmasının zorunlu olması.

e) Yaklaşık Maliyeti : 3.637.090,90 TRY

2- İhale konusu malın

a) Adı : 18 KALEM MOBİL TEST LABORATUVARI CİHAZ VE EKİPMAN ALIMI

b) Teslim yeri : Çevre ve Şehircilik Bakanlığı Ana Hizmet Binası

c) Teslim tarihi : Cihazlar sözleşme imzalanmasını takip eden günden itibaren 25.12.2019 gününe kadar teslimi tamamlanacaktır. Teslim takvimi İdare ile Yüklenici arasında hazırlanacak takvime göre yapılacaktır.

3- Teklifler

a) Doküman Satın Alan Sayısı : 3

b) Dokümanı EKAP üzerinden e-imza kullanarak indiren sayısı : 3

c) Toplam Teklif Sayısı : 2

d) Toplam Geçerli Teklif Sayısı : 2

e) Yerli malı teklif eden istekli lehine fiyat avantajı uygulaması : Uygulanmıştır / %15

4- Sözleşmenin

a) Tarihi : 06.11.2019

b) Bedeli : 3.300.000,00 TRY

c) Süresi : 07.11.2019 - 25.12.2019

d) Yüklenicisi : CMH İNŞAAT ELEKTRONİK VE BİLGİSAYAR SİSTEMLERİ TURİZM YATÇILIK SANAYİ VE TİCARET LİMİTED ŞİRKETİ

e) Yüklenicinin uyruğu : Türkiye

f) Yüklenicinin adresi : GÜVENEVLER MAH ALAÇAM SOKAK NO 9/2 ÇANKAYA/ANKARA

Kamuoyuna saygıyla duyurulur.
Yazdır

Şekil 42 - 18 Kalem Mobil Test Laboratuvarı Cihaz ve Ekipman Alımı

10.8.5. Denetim Raporuna Yansıyan İhale Konusu: Devlet İhale Kanunu'nun 51'inci Maddesinin Birinci Fıkrasının (c) Bendinde Öngörülen Şartlar Oluşmadığı Halde Pazarlık Usulü ile İhaleye Çıkılması

2886 sayılı Kanuna göre ihalelerde kapalı teklif usulü esastır ancak 51. maddede sayılan işlerin pazarlık usulü ile yapılabileceği mevzuatta belirtilmiştir.

51. maddeye göre, "Önceden düşünülmesi mümkün olmayan ani ve beklenmeyen olayların ortaya çıkması üzerine acele olarak yapılması gerekip, kapalı veya açık teklif usulünün uygulanmasına yeterli süre bulunmayan işler; diğer ihale usulleriyle temin edilemeyeceği açıkça belli olan işler; bilgisayar alımı, kiralanması, bakım ve onarımı; her çeşit araç ve gerecin yetkili servislerine yaptırılacak periyodik bakım ve onarımları; yedek parça ve lastik alımları" şartları haiz olunduğunda pazarlık usulü ile ihaleye çıkılabilecektir.

Buna göre önceden düşünülmesi mümkün olan ve beklenebilecek olayların ortaya çıkmasında ise ihalenin pazarlık usulü değil, temel ihale usulü olan kapalı teklif usulü ile gerçekleşmesi gerekmektedir.

10.8.5-a. Zeytinburnu Beştelsiz Askeri Lojmanların Hurda Malzeme Karşılığı Yıkım İşi

İdare, ilk ihalenin sonuçlandırılmaması ve kapalı veya açık teklif usulünün uygulanmasına yeterli süre bulunmadığı için pazarlık usulü ile yaptığını iddia etse de kendi açıklamasında bu işin pazarlık usulü ile yapılamayacağını kanıtlamıştır. İlk ihalenin sonuçlandırılmaması ve kapalı veya açık teklif usulünün uygulanmasına yeterli sürenin bulunmaması, pazarlık usulünün uygulanmasında yeterli şartları sağlamamaktadır. Ayrıca hurda malzeme karşılığı yıkım işi önceden düşünülmesi mümkün olmayan ani ve beklenmeyen bir olay değildir.

10.8.6. Çevre ve Şehircilik Bakanlığı Dönüşüm Projeleri Özel Hesabı'nın Temel İhale Usulü Yerine Özel İhale Usulü Olan Pazarlık Usulü 21/b'yi Kullanması

Özel ihale usulü olan pazarlık usulünün hangi şartlarda yapılması gerektiğini kitap boyunca ifade ettik. Buna göre işlerin özü itibarıyla şartlarla uyuşması gerekmesi ve bununla bağlantılı olması gerekmektedir. Yapılan ihale ile şartların özünün birbirine uyuşmadığı hususunda kanıksanmayacak bir durum söz konusuysa pazarlık usulü ile ihaleye çıkılmamalıdır. Ancak idarenin tercih ettiği pazarlık usulü şartlara uygun gerçekleşmemiştir. İdare işin salgın hastalık nedeniyle pazarlık usulüne çıkıldığını ifade etse de bir işin salgın hastalık nedeniyle ihaleye çıkılabilmesi için salgın hastalık ile ortaya çıkabilecek ihtiyaçların olması gerekmektedir.

10.8.6-a. Suriçi Koruma Amaçlı İmar Planı ve Kentsel Tasarım Projeleri ile Belirlenen Kullanım Türü ve Yapılaşma Koşulları Kapsamında Geliştirilen Projeler ile Dicle Vadisi Rekreasyon Alanı Projesi Kültür Mirası Etki Değerlendirmesi Raporu Hazırlanması

Bu işin ihale tarihi 31.03.2020'dir. Yani salgın hastalık döneminde yapılmıştır ve idare de işi salgın hastalık gerekçesiyle 21/b usulüyle gerçekleştirmiştir. İşin 21/b kapsamında yapılmasının gerekçesi ise şudur: "Kültür ve Turizm Bakanlığı tarafından UNESCO'ya sunulmak üzere Bakanlık tarafından geliştirilen yeniden yapım, onarım, restorasyon, rekonstrüksiyon ve rekreasyon proje alanlarının Dünya Miras Alanı (MA) ve Tampon Alanda (TA) kalması sebebiyle projelerin bu alanlara etkisinin belirlenebilmesi için KMED Raporunun hazırlanması gerekmektedir. Dünya Miras Alanı sınırları içerisinde kalan Bakanlığımızca yapılan çalışmaların alandaki etkilerini değerlendirebilmek amacı ile Uluslararası Anıtlar ve Sitler Konseyi (International Council on Monuments and Sites ICOMOS) tarafından hazırlanan KMED Rehberi göz önünde bulundurulacak ve UNESCO Dünya Miras Merkezine iletilmek üzere Kültür ve Turizm Bakanlığı'na iletilecektir."

SONUÇ İLANI
SURİÇİ KORUMA AMAÇLI İMAR PLANI VE KENTSEL TASARIM PROJELERİ İLE BELİRLENEN KULLANIM TÜRÜ VE YAPILAŞMA KOŞULLARI KAPSAMINDA GELİŞTİRİLEN PROJELER İLE DİCLE VADİSİ REKREASYON ALANI PROJESİ KÜLTÜR MİRASI ETKİ DEĞERLENDİRMESİ RAPORU HAZIRLANMASI
ALTYAPI VE KENTSEL DÖNÜŞÜM HİZMETLERİ GENEL MÜDÜRLÜĞÜ ÇEVRE VE ŞEHİRCİLİK BAKANLIĞI BAKAN YARDIMCILIKLARI

İhale kayıt numarası	: 2020/168259
1- İhalenin	
a) Tarihi	: 31.03.2020
b) Türü	: Hizmet alımı
c) Usulü	: Pazarlık (MD 21 B)
d) Pazarlık Usulünün Seçilme Gerekçesi	: Doğal afetler, salgın hastalıklar, can veya mal kaybı tehlikesi gibi ani ve beklenmeyen veya yapım tekniği açısından özellik arz eden veya yapı veya can ve mal güvenliğinin sağlanması açısından ivedilikle yapılması gerekliliği idarece belirlenen hallerde veyahut idare tarafından önceden öngörülemeyen olayların ortaya çıkması üzerine ihalenin ivedi olarak yapılmasının zorunlu olması.
e) Yaklaşık Maliyeti	: 1.803.333,00 TRY
2- İhale konusu hizmetin	
a) Adı	: SURİÇİ KORUMA AMAÇLI İMAR PLANI VE KENTSEL TASARIM PROJELERİ İLE BELİRLENEN KULLANIM TÜRÜ VE YAPILAŞMA KOŞULLARI KAPSAMINDA GELİŞTİRİLEN PROJELER İLE DİCLE VADİSİ REKREASYON ALANI PROJESİ KÜLTÜR MİRASI ETKİ DEĞERLENDİRMESİ RAPORU HAZIRLANMASI
b) Yapılacağı yer	: Diyarbakır ili Sur İlçesi
c) Süresi	: 365 gündür
3- Teklifler	
a) Doküman Satın Alan Sayısı	: 3
b) Dokümanı EKAP üzerinden e-imza kullanarak indiren sayısı	: 3
c) Toplam Teklif Sayısı	: 3
d) Toplam Geçerli Teklif Sayısı	: 2
e) Yerli istekli lehine fiyat avantajı uygulaması	: Uygulanmamıştır
4- Sözleşmenin	
a) Tarihi	: 22.04.2020
b) Bedeli	: 1.354.900,00 TRY
c) Süresi	: 27.04.2020 - 22.04.2021
d) Yüklenici	: R.E.G.İ.O. RAPORLAMAETÜD GEL. İZL. ORG.DAN A.Ş.
e) Yüklenicinin uyruğu	: Türkiye
f) Yüklenicinin adresi	: GÜZELTEPE MAH. FUAR CAD. FİKRET EREN APT. NO: 9/16 06690 ÇANKAYA/ANKARA

Kamuoyuna saygıyla duyurulur.

Şekil 43 - Suriçi İhale Belgesi

10.8.7. Araç Kiralama (9 Adet Şoförsüz-Yakıtsız ve 2 Adet Şoförlü-Yakıtsız, Toplam 11 Adet) Hizmet Alımı

SONUÇ İLANI
ARAÇ KİRALAMA (9 ADET ŞOFÖRSÜZ/YAKITSIZ–2 ADET ŞOFÖRLÜ/YAKITSIZ) HİZMET ALIMI
ALTYAPI VE KENTSEL DÖNÜŞÜM HİZMETLERİ GENEL MÜDÜRLÜĞÜ ÇEVRE VE ŞEHİRCİLİK BAKANLIĞI BAKAN YARDIMCILIKLARI

İhale kayıt numarası	: 2020/208560
1- İhalenin	
a) Tarihi	: 21.04.2020
b) Türü	: Hizmet alımı
c) Usulü	: Pazarlık (MD 21 B)
d) Pazarlık Usulünün Seçilme Gerekçesi	: Doğal afetler, salgın hastalıklar, can veya mal kaybı tehlikesi gibi ani ve beklenmeyen veya yapım tekniği açısından özellik arz eden veya yapı veya can ve mal güvenliğinin sağlanması açısından ivedilikle yapılması gerekliliği idarece belirlenen hallerde veyahut idare tarafından önceden öngörülemeyen olayların ortaya çıkması üzerine ihalenin ivedi olarak yapılmasının zorunlu olması.
e) Yaklaşık Maliyeti	: 468.745,28 TRY
2- İhale konusu hizmetin	
a) Adı	: ARAÇ KİRALAMA (9 ADET ŞOFÖRSÜZ/YAKITSIZ–2 ADET ŞOFÖRLÜ/YAKITSIZ) HİZMET ALIMI
b) Yapılacağı yer	: İstanbul Altyapı ve Kentsel Dönüşüm Müdürlüğü Hizmetlerinde şehir içi ve dışında kullanılmak üzere
c) Süresi	: 01.05.2020 - 31.12.2020
3- Teklifler	
a) Doküman Satın Alan Sayısı	: 2
b) Dokümanı EKAP üzerinden e-imza kullanarak indiren sayısı	: 2
c) Toplam Teklif Sayısı	: 1
d) Toplam Geçerli Teklif Sayısı	: 1
e) Yerli istekli lehine fiyat avantajı uygulaması	: Uygulanmamıştır
4- Sözleşmenin	
a) Tarihi	: 28.04.2020
b) Bedeli	: 468.585,28 TRY
c) Süresi	: 01.05.2020 - 31.12.2020
d) Yüklenici	: MOTİFFF OTOMOTİV İNŞAAT TURİZM SANAYİ VE TİCARET LİMİTED ŞİRKETİ
e) Yüklenicinin uyruğu	: Türkiye
f) Yüklenicinin adresi	: OSB.BAĞCILAR GÜNGÖRE N SAN.SİT.14.BLOK NO:43 34306 BAŞAKŞEHİR/İSTANBUL

Kamuoyuna saygıyla duyurulur.

Şekil 44 - Araç Kiralama İhale Belgesi

İdare, ihalenin gerekçesinde Covid-19'u göstermiştir ancak Covid-19 ile araç kiralama ihalesi arasında niteliksel olarak herhangi bir bağ olmamakla beraber işin özüyle de ilgisi yoktur. İhalenin yaklaşık maliyeti 468 bin TL olarak gözükmekte ve maliyet ile sözleşme bedeli birbiriyle neredeyse aynıdır. Önceden öngörülemeyen bir durum söz konusu değilken ve aynı zamanda da taşıtların herhangi bir acaliyeti yokken 21/b ile ihale yapılması yolsuzluğun göstergesidir.

10.9. Diyanet İşleri Başkanlığı

10.9.1. 22-d Maddesi Kapsamında Yapılan Alımlarda (Doğrudan Temin Yoluyla Yapılan Alımlar) Yasaklılık Kontrolünün Yapılmaması

Kamu İhale Kanunu'nun 22. maddesi gereğince parasal limit dahilinde yapılan alımlarda yasaklılar listesinin kontrol edilmesi gerekmektedir.

Doğrudan temin yöntemi, usulsüzlük konusunda bir denetime tabi olmadığı için büyük sorunlar oluşturmaktadır, çünkü doğrudan temin yönteminde ilana çıkılmaksızın, teminat alınmaksızın doğrudan o mal ve hizmete ulaşılabilmektedir.

Ek olarak bu doğrudan temin yoluyla yapılan alımlarda fiyat araştırılması yapmak kanun hükmü gereği zorunludur, ancak Diyanet İşleri Başkanlığı doğrudan temin yöntemlerinde fiyat araştırması yapmamıştır.

10.9.2. Kamu İhale Kanunu'na Göre Asli Olan Usul Açık İhale Usulüyken İdarenin Pazarlık Usulü ile Birçok İhaleye Çıkması

Açık ihale usulü bilindiği gibi bütün isteklilerin girebildiği bir tekliftir. Pazarlık usulü ise belirli şartların sağlandığı bir durumda ihaleye çıkmayı gerektiren bir usuldür.

10.9.2-a. İftar-Sahur Canlı Yayın Programı Hizmet Alımı

2020/222657 kayıt numaralı İftar-Sahur Canlı Yayın Programı Hizmet Alımı işi 21/b usulüyle yapılmıştır. 21/b bilindiği gibi, olağanüstü durumlarda yapılması gereken bir ihale usulüdür. Buna göre doğal afetler, salgın hastalıklar, can veya mal kaybı tehlikesi gibi ani ve beklenmeyen veya yapım tekniği açısından özellik arz eden vs. ivedilik hallerinde uygulanması gereken bir usuldür.

Ramazan ayı bir önceki seneki ramazan ayında belli olmaktadır. İftar-Sahur Canlı Yayın Programı yapılacaksa bunun önceden öngörülebilen bir hal olduğu açıktır. İftar-Sahur Canlı Yayın Programı herhangi bir doğal afetle ve salgın hastalıkla da ilişkilendirilemeyeceğine göre bu usulün kullanılmasının yandaşlara peşkeş çekilmesi anlamına geleceği açıktır.

İdare bu ihalenin onay belgesinde usulün kullanılmasının sebebi olarak programın yapılacağı mekânın Ramazan ayına kısa bir süre kala belirlenebildiğini ve programda kullanılacak ekipmanların mekân belirlendikten sonra ayarlanabildiğini ifade etmiştir. Fakat bir kamu hizmeti özel sektördeki gibi aceleye getirilmez. Kamu hizmeti, parçalı ve birçok alt oluşumdan geçerek oluşturulan kademeli bir yapının ürünüdür. Böyle bir gerekçe kabul edilemeyeceği gibi bu usulle yapılan bu hizmet alımının iptal edilmesi gerekmekteydi.

Bu ihale bedelinin yaklaşık maliyeti 700 bin TL olarak gözükmektedir. Sözleşme Son Yapım Medya Prodüksiyon Hizmetleri Ticaret Ltd. Şti. ile 493 bin TL bedel ile imzalanmıştır. Doküman satın alan sayısına bakıldığında 1 kişi gözükmektedir ve aynı zamanda toplam teklif sayısı da 1 tanedir. Buna göre bu ihalenin açıkça Son Yapım Medya'ya bilerek ve istenerek verildiği gözükmektedir.

15.10.2021 11:35 İhale Arama - EKAP (Kamu İhale Kurumu)

SONUÇ İLANI
2020 YILI ANKARA AHMET HAMDİ AKSEKİ CAMİİ'NDE GERÇEKLEŞTİRİLECEK OLAN İFTAR-SAHUR CANLI YAYIN PROGRAMI HİZMET ALIM İŞİ
BAŞBAKANLIK DİYANET İŞLERİ BAŞKANLIĞI DİNİ YAYINLAR GENEL MÜDÜRLÜĞÜ

İhale kayıt numarası	**: 2020/222657**
1- İhalenin	
a) Tarihi	: 28.04.2020
b) Türü	: Hizmet alımı
c) Usulü	: Pazarlık (MD 21 B)
d) Pazarlık Usulünün Seçilme Gerekçesi	: Doğal afetler, salgın hastalıklar, can veya mal kaybı tehlikesi gibi ani ve beklenmeyen veya yapım tekniği açısından özellik arz eden veya yapı veya can ve mal güvenliğinin sağlanması açısından ivedilikle yapılması gerekliliği idarece belirlenen hallerde veyahut idare tarafından önceden öngörülemeyen olayların ortaya çıkması üzerine ihalenin ivedi olarak yapılmasının zorunlu olması.
e) Yaklaşık Maliyeti	: 700.000,00 TRY
2- İhale konusu hizmetin	
a) Adı	: 2020 YILI ANKARA AHMET HAMDİ AKSEKİ CAMİİ'NDE GERÇEKLEŞTİRİLECEK OLAN İFTAR-SAHUR CANLI YAYIN PROGRAMI HİZMET ALIM İŞİ
b) Yapılacağı yer	: Ahmet Hamdi Akseki Camii Yerleşkesi
c) Süresi	: 30 gündür
3- Teklifler	
a) Doküman Satın Alan Sayısı	: 1
b) Dokümanı EKAP üzerinden e-imza kullanarak indiren sayısı	: 1
c) Toplam Teklif Sayısı	: 1
d) Toplam Geçerli Teklif Sayısı	: 1
e) Yerli istekli lehine fiyat avantajı uygulaması	: Uygulanmamıştır
4- Sözleşmenin	
a) Tarihi	: 06.05.2020
b) Bedeli	: 493.000,00 TRY
c) Süresi	: 06.05.2020 - 24.05.2020
d) Yüklenici	: SON YAPIM MEDYA PRODÜKSİYON HİZMETLERİ TİCARET LTD.ŞTİ.
e) Yüklenicinin uyruğu	: Türkiye
f) Yüklenicinin adresi	: ODAYERİ MAH. NALAN SK. 3 / 1 EYÜPSULTAN/İSTANBUL

Kamuoyuna saygıyla duyurulur.
Yazdır

Şekil 45 - İftar-Sahur Canlı Yayın Programı İhale Belgesi

10.9.2-b. 4-6 Yaş Grubu Muhtelif Kitap İşi İhalesi

İhale adı, 4-6 Yaş Grubu Kuran Kursları Öğretici Kitabı 1-2, 4-6, Yaş Grubu Kuran Kursları Etkinlik Kitabı 1-2 Etkinliklerle Elif-Bâ / 4-6 Yaş Grubu Elif-Bâ Öğretimi Etkinlik Örnekleri (4-6 yaş grubu) Dinim İslam.

İhale numarası 2020/415988 olarak gözükmektedir. İhalenin yaklaşık maliyeti 3 milyon 81 bin TL olarak gözükmekteyken sözleşmeye esas kısımların yaklaşık maliyeti 68 bin TL olarak gözükmektedir. İhaleye bakıldığında toplam geçerli teklif sayısı 3 olarak gözükmektedir.

Sözleşme Başak Matbaacılık Tanıtım Hizmetleri İTH. İHR. TİC. LTD ŞTİ. ile sözleşmeye esas kısım temel alınarak 55 bin TL bedel ile imzalanmıştır.

Başak Matbaacılık aynı zamanda Milli Eğitim Bakanlığı'ndan da 5-6 ihale almıştır. Her bir ihalede ortalama 800 bin-900 bin kitap adedi söz konusudur.

Bu Başak Matbaacılık'ın sahibi Özcan Öztürk'tür. Kendisi aynı zamanda Ankara Ticaret Odası'nda Basın Yayın Meslek Komitesi Meclis Üyesidir. Kendisiyle yapılan bir röportajda devlet kurumlarının kendi işlerini kendisinin görmesini istemediğini şu ifadelerle açıkça dile getirmiştir: "Çoğu haftada bir kullanılan bu makinelere milyonlarca lira ödemenin anlamı yok; baskı işlerinin verileceği özel sektörde bu makineler çok daha verimli kullanılabilir."

Kendisi devlet dairelerine matbaa sisteminin kurulmasına karşı olup, bunların önlenmesini talep etmektedir.

Kuran kursu talebeleri eğitimlerine eylül ayında başlamaktadır ve bu her sene düzenli olarak tekrarlanmaktadır. Burada herhangi bir ivedilik durumu söz konusu değildir. Salgın hastalığın bu ihaleyi etkilemesi de söz konusu olmadığı için idarenin salgın hastalığı öne sürerek ihaleyi bu gerekçelendirmeyle yapması hukuka ve ahlaka açıkça aykırıdır.

10.10. Sağlık Bakanlığı

10.10.1. Anahtar Teslimi Götürü Bedel Üzerinden İhale Edilen Yapım İşlerinde Karşılaşılan Sorunlar

10.10.1-a. Sözleşmelerin Uygulanması Aşamasında Projelerde Önemli Ölçülerde Değişiklik Yapılması

Kamu İhale Kanunu'nun 62. maddesi idarelerce uyulması gereken diğer kuralları düzenlemektedir. Buna göre "Yapım işlerinde arsa temin edilmeden, mülkiyet, kamulaştırma ve gerekli hallerde imar işlemleri tamamlanmadan ve uygulama projeleri yapılmadan ihaleye çıkılamaz" denilmektedir. Uygulama projesi ise belli bir yapının onaylanmış kesin projesine göre yapının her türlü ayrıntısının belirlendiği projedir.

Sayıştay raporuna göre "Uygulama projesiyle anahtar teslimi götürü bedel üzerinden ihaleye çıkılan işlerde, işin yapılacağı yere ilişkin zemin etüdü, inşaatta kullanılacak her türlü iş kaleminin/grubunun niteliğini gösteren teknik şartnameler ve bu işlerin nerede ve ne kadar yapılacağını gösteren mahal listeleri projeye eklenerek ihale dokümanı oluşturulur. Bu suretle, ihale öncesinde yapıya ilişkin en ince ayrıntıların dahi netleşmesi sağlanarak, sözleşme süresi sonunda yapının anahtar teslimi olarak her şeyi ile eksiksiz ve kullanılabilir halde teslim alınması beklenir."

İdareler, bu hususta yapılacak işlerde değişiklik yapılmadan işin tamamlanmasının fiilen imkânsız olduğu hallerde işin sözleşmede belirtilen niteliğe uygun bir şekilde tamamlanmasını sağlayacak şekilde gerekli değişiklikleri yapmaya yetkilidir. Dikkat edilmesi gereken husus işin tamamlanmasının fiilen imkânsız olduğu hallerdir, çünkü ancak bu hallerde gerekli değişiklikler yapılabilmektedir.

Sağlık Bakanlığı'na ilişkin olarak Sayıştay raporuna yansıyan proje değişikliği ise mutlak gereklilik arz eden proje değişikliği değildir. Hastane koridoru zemin kaplama imalatı gibi zaruret arz etmeyen, idarenin beğeni ve tercihine dayalı biçimde yapılan değişiklikler söz konusudur. İdarelerin, bu fiilleri gerçekleştirirken, bir işlem tesis ederken keyfiyete dayalı tercih yapmaması esastır, çünkü yöneticiler kendilerine ait parayı değil, kamuya ait parayı kullanmaktadır. Ayrıca sadece bununla da kalınmamış, yönetmelik, tebliğ, protokoller gibi idarenin düzenleyici işlemlerine uyulmamıştır.

İdareler, ihale süreçlerinde rekabet ilkesine, saydamlık ilkesine, ihtiyaçların uygun şartlarla karşılanması ilkelerine uymakla mükelleftirler. Bu duruma uyulmadığında kaynakların verimli kullanılması söz konusu olamayacaktır. İhale dokümanlarının idareler tarafından eksik hazırlanması, ihaleye girecek şirketler arasında haksız rekabete sebebiyet verecektir. Bundan dolayı ihale dokümanlarında işin hiçbir şekilde tereddüde düşürülmeyecek şekilde teknik bilgileri içermesi gerekmektedir.

Projelerde, sözleşmenin yürütülmesi esnasında çok sayıda iş kalemi değişikliği yapılması, işlerin sözleşme süresinde teslim alınmasına engel olmaktadır. Bu durumda kamu zarara uğrarken şirketler zaman kazanmaktadırlar.

Anahtar teslim götürü bedel üzerinden ihale edilen yapım işlerine ilişkin olarak iş kalemlerinin detaylı belirtilmemesi durumunda ise yaklaşık maliyet hesaplamasının yanlış aktarılmasına sebep olacaktır. Bu durumda kamu kaynaklarının verimli kullanılmasından söz edemeyecek duruma geleceğiz. Yaklaşık maliyetin düzgün belirlenmemesi durumunda, şirketler tarafından verilen teklifler sağlıklı bir şekilde değerlendirilemeyecektir ve imalatın yapımı esnasında yapılacak olan işin gerçekleşmesi yüklenicinin keyfine bırakılmış olacaktır.

Sonuç olarak yapılacak olan uygulama projelerinde işin tüm teknik boyutunun belirtilmesi gerekmekle birlikte tereddüt bırakmayacak şekilde düzenlenmesi gerekmektedir.

10.10.1-b Yapım İşlerinde Şartname ve Projesine Uygun Olmayan İmalatların Gerçekleştirilmesi

Sayıştay'ın anahtar teslim götürü bedel üzerinden ihale edilen yapım işleri ihalelerine ilişkin olarak yaptığı incelemelerde, çeşitli imalatların şartname ve projelere uygun olmayan şekilde gerçekleştirildiği saptanmıştır.

Buna göre; granit yer kaplaması, taşyünü kaplaması, çelik sütun yapımı ve etrafının kaplanması, cam boşlukları, röntgen odalarının kurşun kaplanması gibi çeşitli imalat kalemlerinin gerekli şartlarda yerine getirilmediği görülmektedir. Burada dikkat çeken husus, röntgen odalarının kurşun kaplanmasının gerekli şartlarda sağlanmamasıdır. Buna göre röntgen odalarındaki kurşun kaplama gerekli kalınlıkta yapılmamış, daha ince yapılmıştır. Bilindiği gibi röntgen ışınları yani X ışınları elektromanyetik dalga demetidir. X ışınları, moleküler bağları kırabilecek enerjiye sahip olduklarından dolayı gerekli korumanın sağlanmaması durumunda canlı dokuya yüksek miktarda zarar vericidir. Bilindiği gibi X ışınları kanser riskini artırmaktadır. Röntgen odalarının kurşun kaplanması, radyasyona karşı yüksek bir radyasyon izolasyonu sağlamaktadır. Eğer bu şartlar gerekli olarak yerine getirilmediyse vatandaşlar çok ciddi sağlık sorunlarıyla karşılaşabileceklerdir.

Ayrıca granit yer kaplamasına ilişkin Sayıştay'ın incelemelerine takılan husus da belirlenen kalınlıktan daha ince yapılmasıdır. Buna göre granit yer kaplama yapılırken malzemeden çalma hususunun gerçekleştiği açıktır. Şartnameye göre yapılması gerekli olan kalınlığın yerine daha ince bir kaplamanın yapılmasının başka hiçbir izahı ve açıklaması söz konusu değildir.

10.10.2. Dünya Bankası Projesi Kapsamında Gerçekleştirilen Danışman İstihdamında Nitelik ve Ücret Kriterlerinin Yanlış Belirlenmesi

27.05.2015 tarihinde Sağlık Bakanlığı ile Dünya Bankası arasında "Sağlık Sisteminin Güçlendirilmesi ve Desteklenmesi Projesi" anlaşması imzalanmıştır. Yapılan anlaşma doğrultusunda 120.000.000,00 avro kredi kullanılacaktır.

Bu proje kapsamında istihdam edilen danışmanların işe alım süreçlerinde gerekli kriterlerin yeterli olmadığı, işe alım süreçlerinde gerekli belgelerin istenmediği, ödenecek ücretlerin belirlenmediği ve herhangi bir limit veya kriter bulunmadığı rapora yansımıştır.

5018 sayılı Kamu Mali Yönetimi ve Kontrol Kanunu'nun 2. maddesinde, "AB fonları ile yurtiçi ve yurtdışından kamu idarelerine sağlanan kaynakların kullanımı ve kontrolü de uluslararası anlaşmaların hükümleri saklı kalmak kaydıyla, bu Kanun hükümlerine tabidir" denilmektedir.

Kamu İhale Kanunu'nda ise 3. maddenin c fıkrası gereğince, uluslararası anlaşmalar gereğince sağlanan dış finansman ile yaptırılacak olan ve finansman anlaşmasında farklı ihale usul ve esaslarının uygulanacağı belirtilen mal veya hizmet alımları ile yapım işlerinin bu kanundan ceza ve yasaklama hükümleri hariç istisna olduğu belirtilmektedir.

Sayıştay raporuna göre, "Ibrd Kredileri ve Ida Kredileri ve Hibeleri Kapsamında Dünya Bankası Borçluları Tarafından Danışman Seçimi ve İstihdamına İlişkin Kılavuz"un bireysel danışmanlara ilişkin 5.3'üncü maddesinde "Borçlu tarafından istihdam edilmek üzere seçilecek bireyler, en deneyimli ve nitelikli bireyler olacak ve görevi gerçekleştirmek için tam kapasiteye sahip olacaklardır" denilmektedir.

Buna göre proje kapsamında geçici ve sürekli bireysel danışmanlık hizmet alımları yapılmaktadır. İstihdam edilen danışmanlar Bakanlığın merkez ve taşra teşkilatlanmasında görev almaktadırlar. Taşra teşkilatında görevlendirilen bu danışmanların meslek skalası çok geniştir. Çocuk gelişimciden, şehir hastanesi danışmanına, hatta ve hatta kameramana kadar uzayan bir skala mevcut.

2020 yılında Bakanlık merkez teşkilatında 119, taşra teşkilatında ise 231 danışman mevcuttur. Sayıştay raporuna göre, "Projenin başından itibaren 2020 yıl sonuna kadar merkez teşkilatta istihdam edilen danışmanların maliyeti 10.313.363,00 avro, taşra teşkilatlarındakilerin ise 5.228.699,00 avro olmuştur. Projenin 2020 yıl sonu itibarıyla toplam gerçekleşme tutarı 46.859.190,00 avro olup gerçekleşme tutarının yaklaşık % 33'ünün bireysel danışmanlık hizmet alımlarına ayrıldığı görülmektedir."

Buna göre danışmanlık hizmetleri için Sağlık Bakanlığı'nın bugünkü kur ile ödediği tutar, 524 milyon 822 bin TL yapmaktadır. Bu kadar masraf harcanırken merkez teşkilatta danışmanlık hizmeti sunacak olan danışmanların nitelikleri incelenmemiş, komisyon değerlendirmelerinde kişilerin özgeçmişine ilişkin belgeler istenmemiştir. Örneğin, kişinin mezun olduğunu belirttiği okula ilişkin diploması bile istenmemiştir. Sayıştay raporuna yansıyan bilgiye göre, "Örneğin bir biyoistatistik danışmanlığı alımında kişinin lisans öğrenimi sırasında üniversite projelerinde geçirdiği süreler iş deneyimi süresinden sayılmış ve ilanda belirtilen 'en az üç yıl iş deneyimine sahip olmak' şartı açısından yeterli görülmüştür. Yine kameraman danışmanlığı alımında istihdam edilen kişinin özgeçmişinde belirttiği üç yıllık staj süresi, 'en az beş yıllık mesleki iş tecrübesine sahip olmak' şartı açısından iş tecrübesi olarak kabul edilmiştir."

Danışmanlık hizmeti, bilindiği gibi uzmanlığı gerektiren bir iştir. Gerekli danışmanlığın verilmesi için bir iş tecrübesine sahip olmak gerekmektedir, ancak bu bilgilere göre işe alımlarda liyakat esasına uyulmamış ve gerekli şartları sağlamayan danışmanlar işe alınmıştır.

Ayrıca danışmanlık alım ilanlarının bazılarında işe alınırken belirlenen kriterlere ilişkin olarak akla şüphe düşürücü bilgiler de mevcuttur. Görev tanımıyla doğrudan bağlantısı olmayan spesifik kriterler belirlenmiştir. Örneğin:

- Veri koruma hukuku danışmanı için "hakemli dergilerde veri hukuku alanında en az bir adet yayına sahip olmak".

- Yapay zekâ danışmanı için "yükseköğretim kurumlarında yapay zekâ ile ilgili alanlarda en az bir dönem ders vermiş olmak".

- Kameraman danışmanı için "tercihen uluslararası kuruluşlar tarafından finanse edilen projelerde en az altı ay çalışmış olmak".

- İstatistik uzmanı için "tercihen Sağlık Bakanlığı veya bağlı kuruluşlarında kendi alanıyla ilgili proje/eğitim/danışmanlık vb. süreçlerde çalışmış olmak".

Buna göre yapılan bu alımlarda kişiye özel kadro ilanlarının açıldığı ve belirli kişilerin işe alınmak istediği belirgindir. Bu kriterlerin hangi ihtiyaç ve ölçütler gözetilerek konulduğuna ilişkin bir bilgi de mevcut değildir.

Bu danışmanlık hizmetlerinin, ilgili projenin amaç, hedef ve kapsamına uygun olması gerekmekteyken bazı danışmanlık hizmetlerinin projenin amaç, hedef ve kapsamıyla yakından ilişkisi olmadığı gözükmektedir. Bu hususta merkez teşkilatta, kameraman danışmanı olarak iki kişi istihdam edilmiştir. Kameraman danışmanının sözleşme ekindeki görev tanımına bakıldığında, "İdarenin genel çalışma prensipleri doğrultusunda, araç, gereç ve ekipmanları etkin bir şekilde kullanarak proje kapsamında yapılacak toplantı, seminer gibi organizasyonlarda çekim yapması beklenmektedir" denilmektedir. Kameraman danışmanının Sağlık Sisteminin Güçlendirilmesi ve Desteklenmesi Projesine ne şekilde katkıda bulunacağı açık olmamakla birlikte, neden iki kişinin istihdam edildiği de şüphe uyandırıcıdır.

Aynı zamanda bu proje kapsamında hukuk danışmanlık hizmet alımı da yapılmıştır. Bunun gerekçesi ise 4734 sayılı Kamu İhale Kanunu kapsamında yapılacak olan şehir hastanelerinin ihale usulünün belirlenmesidir. Bu kanunun "tanımlar" başlıklı 4. maddesinde ihale yetkilisi tanımlanmıştır. Buna göre ihale yetkilisi, idarenin, ihale ve harcama yapma yetki ve sorumluluğuna sahip kişi veya kurulları ile usulüne uygun olarak devri yapılmış görevlilerini ifade etmektedir. Yani doğrudan ihale yetkilisinin yetki ve sorumluluğunda bulunan bir iş için danışmanlık hizmet alımının yapılması ne projenin amaçlarıyla ilgilidir ne de mevzuat hükümlerine uygundur.

Danışmanlık ücretleri de Sayıştay raporlarına yansımış ayrı bir konudur. Danışmanlara ödenecek ücretler ilana çıkılmadan önce "tahmini maliyet" olarak belirlenmektedir, ancak ücretin hangi usul ve şartlar gözetilerek belirlendiğine ilişkin bir veri yoktur. Sayıştay'a göre "Danışmanlık sözleşmeleri yıllık olarak yapılmakta olup sözleşme süresinin bitmesi akabinde akdedilen devam sözleşmeleri ile ücret artışı yapılmaktadır. Ancak söz konusu artış oranlarında da herhangi bir sınırlandırma ve ölçüt mevcut olmayıp yıllık yüzde 18'e kadar ücret artışına gidilebildiği, artış oranlarının da kişiden kişiye farklılık gösterdiği görülmüştür". Artış oranlarında herhangi bir sınırlandırma ve ölçütün olmaması, idarenin yöntemli işleyişine taban tabana zıt bir uygulamadır. Ayrıca artış oranlarının kişiden kişiye farklılık gösteriyor olması demek, usulsüz işlem uygulandığını ve esasen kayırmacılığın dikkate alındığını göstermektedir.

Konuya bir de kamu personel sistemi bağlamında bakmak gerekirse, kamu görevine ilişkin bilgilendirmeler Anayasada, kanunda ve ilgili mevzuat hükümlerinde belirlenmiştir. Bilindiği gibi asli ve sürekli kamu hizmetlerinin kamu görevlileri tarafından yürütülmesi gerekmektedir, ancak görev süresi proje süresiyle sınırlı olan danışmanlar tarafından yürütülmesi kamu personel sistemini allak bullak edecektir.

10.11. Milli Eğitim Bakanlığı

10.11.1. Pazarlık Usulünün Şartları Oluşmadığı Halde Pazarlık Usulü ile İhale Yapılması ve Bu İhalelerde Yaklaşık Maliyetin Gerçek Maliyete Uygun Yapılmaması

Gerekli şartların oluşmadığı halde pazarlık usulüyle ihaleler yapıldığı Sayıştay raporuna yansımıştır. Bu ihalelerde rekabet ilkesi, şeffaflık ilkesi sağlanamamış ve sözleşme bedelinin işlerin yaklaşık maliyetine çok yakın olduğu ortaya çıkmış ve gerekçeleri açıklanamamıştır.

İhalelerde temel usulün açık ihale usulü ve belli istekliler arasında ihale usulü olduğunu rapor boyunca ifade ettik. 4734 Sayılı Kamu İhale Kanunu'ndaki temel ilkelerin sağlanabilmesi için temel usullerinin kullanılması elzem olmasına karşın birçok bakanlık gibi Milli Eğitim Bakanlığı da pazarlık usulü gibi olağanüstü dönemlerde kullanılması gereken özel ihale usulünü kullanmıştır.

Yine 21/b usulünün şartlarından bahsetmek gerekirse, "doğal afetler, salgın hastalıklar, can veya mal kaybı tehlikesi gibi ani ve beklenmeyen veya yapım tekniği açısından özellik arz eden veya yapı veya can ve mal güvenliğinin sağlanması açısından ivedilikle yapılması gerekliliği idarece belirlenen hallerde veyahut idare tarafından önceden öngörülemeyen olayların ortaya çıkması üzerine ihalenin ivedi olarak yapılmasının zorunlu olduğu durumlarda" pazarlık usulüyle ihaleye çıkılabileceği belirtilmektedir. Buna göre idarelerin bu usul ile ihaleye çıkabilmesi için yalnızca bu maddede belirtilenlerin bulunması yeterli değildir. Ayrıca ihalenin ivedi olarak yapılması gerekmekte ve yapılacak olan iş ile bulunan şartlar arasında özsel olarak bir bağlantı bulunmalıdır. İdareler fiili imkânsızlık halleri dışında zaten görevleriyle ilgili işlerde önceden planlama yapmakla mükelleflerdir. Önceden öngörülmeyen durumların görevleriyle ilgili olması durumunda idarelerin plansız ve programsız oldukları ortaya çıkacaktır.

Milli Eğitim Bakanlığı'nın Hayat Boyu Öğrenme Genel Müdürlüğü tarafından yapılan 3 ihalesinde gerekli şartların oluşmadığı halde 21/b pazarlık usulü ile ihaleye çıktığı Sayıştay tarafından tespit edilmiştir. Bunlar:

10.11.1-a. Hızlandırılmış Eğitim Programı Kırtasiye Setleri Alımı (ihale tarihi 18.03.2020)

10.11.1-b. Halk Eğitim Merkezleri Temizlik Malzemesi Alımı (ihale tarihi 23.07.2020)

10.11.1-c. Hızlandırılmış Eğitim Programı Kırtasiye Setleri Alımı (ihale tarihi 28.07.2020)

SONUÇ İLANI
HIZLANDIRILMIŞ EĞİTİM PROGRAMI(HEP) KAPSAMINDA KIRTASİYE SETLERİ MAL ALIMI
HAYAT BOYU ÖĞRENME GENEL MÜDÜRLÜĞÜ MİLLİ EĞİTİM BAKANLIĞI BAKAN YARDIMCILIKLARI

İhale kayıt numarası	: 2020/146283
1- İhalenin	
a) Tarihi	: 18.03.2020
b) Türü	: Mal alımı
c) Usulü	: Pazarlık (MD 21 B)
d) Pazarlık Usulünün Seçilme Gerekçesi	: Doğal afetler, salgın hastalıklar, can veya mal kaybı tehlikesi gibi ani ve beklenmeyen veya yapım tekniği açısından özellik arz eden veya yapı veya can ve mal güvenliğinin sağlanması açısından ivedilikle yapılması gerekliliği idarece belirlenen hallerde veyahut idare tarafından önceden öngörülemeyen olayların ortaya çıkması üzerine ihalenin ivedi olarak yapılmasının zorunlu olması.
e) Yaklaşık Maliyeti	: 390.060,00 TRY
2- İhale konusu malın	
a) Adı	: HIZLANDIRILMIŞ EĞİTİM PROGRAMI(HEP) KAPSAMINDA KIRTASİYE SETLERİ MAL ALIMI
b) Teslim yerleri	: Teknik şartnamenin ekine yüklenen 71 Halk Eğitimi Merkezi Adresleri
c) Teslim tarihi	: 23.03.2020 tarihinde işe başlanacak ve 22.04.2020 tarihine kadar söz konusu ihaleye ilişkin ürünler verilen adreslere teslim edilmiş olacaktır.
3- Teklifler	
a) Doküman Satın Alan Sayısı	: 3
b) Dokümanı EKAP üzerinden e-imza kullanarak indiren sayısı	: 3
c) Toplam Teklif Sayısı	: 2
d) Toplam Geçerli Teklif Sayısı	: 2
e) Yerli malı teklif eden istekli lehine fiyat avantajı uygulaması	: Uygulanmamıştır
4- Sözleşmenin	
a) Tarihi	: 25.03.2020
b) Bedeli	: 377.300,00 TRY
c) Süresi	: 25.03.2020 - 10.04.2020
d) Yüklenicisi	: DOĞUCAN OTOMOTİV NAKLİYE TURİZM İNŞAAT GIDA TEMİZLİK SANAYİ VE TİCARET LİMİTED ŞİRKETİ
e) Yüklenicinin uyruğu	: Türkiye
f) Yüklenicinin adresi	: TURGUT ÖZAL MAH/SEMT 2179 SK. 2 B / L. YENİMAHALLE/ANKARA

Şekil 46 - Kırtasiye Setleri Alımına İlişkin İhale Belgesi

SONUÇ İLANI
HIZLANDIRILMIŞ EĞİTİM PROGRAMI (HEP) KAPSAMINDA "KIRTASİYE SETLERİ" ALIMI
HAYAT BOYU ÖĞRENME GENEL MÜDÜRLÜĞÜ MİLLİ EĞİTİM BAKANLIĞI BAKAN
YARDIMCILIKLARI

İhale kayıt numarası	: 2020/386801
1- İhalenin	
a) Tarihi	: 28.07.2020
b) Türü	: Mal alımı
c) Usulü	: Pazarlık (MD 21 B)
d) Pazarlık Usulünün Seçilme Gerekçesi	: Doğal afetler, salgın hastalıklar, can veya mal kaybı tehlikesi gibi ani ve beklenmeyen veya yapım tekniği açısından özellik arz eden veya yapı veya can ve mal güvenliğinin sağlanması açısından ivedilikle yapılması gerekliliği idarece belirlenen hallerde veyahut idare tarafından önceden öngörülemeyen olayların ortaya çıkması üzerine ihalenin ivedi olarak yapılmasının zorunlu olması.
e) Yaklaşık Maliyeti	: 481.347,00 TRY
2- İhale konusu malın	
a) Adı	: HIZLANDIRILMIŞ EĞİTİM PROGRAMI (HEP) KAPSAMINDA "KIRTASİYE SETLERİ" ALIMI
b) Teslim yerleri	: 71 Halk Eğitimi Merkezine teslim edilecektir.Dağıtım listesi yüklenici firma ile ihale sonrası paylaşılacaktır.
c) Teslim tarihi	: 05.08.2020 tarihi başlangıç 28.08.2020 tarihi ise en son tarih olarak belirlenmiştir.Bitiş tarihi (28.08.2020)'den önce ürünlerin teslim alınması durumunda ödeme yapılacaktır.
3- Teklifler	
a) Doküman Satın Alan Sayısı	: 3
b) Dokümanı EKAP üzerinden e-imza kullanarak indiren sayısı	: 3
c) Toplam Teklif Sayısı	: 3
d) Toplam Geçerli Teklif Sayısı	: 3
e) Yerli malı teklif eden istekli lehine fiyat avantajı uygulaması	: Uygulanmamıştır
4- Sözleşmenin	
a) Tarihi	: 10.08.2020
b) Bedeli	: 464.840,00 TRY
c) Süresi	: 10.08.2020 - 28.08.2020
d) Yüklenicisi	: SRC BİLİŞİM EĞİTİM İNŞAAT GIDA VE TEMİZLİK TİCARET LİMİTED ŞİRKETİ
e) Yüklenicinin uyruğu	: Türkiye
f) Yüklenicinin adresi	: KÜÇÜKBAKKALKÖY MAH. GEDİKPAŞA SK. SARIKAYA İŞ MERKEZİ 12 / 9- 34750 ATAŞEHİR/İSTANBUL

Kamuoyuna saygıyla duyurulur.
Yazdır

Şekil 47 - HEP Kapsamında Kırtasiye Setleri Alımı İhale Belgesi

Üç ihale de 21/b kapsamında yapılmıştır. 21/b kapsamında yapılacak ihalelerin onay belgelerine bakıldığında bu usulün uygulanmasına yönelik herhangi bir gerekçelendirmenin yapılmadığı gözükmektedir. Bu ihalelerin Sayıştay'a göre 21/b kapsamında değerlendirilmesi ve bu şekilde ihale edilmesi mümkün görülmemektedir. Bu durumda şekil kurallarına tabi olunmaksızın, pazarlık usulüne getirilen kolaylıklardan yararlanmak maksadıyla ihale yapılmak istendiği ortadadır.

İlk ihale belgesine bakıldığında şirketin adının "Doğucan Otomotiv Nakliye Turizm İnşaat Gıda Temizlik Sanayi ve Ticaret Limited Şirketi" olduğu gözükmektedir. Şirket 377 bin TL sözleşme bedeli ile idareyle sözleşme imzalamıştır. İhale belgesi incelendiğinde buraya teklif veren kişi sayısının yalnızca iki olduğu gözükmektedir. Yalnızca temizlik ve kırtasiye malzemeleri üreten ve pazarlayan firmalar yerine, yolcu taşımacılığı, filo kiralama gibi işlerle uğraşan bir şirkete yani ilgisiz alanda faaliyet gösteren bir şirkete, hem yaklaşık maliyetinin hesaplanmasına esas piyasa araştırılması yapıldığı hem de ihaleye davet edilerek alımlar yapıldığı ortaya çıkmıştır.

Yalnızca filo kiralama, yolcu taşımacılığı gibi ilgisiz faaliyet alanında iş yapan şirketlerle de bu iş yapılmamış, ilaç ve tıbbi cihaz, bilişim ve yazılım gibi ilgisiz faaliyet alanında iş yapan şirketlerle de aynı süreç yaşanmıştır. Yine paylaştığımız bir diğer ihaleye bakıldığında "SRC Bilişim Eğitim İnşaat Gıda ve Temizlik Ticaret Limited Şirketi" kırtasiye setleri alımı ihalesini 464 bin TL sözleşme bedeli ile almıştır. En önemli kısım ise şurasıdır:

İhalelere teklif vermeye davet edilen veya alımın yapıldığı bazı firmaların, yalnızca ihale tarihinden yaklaşık bir ay önceki tarihte kurulduğu görülmüş ve bu şirketlerin hangi özelliklerinden dolayı ihaleye davet edildiği konusunda da herhangi bir gerekçe sunulmamıştır. Son olarak temizlik malzemesi alım ihalesinde ihaleye teklif veren 3 firmadan 2'sinin adresinin aynı olduğu gözükmektedir. Yani ihalenin adrese teslim yapıldığı apaçık ortadadır.

Aşağıdaki ihale belgesi incelendiğinde temizlik malzemesi alımı ihalesini kazanan firmanın "KFÇ Yazılım Yayıncılık Temizlik Mühendislik İnşaat İthalat İhracat Pazarlama Sanayi ve Ticaret Limited Şirketi" olduğu görülecektir. Firmaya bakıldığında firmanın sektörel alan konusunda çok geniş bir yelpazeye sahip olduğu gözükmektedir ancak bu alınan ihaleleri gizlemek için midir yoksa gerçekten böyle bir yelpaze mevcut mudur bilinmemektedir.

Sayıştay raporuna göre, "Temizlik Malzemeleri Alımına ilişkin ihalenin Teknik Şartnamesinde (madde 4.5), ürünlerin Halk Eğitim Merkezlerine 'teslim tesellüm tutanakları veya sevk irsaliyesi' karşılığında teslim edileceği ve bu belgelerde teslim edilen ürünlerin birim ve miktarlarının net olarak belirtilmek zorunda olduğu, ürünlerin birim ve miktarı belirli olmayan tutanakların muayene kabul komisyonlarınca teslim alınmayıp yükleniciye iade edileceği hüküm altına alındığı halde, 'teslim tesellüm tutanaklarında' teslim edilen ürün birim ve miktarları yer almamaktadır". Bu durumda hem teknik şartnamedeki hususlara uyulmamış hem de teslim tesellüm tutanaklarında teslim edilen ürün birim ve miktarları yer almamıştır. Buna göre teslim edilen herhangi bir ürün ve miktar söz konusu değilse Milli Eğitim Bakanlığı'ndan KFÇ şirketine yönelik olarak neredeyse 1 milyon TL'lik bir kaynak aktarımı söz konusudur. Bu durumda bu ihaleyi gerçekleştiren üst yöneticiler ve ilgili kamu görevlileri hakkında adli ve idari soruşturma açılmalıdır.

Bu ihaleler yapılmadan önce etkin ve verimli kaynak kullanımı açısından gerekli piyasa araştırmasının yapılması gerekmektedir, ancak yaklaşık maliyet ve ihale fiyatları gerçek piyasa fiyatlarını yansıtmamaktadır. Sayıştay gerçek piyasa fiyatlarını belirlemek için söz konusu alımların ihale tarihlerindeki fiyatlarına ilişkin Ankara Ticaret Odası'ndan rayiç fiyat tespiti istemiştir. Buna göre gelen fiyat tespitlerine göre, alımların ihale tarihindeki fiyatları ile Ankara Ticaret Odası'nın rayiç fiyat tespitleri arasında büyük farklar mevcuttur. Temizlik malzemesi alımlarında bu fark 3.25 kattır. Buna göre kamu, neredeyse 3.5 kat zarara uğratılmıştır.

Aynı zamanda teknik şartnameleri birebir aynı olan mart ve temmuz ayında (aşağıda ihale belgesi verilen ihale) yapılan kırtasiye setleri alım ihalelerindeki bazı kalemlerde 3-4 kat fiyat farkının olduğu ve gerçek piyasa fiyatlarını yansıtmadığı ortaya çıkmıştır.

SONUÇ İLANI
İŞ KARŞILIĞI ÜCRET(CASH FOR WORK) PROJESİ KAPSAMINDA HALK EĞİTİMİ
MERKEZLERİ TEMİZLİK MALZEMESİ ALIMI
HAYAT BOYU ÖĞRENME GENEL MÜDÜRLÜĞÜ MİLLİ EĞİTİM BAKANLIĞI BAKAN YARDIMCILIKLARI

İhale kayıt numarası	: 2020/377761
1- İhalenin	
a) Tarihi	: 23.07.2020
b) Türü	: Mal alımı
c) Usulü	: Pazarlık (MD 21 B)
d) Pazarlık Usulünün Seçilme Gerekçesi	: Doğal afetler, salgın hastalıklar, can veya mal kaybı tehlikesi gibi ani ve beklenmeyen veya yapım tekniği açısından özellik arz eden veya yapı veya can ve mal güvenliğinin sağlanması açısından ivedilikle yapılması gerekliliği idarece belirlenen hallerde veyahut idare tarafından önceden öngörülemeyen olayların ortaya çıkması üzerine ihalenin ivedi olarak yapılmasının zorunlu olması.
e) Yaklaşık Maliyeti	: 1.005.213,04 TRY
2- İhale konusu malın	
a) Adı	: İŞ KARŞILIĞI ÜCRET(CASH FOR WORK) PROJESİ KAPSAMINDA HALK EĞİTİMİ MERKEZLERİ TEMİZLİK MALZEMESİ ALIMI
b) Teslim yeri	: 14 ilde 170 Halk Eğitimi Merkezine teslim edilecektir. Teslimat yerleri dosya olarak EKAP'a yüklenecektir.
c) Teslim tarihi	: 04.08.2020 tarihinde işe başlar en geç 04.09.2020 tarihinde işi bitirir.
3- Teklifler	
a) Doküman Satın Alan Sayısı	: 4
b) Dokümanı EKAP üzerinden e-imza kullanarak indiren sayısı	: 4
c) Toplam Teklif Sayısı	: 3
d) Toplam Geçerli Teklif Sayısı	: 3
e) Yerli malı teklif eden istekli lehine fiyat avantajı uygulaması	: Uygulanmamıştır
4- Sözleşmenin	
a) Tarihi	: 30.07.2020
b) Bedeli	: 978.840,00 TRY
c) Süresi	: 30.07.2020 - 15.08.2020
d) Yüklenicisi	: KFÇ YAZILIM YAYINCILAK TEMİZLİK MÜHENDİSLİK İNŞAAT İTHALAT İHRACAT PAZARLAMA SANAYİ VE TİCARET LİMİTED ŞİRKETİ
e) Yüklenicinin uyruğu	: Türkiye
f) Yüklenicinin adresi	: İLKBAHAR MAH. 598 CAD. 4 / 31 06100 ÇANKAYA/ANKARA

Kamuoyuna saygıyla duyurulur.

Şekil 48 - Temizlik Malzemesi Alımı İhale Belgesi

Sonuç olarak, yapılan bu 3 ihalenin de pazarlık usulü olan 21/b'nin gerekli şartlarının oluşturulmadığı halde yapıldığı, bazı ihalelere çağrılan şirketlerin daha 1 ay önce kurulmuş olduğu ve bunların hangi özelliklerle çağrıldığının hukuki gerekçelendirilmesinin bile yapılmadığı ortaya çıkmıştır. Ayrıca sadece bunlarla da yetinilmeyip piyasa araştırmasının yapılmasına bile gerek duyulmadığı, piyasa fiyatlarından 3-4 kat fazla fiyatlara alım yapıldığı ortaya çıkmıştır. Bu durumda 5018 sayılı Kamu Mali Yönetim ve Kontrol Kanunu'nun esaslarını belirlediği kamu kaynaklarının verimli kullanımının söz konusu olmaması bir yana, kamu açık olarak büyük bir zarara uğratılmış gözükmektedir. Örneğin 1 liralık temizlik malzemesine 4 lira verilmesi, vatandaşın cebine fazladan bir yüktür.

10.12. Tarım ve Orman Bakanlığı

10.12.1. Tarım Ürünü Olmayan ve Tüketim Amacıyla Kullanılan Sanayi Ürünlerinin İhalesiz Olarak Satın Alınması

Tarım ürünlerinden olmayan tüketime yönelik mal alımlarının 4734 sayılı Kamu İhale Kanunu'nun 3. maddesinin (a) bendindeki istisna gerekçe gösterilerek ihalesiz yapıldığı Sayıştay raporlarına yansımıştır.

Buna göre, "Kanun kapsamına giren kuruluşlarca, kuruluş amacı veya mevzuatı gereği işlemek, değerlendirmek, iyileştirmek veya satmak üzere doğrudan üreticilerden veya ortaklarından yapılan tarım veya hayvancılıkla ilgili ürün alımları ile 6831 sayılı Orman Kanunu gereğince orman köyleri kalkındırma kooperatiflerinden ve köylülerden yapılacak hizmet alımları, ceza ve ihalelerden yasaklama hükümleri hariç bu Kanun'a tâbi değildir" ifadesi yer almaktadır.

Bu hüküm incelendiğinde alım yapılabilmesi için alınacak olan ürünün; işlemek, değerlendirmek, iyileştirmek veya satmak üzere alınmış olması, doğrudan üreticilerden veya ortaklarından alınması, üreticilerin veya ortaklarının üretimi olması, tüketim amacına yönelik olmaması, tarım veya hayvancılıkla ilgili olması, alımın hizmet niteliğinde olmaması şartlarını tümüyle taşıması gerekmektedir.

Ancak Tarım Kredi Kooperatiflerinden yapılan alımların Sayıştay tarafından yapılan incelemesinde; sigorta yapılması, memurlara yazlık kışlık giyim malzemesi ve koruyucu giyim malzemesi alınması, akaryakıt, kamera sistemi ve dürbün, temizlik malzemesi gibi mal ve hizmetlerin alındığı gözükmektedir. Buna göre anılan kanun hükmüyle alınan mallar arasında herhangi bir uyuşma söz konusu değildir. Bu ürünlere bakıldığında tarım ürünleri olmadığı, doğrudan üreticiden veya köylülerden alınan bir mal olmadığı apaçıktır. Bu ürünlerin tarım ürünü olmadığı belirginken ve ilgili kooperatifler tarafından üretilmediği de barizken bu kapsamda bir alımın yapılması mevzuata aykırılık göstermektedir. Sayıştay raporuna göre bu kapsamda alınan ürünlerin bedeli 567 bin TL'dir.

10.13. Hazine ve Maliye Bakanlığı

10.13.1. Darphane ve Damga Matbaası Genel Müdürlüğü'nün Madeni Para Pulu Alımına İlişkin İhalelerde Sözleşme Bedeli ile Ödeme Tutarlarının Farklılık Arz Etmesi

Darphane ve Damga Matbaası Genel Müdürlüğü tarafından madeni ufaklık para pulu alımı işi için çıkılan ihalelerde, sözleşmenin ödemeye esas birim fiyatlar ile sözleşme bedeline ilişkin hükümleri arasında tutarsızlık olduğu Sayıştay raporlarına yansımıştır.

Sayıştay raporuna göre, "Genel Müdürlük tarafından madeni para üretiminde kullanılan para pulu için her yıl ihaleye çıkılmakta ve alınan para pulunun türüne göre kısımlar bazında iki ayrı firma ile sözleşme imzalanmaktadır. Sözleşmeler birim fiyatlı sözleşme olup, sözleşmenin ilgili maddelerinde ödemeye esas birim fiyata ilişkin iki farklı fiyat esas alınmaktadır. Bu durum sözleşme ile belirlenen bedelden farklı ödeme tutarları ortaya çıkmasına neden olmaktadır."

Bu durumun sebebi hammadde maliyetinin malın teslim tarihine göre değişiklik göstermesi olarak firma tarafından gösterilse de yüklenicinin maliyetinde oluşan bu artışı karşılamak için sözleşmeye hükümler eklenmiş ve bu yüzden de sözleşme ile belirlenen bedelden farklı ödeme tutarları ortaya çıkmıştır. Bu da fiyat farkı uygulaması açısından fiili bir durum yaratmaktadır. Ancak Sayıştay raporuna göre, "para pulu alım ihalelerinde mevcut mevzuat hükümleri çerçevesinde fiyat farkı uygulanması mümkün değildir" cümlesi gerekli gerekçeyi sunmaktadır.

4734 sayılı Kamu İhale Kanunu'na göre İhale Edilen Mal Alımlarında Uygulanacak Fiyat Farkına İlişkin Esaslar mal alımı ihalelerinde belirlenmiştir. Buna göre fiyat farkı ödenebilecek haller şu aşağıdakilerdir: Elektrik, doğalgaz, ilaç, petrol ürünleri, sıvılaştırılmış petrol gazı.

Ancak para pulu üretiminde kullanılan bakır, nikel, çinko gibi metallerin fiyatları bu esaslarda sayılmamıştır. Bu ürünlerin fiyatlarının değişeceğini öngörmesi gereken kamu değil, ihaleyi kazanan firmadır. Hammaddenin maliyetinin yükselmesini ve meydana getirecek fiyat farkını üstlenmesi gereken de bu durumda firma olmalıdır. Kamu ile özel şirket arasında yapılan sözleşme sonucunda özel şirketin bu metallerin fiyatlarının değişebileceğini öngörmesi gerekmektedir ki bu özel hukukun en temel konularından biridir.

16.04.2020 tarihinde yapılan Madeni Tedavül Para Pulu İhalesi'nin sonuç ilanına bakıldığında 201 milyon TL'lik bir rakam ile ALTEK Döküm Hadde Mamulleri Sanayi ve Ticaret Şirketi, Kayalar Bakır Alaşımları Sanayi ve Ticaret Anonim Şirketi İş Ortaklığı'nın işi aldığı gözükmektedir.

Yine 21.03.2019 tarihinde yapılan Madeni Tedavül Para Pulu İhalesi'ni 86 milyon TL ile ALTEK Döküm Hadde Mamulleri kazanmıştır.

Yine 08.08.2018 tarihinde yapılan Madeni Para Pulu İhalesi'ni 113 milyon TL ile yine aynı şirket olan ALTEK kazanmıştır.

Yine 31.10.2017 tarihinde yapılan Madeni Ufaklık Para Pulu İhalesi'ni 67 milyon TL ile yine aynı şirket olan ALTEK kazanmıştır.

Buna göre bu şirket bu ihaleler konusunda ve madeni tedavül para puluna ilişkin konularda bilgi sahibidir ve hammadde fiyatının artacağına ilişkin öngörüde bulunabilirdi. Bu konuya ilişkin olarak maliyete kamunun katlanması, kamu kaynağının verimli ve etkin kullanılmamasına sebebiyet verecektir ve bu yüzden de kamu zararı ortaya çıkacaktır.

SONUÇ İLANI
MADENİ TEDAVÜL PARA PULU SATIN ALINACAKTIR
DARPHANE VE DAMGA MATBAASI GENEL MÜDÜRLÜĞÜ HAZİNE VE MALİYE
BAKANLIĞI BAKAN YARDIMCILIKLARI

İhale kayıt numarası	: 2020/123975
1- İhalenin	
a) Tarihi	: 16.04.2020
b) Türü	: Mal alımı
c) Usulü	: Açık
d) Yaklaşık Maliyeti	: 233.945.072,50 TRY
2- İhale konusu malın	
a) Adı	: MADENİ TEDAVÜL PARA PULU
b) Teslim yeri	: Darphane ve Damga Matbaası Genel Müdürlüğü - Dikilitaş Mah. Yenidoğan Sk. No:55 Beşiktaş/İstanbul adresindeki ambarı veya bölümlerine teslim edilecektir.
c) Teslim tarihleri	: Teknik şartname ekinde yer alan teslimat programı doğrultusunda partiler halinde 360 gün içinde teslimat yapılacaktır
3- Teklifler	
a) Doküman Satın Alan Sayısı	: 3
b) Dokümanı EKAP üzerinden e-imza kullanarak indiren sayısı	: 3
c) Toplam Teklif Sayısı	: 1
d) Toplam Geçerli Teklif Sayısı	: 1
e) Yerli malı teklif eden istekli lehine fiyat avantajı uygulaması	: Uygulanmıştır / %5
4- Sözleşmenin	
a) Tarihi	: 12.06.2020
b) Bedeli	: 201.469.450,00 TRY
c) Süresi	: 12.06.2020 - 07.06.2021
d) Yüklenicisi	: ALTEK DÖKÜM HADDE MAMÜLLERİ SANAYİ VE TİCARET ANONİM ŞİRKETİ, KAYALAR BAKIR ALAŞIMLARI SANAYİ VE TİCARET ANONİM ŞİRKETİ İş Ortaklığı
e) Yüklenicinin uyruğu	: Türkiye
f) Yüklenicinin adresi	: BEYLİKDÜZÜOSB MAH/SEMT MUSTAFA KURTOĞLU CAD. 10 / 1 34524 BEYLİKDÜZÜ/İSTANBUL

Kamuoyuna saygıyla duyurulur.

Şekil 49 - Madeni Tedavül Para Pulu İhale Belgesi

10.13.2. Parasal Limitler Dahilinde Yapılan Hizmet Alımlarında, Bütçeye Konulan Ödeneğin Yüzde 10'unun Kamu İhale Kurumu'nun Uygun Görüşü Alınmadan Aşılması

4734 sayılı Kanunun 21 ve 22. maddesi kapsamında yapılacak harcamaların yıllık toplamının, bu amaçlar için bütçeye konulan ödeneklerin yüzde 10'u aştığı durumlarda Kamu İhale Kurumu'nun uygun görüşünün alınması gerekmektedir ancak idare tarafından bu uygun görüşü alınmamıştır.

Sayıştay raporuna göre, "4734 sayılı Kamu İhale Kanunu'nun 'Pazarlık usulü' başlıklı 21'inci maddesinin birinci fıkrasının (f) bendinde idarelerin yaklaşık maliyeti 323.398,00 TL'ye kadar olan mamul mal, malzeme veya hizmet alımlarını pazarlık usulü ile ihale yaparak temin edebileceği, 'Doğrudan temin' başlıklı 22'nci maddesinin birinci fıkrasının (d) bendinde ise büyükşehir belediyesi sınırları dâhilinde bulunan idarelerin 97.008,00 TL'yi, diğer idarelerin 32.316,00 TL'yi aşmayan ihtiyaçları ile temsil ağırlama faaliyetleri kapsamında yapılacak konaklama, seyahat ve iaşeye ilişkin alımlarının ilân yapılmaksızın ve teminat alınmaksızın doğrudan temin usulü ile karşılanabileceği belirtilmektedir".

Ancak mal alımları için bütçede ayrılan ödeneğin yüzde 10'unun üzerinde bir oranda doğrudan temin kapsamında alım yapılmıştır. Doğrudan temin usulünün yarattığı eksikliklere ilişkin verdiğimiz bilgiler aynı şekilde geçerlidir. İdare, doğrudan temin usulüne göre bütçedeki ödeneğin yüzde 10'unu aşarak yüzde 22'sini kullanmıştır. Yani idarelerin 21/f ve 22/d maddelerindeki parasal limitler dahilinde yapacağı söz konusu harcamalarda Kamu İhale Kurumu'ndan uygun görüşü alması gerekmektedir.

GENEL DEĞERLENDİRME
VE
SONUÇ

AKP'nin iktidara geldiği 2002 yılından bugüne Kamu İhale Kanunu'nda sürekli değişiklikler yapmış olması, kamu ihalelerinde ortaya çıkan rantı kendisine yakın sermaye gruplarına dağıtabilmek ve iktidarını daha da güçlendirebilmek için özel bir çaba içerisinde olduğunun kanıtı olarak görülmektedir.

Son yapılan olağan CHP İktidar Kurultayı'nda, CHP Genel Başkanı Sayın Kemal Kılıçdaroğlu'nun dile getirdiği İkinci Yüzyıla Çağrı Beyannamesi'nin 6. maddesinde Kamu İhalelerinde yapılan usulsüzlüklere işaret edilmiş; "Kamu İhale Kanunu, rekabet ve şeffaflığı sağlayacak şekilde yeniden düzenlenecektir. Kamuda israf ve kayırmacılığı önlemek amacıyla Kamu İhale Kanunu ivedilikle değiştirilecek, tüm kamu ihalelerinin şeffaf, kamuya açık, kayırmacılıktan uzak bir anlayışla yapılması sağlanacaktır" ifadelerine yer vermiştir.

Bu sözlerden de anlaşılacağı üzere Cumhuriyet Halk Partisi kamu çıkarlarının korunması adına yapılan kamu ihalelerinin denetimi üzerinde hassasiyetle durmaktadır. Zira AKP menfaatine yıllardır yapılan değişikliklerle yamalı bohçaya dönen Kamu İhale Kanunu artık güvenilirliğini yitirmiştir.

2014 yılında, AKP Hükümeti'nin Maliye Bakanı olan Mehmet Şimşek, Bütçe Plan Komisyonu'nda "Açık ve net söylüyorum. Sayıştay denetimi gözümüzü açtı. Sayıştay denetimi benim için olmazsa olmazdır, yol göstericidir. Denetimleri daha da iyileştirmemiz lazım... Elimden gelse Kamu İhale Kanunu'ndaki tüm istisnaları kaldırırım" diyerek tüm istisnaların devletin zararına olduğunu birinci ağızdan ifade etmiştir. Ancak 2014 yılından bu yana tek bir iyileşme olmamıştır; AKP, tüm ortaklarıyla birlikte kamu kaynaklarını pervasızca paylaşmaya devam etmiştir.

Sayıştay Anayasal bir kurum olmakla birlikte, TBMM adına yani halk adına denetim yapan bir kuruluştur. Sayıştay raporlarında, yapılan büyük ölçekli kamu ihaleleri de mercek altına alınmış ve usulsüzlükler belirtilmiştir. Ancak ilgili bakanlıklar, Sayıştay'ın bu usulsüzlükler hakkındaki görüşünü dikkate dahi almamıştır. Mevcut iktidarın Sayıştay raporlarına karşı neden alerjisi olduğu ve TBMM'ye sunulacak olan Sayıştay raporlarını neden budadığı oldukça açıktır.

Büyük ölçekli kamu ihalelerinin alınabilmesinin önkoşulu ilgili firmaların hükümetle arasının iyi olmasıdır. Hükümetle özel bir yakınlığı bulunmayan firmalara hem arazi tahsisi konusunda hem de ihale şartnameleri konusunda zorluk çıkarılmaktadır. Bu durum bir süre sonra, hükümete yakın olmayan firmaların bir tür doğal seçilim mekanizmasıyla yarış dışı kalmaları ve inşaat sermayesinin hükümete yakın gruplarda yoğunlaşmasını da beraberinde getirmiştir. Kamu - özel ortaklığına dayanan büyük ölçekli projelerde ve TOKİ ihalelerinde de Limak, Ağaoğlu, Varyap, Kalyon, Makyol, Kolin, Cengiz gibi benzer nitelikteki firmaların belirgin bir ağırlığından söz etmek mümkündür. Hatta birtakım ihalelerin hazırlık aşamasında "sipariş şartnameler" göze çarpmaktadır.

Söz konusu beşli konsorsiyumun 2021 sonuna kadar devletten aldıkları kamu ihale bedellerinin toplamı, yaklaşık 150 milyar dolar civarındadır. Bunu da 2020 Eylül ayındaki dolar kuru üzerinden (17.09.2020) hesapladığımızda 1 trilyon 126 milyar 500 milyon TL'ye tekabül etmektedir. Ülkemizin 2020 yılı toplam bütçe giderinin 1 trilyon 95 milyar 500 milyon TL olduğu dikkate alındığında, beşli konsorsiyuma verilen kamu ihalelerinin hem büyüklük hem de adet olarak ne kadar fazla olduğu görülmektedir.

Sonuç olarak Kamu İhale Kanunu'nda yapılan değişikliklerle;

- Kamu ihalesini yapan idarenin yetkisini arttırmakla birlikte şeffaflık ortadan kalkmış, mevcut iktidarla yakın ilişki içerisinde olan yandaş firmalar kayırılmıştır.
- Rekabet ortamı ortadan kalkmış ve kamu, büyük miktarlarda zarara uğratılmıştır.

- Yapılan kamu ihalelerindeki aslan payını bu kitapta ele alınan beşli konsorsiyum şirketleri paylaşmıştır. Kamu yararı değil, yandaş şirketlerin menfaati gözetilmiştir.

- AKP ile yakınlığı bilinen şirketlere aktarılan kamu kaynakları aynı zamanda AKP iktidarının devamlılığının finansmanı olarak da kullanılmıştır.

- Kamuyu zarara uğratacak şekilde, usulsüz ihalelerle yapılan toplu konut, köprü, hastane, duble yollarla seçmenin gözü boyanmaya çalışılmış, oy kazanma peşine düşülmüştür.

- İhaleyi kazanan yandaş şirketler aracılığıyla iktidar güdümlü STK'lara bağışlar yapılmış ve bu bağışlar yine AKP destekçilerine dağıtılarak oy peşine düşülmüştür.

- Hiç ilgisi olmamasına rağmen birçok kamu ihalesi 21/b kapsamına sokularak bir nevi ihaleye fesat karıştırılmış ve ihaleleri yandaş firmaların alması sağlanmıştır.

- AKP'nin yargı üzerinde yarattığı baskı, kamu ihalelerinde yapılan usulsüzlüklerin adli makamlara taşınmasının önüne geçmiştir.

- 2002 yılından bu zamana kadar Kamu İhale Kanunu'nda 195 kez değişiklik yapılmış ve yapılan ihalelere gölge düşürülmüştür.

- Şeffaflık ve rekabetin ortadan kalktığı Pazarlık Usulü yapılan ihalelerde belirgin artışlar görülmüştür. Bu artış da ihalelerdeki kayırmacılık anlayışının yaygın olduğunun bir göstergesidir.

- AKP yandaş şirketlere verdiği kamu ihaleleri ile yapılan çevre katliamlarına uygun ÇED raporları vererek çevre terörüne destek olmuştur.

AKP'nin 195 kez değişiklik yaptığı Kamu İhale Kanunu'nu hâlâ tam olarak uyguladığı söylenememektedir. AKP iktidarı bu kadar değişiklik yaptığı kanunu aynı zamanda uygulamayarak Türkiye'de hukuk güvenliği ilkesini yeniden ayaklar altına almaktadır. Kendi değişikliklerini dahi uygulamayan AKP, 2022'nin başlarında bir kez daha kanun değişikliğini gündemine almıştır.

Sayıştay raporlarından da görüleceği üzere neredeyse tüm bakanlıklarda Kamu İhale Kanunu'na ilişkin mevzuata aykırılıklar tespit edilmiştir. Aykırılıklar ihale usulleriyle sınırlı kalmamıştır; kamu görevlilerinin de bizzat yolsuzluklara karıştıkları tespit edilmiştir. Yolsuzluklara karıştığı tespit edilen kamu görevlilerinin halen görevlerine devam etmeleri kamu vicdanını yaralamaktadır. Ayrıca bu kişilere göz yumularak kamu görevlerine devam etmelerine müsaade edilmesi; bu kişilerin yolsuzluklarına devam etmeleri için cesaretlendirilmelerinden başka bir sonuç doğurmayacaktır.

Kamu görevlileri, anayasaya sadakat bağıyla bağlı olarak öncelikli olarak kamu yararını ve kamu hizmetini düşünmelidirler. İdareler, ihaleye çıkarlarken hazırlık aşamalarını tam yapmalı, yaklaşık maliyet hesaplamasını kamu kaynaklarının etkin ve verimli şekilde kullanılmasına olanak verecek şekilde düzenlemeli, ihalede önceliği kamu yararına vermelidir, ancak somut olaylar incelendiğinde idarelerin piyasa fiyat araştırması yapmaktan bile imtina ettikleri ve karşılarındaki şirketlerin verdikleri birim fiyatlar üzerinden ihaleye çıktığı görülmektedir. Genellikle en çok göze çarpan husus ise gerekli şartların oluşmadığı halde temel usullerinin kullanılmaması ve daha kolay yoldan ihaleye çıkmak için olağanüstü hallerde kullanılan, ancak gerekli şartların oluşması halinde kullanılması gereken özel ihale usullerinin kullanıldığının görülmesidir. Bu durum ya bürokrasinin içerisinde hukuk ve mevzuat bilgisinin yetersiz olduğu ve liyakat ehli personelin bulunmadığının açık göstergesidir ya da mevzuatın bile istenerek çiğnendiğinin göstergesidir. Şüphesiz her iki ihtimal de kamu adına korkunç ihtimallerdir.

Bu noktada bir kere daha vurgulamak gerekir ki; 6085 sayılı Sayıştay Kanunu'nun suç teşkil eden fiiller başlıklı 78. maddesi oldukça önem arz etmektedir. Cumhurbaşkanlığı Hükümet Sistemi ile birlikte Sayıştay'ın Cumhuriyet Başsavcılığına başvurduğunu ve ortaya konulan kamu zararlarına sebep olan kişilerin görevinden alındığını/ haklarında soruşturma açıldığını şimdiye dek ne yazık ki duymadık. Sayıştay'ın en önemli görevlerinden biri, kamuyu bilerek ve isteyerek zarara uğratan kişileri doğrudan Cumhuriyet Başsavcılığına ihbar etmesidir. Bu nedenle Sayıştay'ın göreli olarak yok edilen ancak mevzuat açısından hâlâ yapmakla yükümlü olduğu bu yetkisini fiilen kullanmasını sağlamak en büyük çözüm yollarından biridir.

Zira ekonomik kamu düzeninin sağlanması bakımından ve halkın hesap sorma hakkının tecelli etmesi bakımından Sayıştay oldukça önemli bir kurumdur. Sayıştay, raporlarını yayınlamakla denetim görevini mevzuat gereği yerine getirmiş gibi görünse de fiili olarak denetimi kamuyu zarara uğratanların hesap vermesi açısından hâlâ devam etmektedir. Peki bu konuda ne yapılmalıdır? Sayıştay'ın resen Cumhuriyet Başsavcılığına başvuru olanağının kullanılmasında engellerle karşılaşmaması gerekmektedir. Sayıştay'ın yayınladığı raporların iktidar zarar görecek diye makaslanmaması gerekmektedir. Sayıştay'ın eskisi gibi bağımsız ve partiler üstü bir kurum olması gerekmektedir.

Sayıştay, mevzuatta sayılan görevlerini yerine getirir, yetkilerini kullanmaktan imtina etmezse; denetim mekanizması yeniden tesis edilmiş olacaktır. Böylelikle; ihaleyi gerçekleştiren idare de ihaleye katılan tüzel kişilikler de mevzuatın öngördüğü zorunluluklara uyacak, yolsuzluklara başvurmaktan imtina edecek; sonuçta kamu zararı engellenecektir.

Friedrich Meinecke'ye göre, "Devlet aklı; devletin davranışındaki düstur, devletin hareket etme yasasıdır. Devlet adamına devleti sıhhatli ve zinde tutmak için yapması gerekenleri söyler". Devlet oluşumu özel sektördeki gibi ekonomik gerekçelerle oluşmamıştır. Devlet, doğa durumu, güvenlik oluşumu ve vergi gibi önemli çeper içerisinde oluşmuştur. Devletin hareket etme yasası ile özel sektörün hareket etme yasası bu nedenle birbirinden oldukça farklıdır. Eğer devletler giderek neo-liberal politikalar çerçevesinde şirketleşirse kendi çekirdek özlerini kaybetmek durumunda kalacaklardır. Fakat unutulmamalıdır ki devletin asli özelliği vatandaşının hak taleplerinden bir adım geri çekilmesi sonucu devlete verilen yönetim yetkisidir. Devlet, eğer kendi yönetim yetkisini kendi vatandaşı için değil de beşli çete gibi birtakım şirketlerin, firmaların rant ve kâr sağlaması için kullanırsa devletin özsel amacı yok olacaktır.

Devlet, birçok form geçirmiş ve en sonunda modern devletin gerekliliklerine sahip olmuştur. Bu nedenle devletin belirli standartları ve kurumsallaşmış bir kültürü vardır. Mutlak yönetim anlayışında olduğu gibi şahsileşmiş bir hukuk anlayışı değil, gayrişahsi bir hukuk anlayışının güdülmesi gerekmekte ve haklarından belirli standartlar gereği geri çekilen vatandaşların hak taleplerinin sağlanması gerekmektedir. Bu nedenle vatandaşlara devlet bir şirket gibi yaklaşmamalı ve onlara müşteri gözüyle bakmamalıdır. 1990 sonrası değişen ve dönüşen yönetim yapısı içerisinde devletin şirket benzeri yapıya kavuşturulması cumhurbaşkanlığı hükümet sistemiyle daha da görünür hale gelmiştir. Devletin organizasyon yapısının bu ölçüde bozulması ekonomiye de yansıyacaktır ki yansımıştır da. Hukuki güvenliğin zedelenmesi ve hukuki öngörülebilirliğin bulunmaması, haliyle ekonomiye zarar verecektir. Halkın üzerine bindirilen yük ile birlikte devlet vatandaşını önceleyen bir organizma olmaktan farklılaşacaktır. Zaten kamu giderlerine vergileriyle katılan halkın üzerine bir de kura dayalı garantilerin karşılanmasının eklenmesi devletin kaynaklarının ranta kurban gitmesinden başka bir şey değildir.

Kamu kaynaklarının beşli çete gibi iktidara yakın ilişkiler içerisinde bulunan firmalara peşkeş çekilmesi devlet-vatandaş ilişkisinde onarılmaz bir yaraya sebep olacaktır. Bu nedenle de devletin öncelemesi gereken hususlar kamu yararı, kamu düzeni gibi devletin özsel amaçları olmalıdır. Cumhurbaşkanlığı hükümet sisteminde her ne kadar bu kavramların içi boşaltılmış olsa da bu kavramlar hukuk devletinde başvurulan en önemli kavramlardandır. O nedenle hukuk devletinin yeniden tesis edilmesi için kamu yararını öne çıkartacak düzenlemelerin yapılması gerekmektedir. Bu düzenlemelerin en başında da halkın üzerinde büyük bir kambur olan yap-işlet-devret projeleri ve kamu-özel işbirliği ile yapılan projeler gelmektedir. Bu projeleri devletin yatırım faaliyeti içerisinde kendi kaynaklarıyla yapması durumunda halka bindirilecek yük azalacaktır. Fakat bilindiği gibi bu istenen bir şey değildir, çünkü iktidara yakın çevreler ne buradan rant sağlayabilecekler ne de kendilerine yönelik bir sermaye aktarımı dolayısıyla sermaye kazanabileceklerdir. Özel bir şirkete devletin böyle bir alan açması ve vatandaşıyla özel şirketi karşı karşıya bırakması durumunda vatandaşlar korumasız kalacaklardır. Belirtildiği gibi kamu hizmetlerini gören bu özel teşebbüslerin zararına katlanan, onların ekonomik verimliliğine kâr olarak katkıda bulunmak zorunda bırakılan vatandaşlar devletin korumasından yoksun bırakıldığından ötürü buna bir milli güvenlik sorunu olarak da bakılabilir.

Milli ekonominin gereklilikleri, milli güvenliğin gereklilikleri doğrultusunda devletleştirme olgusu tartışmaya açılmalıdır. Kamuyu ilgilendiren toplumsal hizmetlerin uluslararası özel firmalar tarafından verilmesi ve denetleyici bir sistemin söz konusu olmaması devletin kamusallık işlevinin giderek azaldığının ve özel firmalarla vatandaşın baş başa bırakıldığının göstergesidir. Anayasanın 48. maddesine bakıldığında "Devlet, özel teşebbüslerin milli ekonominin gereklerine ve sosyal amaçlara uygun yürümesini, güvenlik ve kararlılık içinde çalışmasını sağlayacak tedbirleri alır" denilmektedir. Bu çerçevede, imtiyaz sözleşmelerinden, yatırım sözleşmelerinden doğabilecek uyuşmazlıklar bir idare ve özel kişi arasında gerçekleştiğinden dolayı bu uyuşmazlıkların niteliğinin idari olması beklenmektedir, ancak getirilen değişikliklerle beraber bu uyuşmazlıklar özel hukuk sözleşmesi olarak nitelendirilmektedir. Kitabın ilgili bölümünde de savunulduğu gibi sözleşmelerin içeriği değiştiriliyor olsa da, ismi özel hukuk sözleşmesi olarak nitelendiriliyor olsa da sözleşmelerin çekirdek kısmı idari niteliği barındırmaktadır.

Devletleştirmenin konusu kamu hizmeti niteliği taşıyan özel mülkiyette bulunan teşebbüslerdir. Devletleştirmenin yapılabilmesi için bakılması gereken iki husus anayasa ve kanunlarda düzenlenmiştir. 3082 sayılı Kamu Yararının Zorunlu Kıldığı Hallerde Kamu Hizmeti Niteliği Taşıyan Özel Teşebbüslerin Devletleştirilmesi Usul ve Esasları Hakkında Kanun devletleştirmeyi belirli şartlara bağlamıştır. Bu şartlar, devletleştirilecek özel teşebbüsün yaptığı hizmet veya üretimin ülke çapında kamu ihtiyacına hitap etmesi, bu hizmet veya üretimi, kontrol, rekabet, ikame veya başka yollardan sağlama imkânının bulunmaması ve hizmet veya üretimin yavaşlatılması veya durdurulması halinde kamunun büyük zarar görmesidir. Özel teşebbüslerin temel kamu hizmetlerini yürütmesi ve bu kamu hizmetlerinin yerine getirilmesinde vatandaşların üstüne iki defa yük bindirilmesi, devletleştirme tartışmasının açılmasında milli ekonominin gerekliliğini göstermektedir. Bu nedenle milli ekonominin gereklilikleri çerçevesinde devlet, sürdürülebilir bir ekonomi anlayışıyla halkın üzerindeki yükü almalıdır. Devlet, yalnızca belirli bir zümrenin aracı olmamalı, halkın yararını sağlamanın aracı olmalıdır. Bu nedenle devletin hareket etme yasası devletin şirket politikaları çerçevesinde yürütülmesi üzerinden işlememelidir. Devletin hareket etme yasası kamu yararı üzerinden işlemelidir.

Peki bu beşli konsorsiyumun yolsuzlukları Kamu İhale Kanunu'nu delik deşik etmeleriyle mi sınırlıdır? 20 Aralık 2021 gecesi ne yazık ki ülkemiz tarihine geçmiş kara bir gecedir. Haftalardır yükselen ve durdurulamayan döviz, bir gecede 6-7 TL bandında düşüş yaşamıştır. Dövizin durdurulamaz yükselişi, bu sırada Cumhurbaşkanı Erdoğan'ın sürekli faiz düşürmeye yönelik açıklamaları, Türk Lirası'nın sürekli değer kaybetmesi neticesinde halk, Türk Lirası'nın alım gücündeki düşüşten endişelenerek elindeki geliri/birikimi dövize çevirmiş, bir gecede yaşanan büyük düşüşle çok büyük kayıplar yaşamıştır. Ancak aynı gece iktidara yakınlığıyla bilinen şirketlerin döviz rezervlerini bozduğu, döviz oldukça düşmüşken yeniden alım yaptığı konusu araştırılmak zorundadır. Anlaşılacağı üzere sırf elindekinden olmamak ve alım gücünü kaybetmemek için yıllardır çalışarak yaptığı birikimi ile, emekli ikramiyesi ile döviz alan halk tek gecede büyük bir mağduriyet yaşarken; yıllardır kamu kaynaklarını sömürmüş yandaş şirketler zenginliğine zenginlik katmıştır. AKP iktidarının yandaş şirketlerini kamu kaynaklarıyla beslemesi, bunu yaparken de halkı mağdur etme düsturu yine değişmemiştir.

20 Aralık 2021 gecesi Türk halkına yapılmış finansal bir kumpastır. 20 Aralık gecesi servetine servet katan şirketlerin araştırılması için Cumhuriyet Halk Partisi, TBMM'ye araştırma önergesi vermiş olup; işbu önerge AKP ve MHP'nin oylarıyla reddedilmiştir. AKP ve küçük ortağı MHP, yandaş şirketleri besleme-büyütmeyle kalmayıp ayrıca bu şirketlerin önünde siper olmaktadırlar.

15 Aralık 2021 günü, Hazine ve Maliye Bakanı Nureddin Nebati'nin ağabeyi, Merkez Bankası açıklama yapmadan bir gün önce faizlerle ilgili açıklama yapmıştır. Nureddin Nebati'nin ağabeyi Seydullah Nebati bir gün önceden açıkça faizlerin indirileceğini beyan etmiştir. Merkez Bankası'nın bir gün sonra yapacağı açıklamayı ağabey Nebati bir gün önceden biliyorsa ve bunu basınla paylaşmakta herhangi bir beis

görmüyorsa başka kimler/hangi şirketler bu bilgiye sahipti? Böyle bir ortamda ekonomik güvenlikten bahsetmek mümkün müdür? Böyle bir ortamda tüm şahıslar ve şirketlerin eşit koşullarda var olduklarını söylemek mümkün müdür? Ayrıca Bakan Nebati'nin ağabeyi bu beyanından dolayı herhangi bir soruşturmaya, müeyyideye tabi tutulmuş mudur? Türkiye Cumhuriyeti artık herkesin kendi menfaatince davrandığı, gizli bilgilerin ortalara saçıldığı, bu bilgileri saçanların hiçbir yaptırıma uğramadığı bir ülke midir?

18 Kasım 2021 günü, Merkez Bankası faizlerle ilgili açıklamasını normalde tam 14:00'te yaparken 10 dakikalık bir geç açıklamaya imza attı. 10 dakikalık süre zarfında büyük bir panik hali yaşandı. Bu 10 dakikalık süre zarfında kimler/hangi şirketler döviz aldı? Tüm bu hususların incelenmesi gerekmektedir.

2020'den bu yana Merkez Bankası Başkanı ve Hazine Bakanı kaç kez değişmiştir? Cumhurbaşkanı Erdoğan, Merkez Bankası'nın yetkisine giren konularda, özellikle faiz hususunda kaç kez açıklama yapmıştır? Yukarıda anlatılanlar haricinde özellikle 2021'in son çeyreğinde yaşananlara bakıldığında bağımsız bir Merkez Bankası'ndan bahsetmek mümkün müdür?

Sonuçta Dünya Bankası, dünya üzerinde kamudan altyapı ihalesi alan 10 şirketten 5'inin Türk firmaları olduğunu raporlaştırmıştır. Bununla ilgili Cumhuriyet Halk Partisi, iktidar olduktan sonra kamulaştırma uygulayacağını ve kamu zararının giderileceğini deklare etmiştir. Kamu İhale Kanunu delik deşik edilerek yandaş firmalara sağlanan bu imtiyazlara karşı izlenebilecek bazı yöntemler aşağıda tartışılmıştır.

3. Boğaz Köprüsü, Çanakkale Köprüsü, İstanbul yeni havalimanı, yüksek hızlı tren hatları, çeşitli santraller, farklı kentlerdeki havalimanları, şehir hastaneleri, çeşitli stadyumlar, metro hatları özel imtiyazlarla bahsi geçen yandaş beş firmaya ihale edilmiştir. Ayrıca bu şirketlere kamu hizmetinin özüne aykırı olarak geçiş garantisi, yolcu garantisi, hasta garantisi verilerek bu altyapılardan faydalanılmasa ve atıl durumda kalsa bile zararın üstlenilmesi garanti edilerek kamunun sırtına bir kez daha yük yüklenmiştir. Peki kamulaştırma ne şekilde mümkün olabilir? Kamulaştırma yapılabilmesi için anahtar kelime

"kamu yararı"dır. Kamu yararı için usulsüzlükler raporlanmalı, tüm bu usulsüzlükler net bir şekilde ortaya konulmalıdır. Örneğin Kamu İhale Kanunu müsaade etmemesine rağmen ihale yapılırken özel usuller belirlenmesi, özel imtiyazlar verilmesi bu usulsüzlükler arasında sayılabilir. Yandaş şirketlere uzun süreli, hayatın olağan akışına aykırı garantiler verilmesi ve bu garanti ödemelerinin döviz bazlı oluşu açıkça ortaya konulmalıdır. Tüm bu hususlar "kamu yararı"na aykırı hareket edildiğini açıkça ortaya koymaktadır. Peki yandaş şirketlere tanınan imtiyazların hayatın olağan akışına aykırı olduğundan bahsederken kastedilen nedir? Örneğin köprü-otoyol projelerinde "sabit trafik" üzerinden hesaplama yapılıp çok yüksek rakamlarda araç geçişi garanti edilmektedir. Çanakkale Köprüsü için geçiş ücreti 15 avro olarak açıklanmış olup, yıllık 16.4 milyon araç geçişi garanti edilmiştir. Oysaki Çanakkale Boğazı'ndan bir yılda feribotla geçen araç sayısı 4 milyonu dahi bulmamaktadır, üstelik feribot ücreti 2021 yılı itibarıyla 90 TL'dir. Bu köprüyü kullanmakta vatandaşın hiçbir yararı bulunmamaktadır. Bu köprü, yüksek ücretlendirmesi yüzünden atıl durumda kalacak; ancak yandaş şirketlere imtiyaz adı altında abartılı bir geçiş ücreti garanti edildiği için Hazine'den her yıl milyarlarca lira ödeme yapılacaktır. Bu düzenin devamlılığında kamu yararından bahsetmek mümkün müdür? Tek bir proje üzerinden yaptığımız örneklendirme gözler önüne sermektedir ki; kamu yararının gerektirdikleri açıkça ortada olduğundan kamulaştırma seçeneği mümkündür.

Yandaş beş firmanın imtiyaz sahibi olduğu ve Hazine'ye büyük yük haline gelen projelerle ilgili "kamulaştırma-el atmabedelsiz fesih" gündemi oluştuğunda; yandaş cenahtan verilen tepkinin büyüklüğü pek çok durumu açıklamaktadır. Köy arazileri, vatandaşın geçim kaynağı olan araziler kamulaştırıldığında sesini çıkarmayan çevreler nedense bu gündeme şiddetle karşı çıkmıştır. Köylünün arazisi kamulaştırılarak otoyol, hızlı tren projeleri kendisine verilen şirketler; aşırı yararlanma, mevzuata aykırı ihale alma, kamuyu zarara uğratma sebebiyle bu projelerin kamulaştırması gündeme geldiğinde bu durumun hukuka aykırı olacağını savunma cüreti göstermektedir. Projelerin yer alacağı araziler kamulaştırılırken hiçbir şey yok, mevzuata aykırı ihale dağıtılırken bir şey yok, sadece projenin yapımında değil projenin bitiminden sonra aşırı yararlanmayla kamuyu zarara uğratırken bir şey yok; ama bu projelerin kamulaştırılması hukuka aykırı mıdır?

İzlenebilecek yollardan bir tanesi de bedelsiz fesih (ıskat) olabilir. Devlet ile bu şirketler arasında yapılan sözleşmelerin fesih sebepleri net bir şekilde ortaya konulmalıdır. Hayatın olağan akışına aykırı garantilerin üstelik döviz bazlı verilmesi neticesinde şüphesiz ki kamu için aşırı zarar, ihale yüklenicisi şirketler için aşırı yararlanma söz konusudur. Kaldı ki ekonomimizdeki kur dalgalanması dikkate alındığında bu sözleşmelerin temelinden sarsıldığı, dolayısı ile sözleşmelerin feshinin gündeme gelebileceği kuşkusuzdur. Bedelsiz fesih gündeminde yandaş cenahın gündeme getirdiği bir başka konu da; böyle bir yol izlenecekse bedelsiz fesih (ıskat) olamayacağı, bunun için ilgili şirketlere bir bedel ödenmesi gerektiğidir. İmtiyaz sahibi yandaş şirketler her ne kadar doğrudan bu tartışmanın içinde yer almasa da iktidarın megafonu haline gelmiş çoğu gazeteci mesnetsiz bir şekilde bunu gündeme getirmektedir. Fakat asıl atladıkları nokta; imtiyaz sahibi şirketlerin yıllardır hukuka aykırı ihalelerle devletin kasasından alarak kendi kasalarına koydukları yararlanmalardır. Peki yıllardır kendilerine hukuka aykırı şekilde verilen imtiyazlarla kamuyu uğrattıkları zarar, bu şirketlerden geriye dönük olarak talep edilemez mi? Zira verilen imtiyazların hepsi hem hukuka aykırıdır hem de hayatın olağan akışına aykırıdır. Köprü / tünel / otoyollarda verilen garanti "sabit trafik" üzerinden verilmiş olup dünya üzerindeki tüm hukuk sistemleri bu durumu "aşırı yararlanma" şeklinde değerlendirecektir.

Yandaş şirketlerin yıllardır kamuyu uğrattıkları zararın giderilmesinin bir yolu da "el koyma (el atma)" olabilir. El koyma - el atma kavramını basitçe açıklamak gerekirse; kamulaştırma işlemi yapmaya yetkili devlet tarafından, mülkiyeti/imtiyazları gerçek/tüzel bir kişiye bırakılmış olan bir taşınmazın tamamını veya bir kısmını; herhangi bir kamulaştırma kararı olmaksızın, malikin/imtiyaz sahibinin rızası aranmaksızın ve bedeli ödenmeksizin fiilen el konularak kamu hizmetine tahsis edilmesidir. Burada anahtar yine "kamu yararı"dır.

Kitap boyunca ortaya koyduğumuz örneklerle sabit olduğu üzere yandaş şirketlere döviz bazlı, hayatın olağan akışına aykırı garantilerle verilen imtiyazlar bağlamında kamu yararından bahsetmek mümkün değildir. Yıllardır haksız ve aşırı yararlanma sağlayan, ücretleri dolayısı ile halkın da yararlanamadığı bu projelere el konularak imtiyazların ortadan kaldırılmasının kamu yararı için şart olduğu ortadadır.

Dikkat edilecek olursa tartışılan üç yolda da anahtarımız "kamu yararı"dır. Yandaş firmalara verilen imtiyazların ise kamu yararına aykırılık teşkil ettiği artık izahtan varestedir. AKP iktidarının, mevzubahis yandaş firmalara uzun yıllar boyunca verdiği imtiyazlardan kurtulmak, Hazine'nin daha fazla zarara uğramasının önüne geçmek mümkündür. Tüm yurttaşların bedelsiz/yahut uygun bir bedelle faydalanabileceği köprü-otoyollardan haraç gibi kesilen ücretlerden kurtulması, bu projelerin gerçekten kelimenin tam anlamıyla "kamu malı" olarak nitelendirilmesi de bu şekilde artık mümkün olabilecektir.

İdarenin kamu yararını artık sağlayabilmek adına başvurabileceği yollardan sonra yargının konuya müdahil olması ihtimalinde yetki hususunun da tartışılması gerekir. İdarenin sözleşmelerinin iptalinde, eğer sözleşmede kararlaştırılmışsa "uluslararası tahkim" gündeme gelebilir; bu bir olasılıktır. İzlenecek yolların hepsi hukuki olduğundan ve asıl gerekçe "kamu yararı" olduğundan uluslararası tahkimde yukarıda açıklandığı üzere kamu yararını ispatlamanın bir güçlük olmadığı kanaatindeyiz. Zira, Kamu İhale Kanunu ihlal edilerek verilen imtiyazların bir de hayatın olağan akışına aykırı garantilere ve döviz kuruna dayalı olması, kamu hizmeti gerekçesiyle gerçekleştirilen projelerin yurttaşlarca kullanılamaması ve tüm bunlara rağmen imtiyaz sahibi yandaş şirketlere vermedikleri bir hizmetin bedeli olarak çok yüksek meblağlarda ödeme yapılması, tüm bu ödemelerin Hazine'den çıkması, Hazine'den çıkan meblağların dolaylı olarak yurttaşlara ekstra yüklü vergiler olarak yansıtılması hususları bir bütün olarak dikkate alındığında, bu projelerin gerçekleştirilmesinde ve devamında kamu yararından bahsedilemeyeceği şüphesizdir. Ancak asıl yetki uluslararası tahkim yerine Türk Mahkemelerindedir.

Danıştay uygulamada yaklaşık 30 yıldır, idari sözleşmenin tarafı olmayan üçüncü kişilerin "iptal davası" açabileceği görüşünde olup açılan bu davaları karara bağlamıştır. Üçüncü kişilerin açtığı bu davalar "menfaat" gerekçesine dayanılarak açılmıştır ve Danıştay'ca karara bağlanırken de menfaat hususu incelenmiştir. Yukarıda bahsedildiği üzere idari sözleşmelerde uluslararası tahkim de gündeme gelebilmektedir. Ancak, Türkiye'de tahkim usulü uzun yıllar boyunca kabul görmemiştir. Mevzuattaki bazı maddeler uyarınca Anayasa Mahkemesi de Danıştay da tahkim yerine Türk Mahkemelerinin yetkisini önde tutmaktadır; kısacası Anayasa Mahkemesi ve Danıştay, devletin taraf olduğu idari sözleşmelerle ilgili uyuşmazlıkların Türk Mahkemeleri tarafından, Danıştay'ca incelenip karara bağlanması gerektiği eğilimindedir. Kaldı ki yüksek mahkemeler geçmişten günümüze istikrarlı bir şekilde verdikleri kararlarda, Türk Mahkemelerinin yetkili olduğu durumlarda ayrıca bir yetki sözleşmesi yapılarak Türk Mahkemelerinin yetkisinin ortadan kaldırılamayacağını, bu durumun asıl yetkili olan Türk Mahkemelerinin güvenilirliğini sarsacağını ve bunun da kamu düzenine ters düşeceğini dile getirmiştir.

AKP iktidarının 20 yıldır yandaş şirketlerle el ele verdiği zararı konuşurken bahsetmemiz gereken bir başka kavram da "tiksindirici borç" kavramıdır. Tiksindirici borç kavramını şu şekilde özetleyebiliriz: Bir ülkenin uzun süredir iktidarda olup şahsına/yandaşlara menfaat sağladığı bilinen, yolsuzlukları ayyuka çıkmış, kamuyu zarara uğrattığı bilinen hükümetinin kendisinden sonra gelene yüklediği borçtur. Yeni gelen demokratik hükümet, önceki yönetimin edindiği borçların devletin yararına değil; mevcut ulusal ve uluslararası kanunlara uymayarak veya kanunları kendi işine yarayacak şekilde esnetip yolsuzluk içinde diktatörün kendisinin veya bir zümrenin çıkarlarına yönelik yapıldığını öne sürerek bu borçları ödemekten kaçınabilir. Pek çok ülke "tiksindirici borç" kavramını öne sürerek önceki hükümetin borçlarını ödemekten kaçınmıştır. Yakın zamanda Haiti'de 2014 yılında devrilen diktatör Jean-Claude Duvalier'in ülkeyi yüzde 78 oranında kişisel borca soktuğu tespit edilip ispatlanınca Haiti bu borçları ödememek için "tiksindirici borç" mücadelesi vererek dünyaya örnek oldu. Nikaragua, Filipinler,

Güney Afrika, Kongo, Nijer ve Hırvatistan da yakın zamanda eski yönetimlerden kalan borçların "tiksindirici borç" olduğunu öne süren ve bu konuda mücadele veren ülkeler arasında yer almaktadır. Görüleceği üzere "tiksindirici borç" kavramı uluslararası hukukta yalnızca doktrinsel bir kavram olmanın ötesinde, uygulanabilirliği bulunan bir kavramdır.

Her ne kadar yandaş çevreler, Cumhuriyet Halk Partisi'nin yarattığı "kamulaştırma- el koyma (el atma) - bedelsiz fesih (ıskat) - tiksindirici borç" gündemini içi boş kavramlardan öte gitmeyen tartışmalar gibi lanse etmeye çalışsa da Cumhuriyet Halk Partisi'nin iktidara geldiği zaman bu projelere dair tasarruflarını şimdiden açıklaması, aslında geniş bir karşılık bulmuştur. Bunun en büyük örneği, Cumhuriyet Halk Partisi Genel Başkanı Kemal Kılıçdaroğlu'nun, Kanal İstanbul projesi hakkında, bu projenin ihalesine katılan ülkelere iktidara geldikten sonra mesafe koyulacağını, kredi veren bankalara, yüklenici ülke/şirketlere ödeme yapılmayacağını deklare etmesinin ardından, TOKİ'nin Kanal İstanbul güzergâhındaki konutlar için açtığı ihalelerin "teklif veren istekli çıkmaması" üzerine iptal edilmesiyle de sabittir.

Sonuç olarak CHP'nin iktidara geldikten sonra uygulayacağını şimdiden deklare ettiği yaptırımlar, her ne kadar yandaş medya ve işbirlikçileri tarafından hukuka aykırı ve hayal ürünü yaptırımlarmış gibi lanse edilmeye çalışılsa da; CHP'nin beyanlarının yurtiçinde ve yurtdışında ilgili muhatapları tarafından dikkate alındığı açıktır. 2002 yılından bu yana AKP iktidarı tarafından tüm hukuk kuralları ayaklar altına alınarak Hazine'nin uğratıldığı zararın, vatandaşın sırtına binen yükün sonlandırılması için demokratik, hukuka uyarlı, somut ve gerçekçi çözümler üretilmiştir. Bu noktadan sonra tek yapılması gereken, iktidara geldikten sonra bu çözümlerin hızlıca uygulanması, Hazine'nin ve vatandaşın sırtına binen yüklerin hızlıca atılması, kamunun daha fazla zarara uğramasının önüne geçilmesi ve şimdiye dek uğranan zararın geriye dönük olarak tahsili mücadelesine girmektir.

KAYNAKÇA

Adalet Bakanlığı 2020 Sayıştay Denetim Raporu

Ahmet Alpay Dikmen ve Onur Karahanoğulları (2002), "Doğrudan Yabancı Yatırımlar Kanun Tasarısı Hakkında Değerlendirme", http://80.251.40.59/politics.ankara.edu.tr/karahan/makaleler/dogrudanyabanciyatirim.pdf (18 Ekim 2021)

Aile Çalışma ve Sosyal Hizmetler Bakanlığı 2020 Sayıştay Denetim Raporu

Çevre ve Şehircilik Bakanlığı 2020 Sayıştay Denetim Raporu

Diyanet İşleri Başkanlığı 2020 Sayıştay Denetim Raporu

Friedrich Meinecke, (2021), *Devlet Aklı* (Modern Çağda Devlet Aklı Düşüncesi), (İstanbul: Albaraka Kültür Sanat)

Gençlik ve Spor Bakanlığı 2020 Sayıştay Denetim Raporu

Gözübüyük, Şeref, (2010), *Yönetsel Yargı*

Günday, Metin, (2017), *İdare Hukuku* (Ankara: İmaj Yayınevi).

Güzelsarı, Selime, (2004), "Kamu Yönetimi Disiplininde Yeni Kamu İşletmeciliği ve Yönetişim Yaklaşımları", AÜ SBF-GETA Tartışma Metinleri

Hazine ve Maliye Bakanlığı 2020 Sayıştay Denetim Raporu

İçişleri Bakanlığı 2020 Sayıştay Denetim Raporu

Karahanoğulları, Onur, (2019) *İdari Yargı İdarenin Hukuka Zorlanması* (Yargı Kararlarına Dayalı Bir İnceleme), (Ankara: Turhan Kitapevi)

Milli Eğitim Bakanlığı 2020 Sayıştay Denetim Raporu

Sağlık Bakanlığı 2020 Sayıştay Denetim Raporu

Tarım ve Orman Bakanlığı 2020 Sayıştay Denetim Raporu

Ticaret Bakanlığı 2020 Sayıştay Denetim Raporu

Toker, Çiğdem, (2019, *Kamu İhalelerinde Olağan İşler*, Tekin Yayınevi

Ulaştırma ve Altyapı Bakanlığı 2020 Sayıştay Denetim Raporu

İNTERNET ERİŞİM ADRESLERİ:

https://csnturkiye.com/

https://medyascope.tv/2018/12/18/defalarca-iptal-edilmesine-ragmen-insaati-bitip-calismaya-baslayan-cengiz-holdingin-canakkaledeki-termik-santralinde-bugune-nasil-gelindi/ (17 Eylül 2020) *https://ppi.worldbank.org/en/snapshots/rankings*

https://t24.com.tr/haber/panama-belgelerinden-mehmet-cengiz-6-off
-shore-sirket-kurdu-ortagi-abdde-dolandiriciliktan-araniyor,347985
(17 Eylül 2020)

https://www.evrensel.net/haber/90613/erdoganin-vatansever-sirke-
ti-limak/ (17 Eylül 2020)

https://www.labour.org.uk/wp-content/uploads/2019/03/Bringing-
Energy-Home-2019.pdf (22 Ekim 2021)

https://www.sozcu.com.tr/2013/ekonomi/benim-damadim-isini-bi-
lir-268168/ (17 Eylül 2020)

https://www.sozcu.com.tr/2014/gundem/ziraat-bankasi-sabah-atv-
icin-seferber-edilmis-456381/ (17 Eylül 2020)

https://www.sozcu.com.tr/2020/ekonomi/sabiha-gokcende-geciken-
pist-insaatindan-iga-cikti-5612071/ (18 Eylül 2020)

https://www.sozcu.com.tr/2020/yazarlar/cigdem-toker/500-bin-
asgari-ucret-1-ihale-5874533/ (17 Eylül 2020)

https://www.sozcu.com.tr/2020/yazarlar/cigdem-toker/500-bin-
asgari-ucret-1-ihale-5874533 (19 Eylül 2020)

https://www.yenicaggazetesi.com.tr/danistay-cennetteki-ranta-
ikince-kez-dur-dedi-267785h.htm (17 Eylül 2020)

https://yeniyasamgazetesi1.com/akpnin-parlayan-yildizi-cengiz-
holdinge-bir-ihale-daha/ (17 Eylül 2020)

Sözcü gazetesi. (2020, Eylül 20), Sözcü: shorturl.at/BGKU9